Dancing Emptiness

깨달음으로 가는 길 15

공의 춤

Dancing Emptiness

슈리 뿐자 지음 | 유디슈따라 등 편집 | 김병채 옮김

슈리 크리슈나다스 아쉬람

THE Truth Is By Sri H.W.L. Pooja
Copyright ⓒ (1998) by Sri H.W.L. Pooja
Reprinted by special arrangement with prashanti de jager
through Shin Won Agence Co. Seoul
Translation Copyright ⓒ (2002) by Sri Krishnadass Ashram Publishing Co.

이 책의 한국어판 저작권은 신원 에이젠스를 통해
저작권자와의 독점계약을 맺은 출판사 슈리 크리슈나다스 아쉬람에 있습니다.
저작권법에 의해 한국 내에서 보호를 받는 저작물이므로
무단 전제나 복제를 금합니다.

고요하십시오.

생각하지 마십시오.

노력하지 마십시오.

굴레에 있으려면 노력이 필요합니다.

자유로워지는 데는 아무런 노력이 들지 않습니다.

평화는 생각과 노력 너머에 있습니다.

생각하지 마십시오.

노력하지 마십시오.

prologe

    이 책은 1910년부터 1997년까지 북 인도에 살았던 슈리 H.W.L 뿐자가 제자들과 함께 하는 동안 그의 입에서 자연스럽게 흘러나온 노래를 모은 것이다. 이 노래들은 가장 숭고하면서도 가장 단순한 진리에 대한 완전한 경험으로부터 흘러나온 것이다. 그 진리란 우리는 순수한 의식이며, 전체성을 가진 존재라는 것이다.

    그를 사랑하는 사람들은 그를 '빠빠지' 라 부른다. 빠빠지는 1910년, 당시 인도에서 가장 존경 받고 있는 성자의 한 사람인 스와미 라마 띠르따의 누이를 어머니로 하여 뻔잡 지방에서 태어났다. 그는 8세 때 진리를 깨달았다. 이 깨달음은 아루나짤라의 성자인 그의 스승, 슈리 라마나 마하리쉬를 만난 30대 초반에 무성해진다. 그때 이후 그는 그의 현명한 언어와 바라봄과 교감으로 , 자신의 현존에서 흘러나오는 조용한 영혼의 힘으로 이 깨달음의 아름다움을 다른 이들과 함께 나누기 시작하였다. 그가 1997년 9월, 육체를 떠나자, 이 힘은 폭발하여 그의 생전보다 더욱 강하게 이 세상에서 느껴지고 있다.

빠빠지 같은 분이 타협하지 않는 절대 진리의 스승의 모습으로 세상에 나타난 것은 흔치 않는 일이다. 그는 말한다.

"안을 바라보십시오. 그곳에는 그대, 참나, 구루 사이에 차이가 없음을 알게 될 것입니다. 그대는 항상 자유롭습니다. 그곳에는 스승도 제자도 가르침도 없습니다."

우리가 우리의 진정한 본성을 잊고서 자신은 유한하고 미미한 존재라고 믿고 있을 때, 그는 잘 설명될 수 없는 것들을 이해시키기 위해 고대의 지혜로운 말을 들려준다. 아침에 동이 트면 의심이 사라지고 환영이 사라지듯이, 그의 언어는 거대한 자유와 사랑을 찬양하면서 춤을 춘다. 실제로 그는 종종 삿상에서 사람들에게 일어나 노래하고 춤추라고 말한다.

이 아름다운 스승은 표현할 수 있는 가장 뚜렷한 언어로 얘기를 하지만, 동시에 그는 말이라는 것은 단지 진리를 가리키는 도구에 불과하다고 언급한다. 그는 우리에게 쉬지 말고 지시를 따르되 말에 얽매이지는 말라고 권한다. "세상에서 쓰는 언어를 제쳐놓고 제가 한 말이 가리키는 것을 깨달으십시오. 진리는 알 수 있는 것이 아닙니다. 진리는 지식을 초월하여 존재합니다. 진리는 분석하고, 확인하고, 자르고, 머리로 이해하려는 마음을 초월하여 존재하는 것입니다."라고 웃음을 머금은 채 점잖으나 단호히 말한다.

1918년부터 지금에 이르기까지 빠빠지는 진리는 우리의 참나로부터 떨어지지 않는 가장 숭고한 신비라는 것을 많은 사람들에게 직접 보여 주었다. 그는 사람들에게 존재가 던져주는 지혜에 복종해야하며 우리 자신이 바로 진리임을 받아들여야 한다고 말한다.

"그대는 변치 않는 자각입니다. 그리고 이 자각 속에서 모든 활동이 일어납니다. 항상 평화 속에 휴식하십시오. 그대는 묶여있지도 않고 분리되어있지도 않는, 영원한 존재이며, 공으로 춤추는 사랑입니다. 그냥 고요하십시오. 그리하면 모든 것이 좋을 것입니다. 여기 지금에서 고요하십시오. 그대는 행복이며, 평화이며, 자유입니다. 자신이 고통 속에 있다는 생각은 받아들이지 마십시오. 그대 자신에게 친절히 대하십시오. 그대의 가슴을 열고는 그냥 존재하십시오."

그는 수많은 방법을 사용하여 그대의 마음을 멈추게 하고, 그대로 하여금 진정으로 누구인지를 탐구하도록 돕고, 그대의 자각을 자각으로 직접 돌리고, 그리고 그대를 이 순간이라는 영원 속으로 들어가게 하는 진정한 스승입니다. 이와 같은 귀중한 지혜를 우리가 접할 수 있다는 것은 굉장한 행운입니다. 그는 말합니다.

이것을 아는 사람은 모든 것을 압니다. 이것을 모르는 사람은 설령 아무리 많은 것을 알고 있을지라도 그는 아무 것도 모르고 있습니다.

힌두 박따, 기독교 신비가, 선 스승, 산 속의 샤만, 도교의 현자, 조젠 라마, 아드바이따 갸니, 수피 성자, 아고라 요기. 베다 학자, 그대는 진리의 스승들에 이름을 붙입니다. 그의 지식의 깊이에 의해, 경험의 폭에 의해, 그리고 정교한 설명에 의해 그는 이 모든 분야의 스승임이 증명됩니다.

시간의 초월이 현자가 주는 가르침의 특징입니다. 그러므로 이 노래들은 에센스만을 모은 것입니다. 그래서 특정 순서가 없습니다. 절이나 구에서도 그렇습니다. 또한 명료함을 더하고 하나의 궁극의 참나를 가리킨다는 의미로서의 단어들이 필요할 때 참을 단어 앞에 첨가했습니다. 자유의 즐거운 문법이 그대의 마음을 멈출 수 있을 것입니다.

    이 책을 엮어내는 데 도움을 주신 분들을 소개하고자 합니다. 전반적인 지지와 지도를 해주신 유디슈따라, 이 책의 바탕이 되었던 슈리 뿐자와의 삿상을 기록. 복사. 묶음, 편집을 한 쁘라샨띠, 타이핑, 편집, 교정을 본 비디야바띠, 책과 표지의 레이아웃, 교정을 본 캐롤 왓츠 , 마지막으로 물론 이 전체적인 계획을 침묵 중에서 이끌어 주신 스승님이 그분들입니다.

    우리를 위해 모든 것을 해주신 우리의 소중한 삿구루에게 사랑과 감사를 바치며, 이 책을 여러분에게 드리는 것을 즐겁게 생각하며 감사드립니다.

유디슈따라,
비디야바띠와 쁘라샨띠
샌 안셀모, 캘리포니아
1998년 10월 13일

내면을 바라보십시오.
온 헌신으로 나아가
가슴으로 머무르십시오.

진리는 그저 있습니다.

* 바가반 슈리 라마나 마하리쉬 *

차례

서문	· 006
슈리 뿐자의 삶	· 014
part 1 그대는 공으로 춤추는 사랑입니다	· 033
part 2 참나	· 053
part 3 삿구루	· 107
part 4 은총	· 164
part 5 삿상	· 180
part 6 안에 있는 자유의 신호와 징후	· 227
1) 자유를 향한 갈망	· 228
2) 비베까: 평화와 고통 간의 식별	· 250
3) 바이라기야: 덧없는 것의 포기	· 259
4) 성스러움: 천진과 순수	· 269
5) 믿음과 신뢰	· 277
6) 좋은 까르마와 아힘사	· 281
산스끄리뜨 용어 풀이	· 288
옮긴이의 말	· 316

슈리 뿐자의 삶

• • •

슈리 H. W. L. 뿐자는 1910년 10월 13일, 지금은 파키스탄인 뻰잡 지방의 빠이살라바드에서 중산층 브람민 가정의 맏아들로 태어났다. 어린 시절 대부분을 그는 여기에서 보냈다.

열렬한 크리슈나의 헌신자인 그의 어머니는 인도의 성자 중 한 사람인 스와미 라마 띠르따의 누이다. 많은 사람들이 그녀의 헌가를 듣기 위해 집에 모이곤 했다. 그녀는 유명한 베단따 스승을 구루로 두고 있어서, 베단따의 많은 시행을 암송할 수도 있었다. 특히 그녀는 자신의 아들에게 특별한 영적 교훈을 받게 하기 위해 여러 가지로 노력하였는데, 그렇게 하는데 그녀의 스승은 많은 도움이 되었다. 그녀의 스승은 뿐자를 소중하게 여겨, 그에게 지방 대여도서관에 있는 영적 책들을 구해 읽도록 조언했다. 도서관 직원은 뿐자가 보통 수준 이상의 영적 책들을 읽는 것을 걱정했다. 그가 그의 외삼촌이면서 성자인 스와미 라마 띠르따의 책을 읽을 때엔 그의 어머니와 심각하게 상의한 적도 있었다. 스와미 라마 띠르뜨는 말년을 히말라야에서 보냈다. 그곳에서 짧은 일생을 마쳤다.

바로 전생에 슈리 뿐자는 대단한 크리슈나 헌신자로서 자신의 제자들이 있었으며, 사원을 지어 크리슈나에게 봉헌한 남인도의 요기였다. 지금의 그의 아내는 거기서 일을 해주곤 하던 하층계급의 여성이었다. 그 당시 뿐자는 그녀에게 접근하지는 않았지만, 그녀에 대한 욕망을 완전히 제어하지는 못했다. 이것만으로 그는 현생에 다시 태어나 그녀와 결혼하고 가정을 이루게 되었다.

크리슈나 요기로서의 그의 전생은 뜻하지 않게 종말을 맞게 된다. 20일 간이나 사마디 상태에 들어간 그를 헌신자들은 그가 죽은 줄로 알고 사원 근처에 묻었다. 이때 그는 주위에서 일어나는 모든 일을 자각하고 있었지만 전혀 반응할 수 없었다. 현생에서 그는 이 지방을 한번 찾아가게 되는데 전생부터 그 길을 잘 기억하고 있었으므로 비록 그 길이 읍내에서 꽤 멀고 여러 갈림길이 있었지만 잘 찾아갈 수 있었다.

뿐자의 최초의 놀라운 사마디의 경험은 8살 때였다. 1919년 영국은 제1차 세계대전에서 승리하게 되자, 학생들에게 한 달간의 방학을 주어 승전 축하에 함께 참여할 수 있도록 했다. 그의 어머니는 이 예정에 없는 방학을 라호르에 있는 친지를 방문할 좋은 기회라 생각했다. 때는 여름이었고, 망고가 제철을 만나 풍성하였다.

어느 날 저녁, 모두 라호르의 친척집에 앉아 있을 때, 누군가가 망고와 우유, 아몬드 음료를 준비하기 시작했다. 그 음료가 컵 가득한 상태로 그에게 전달되었을 때 그는 손을 내밀어 그것을 받을 수 없었다. 그때 그는 아주 편안한, 충만한 행복감에 젖어 있었다. 모두들 크게 놀라고 당황하여 그를 원래의 상태로 돌려놓으려고 했다. 그는 눈을 감은 상태로 주위에서 일어나는 모든 일을 선명히 자각하고 있었지만, 전혀 신체적 반응을 할 수가 없었다. 체험이 워낙 압도적이어서 그 어떤 외부 자극에도 반응할 능력이 없이 마비된 것이었다. 이틀 동안 그는 그 평안하고 행복이 넘치는 상태에 머물렀다.

그가 깨어나자, 열렬한 크리슈나 헌신자인 그의 어머니는 그에게 "크리슈나를 보았니?"하고 물었다. "아뇨, 제가 말할 수 있는 것은 아주 행복했다는 것뿐이에요." 라고 그는 대답했다. 그는 그가 무슨 체험을 했는지, 무엇이 그런 강렬하면서도 몸을 마비시키는 행복 속으로 그를 갑자기 끌고 갔는지 알지 못했다. 여러 해가 지난 뒤에야, 그는 그때 그에게 일어났던 일이 어떤 것인지 완전히 이해하게 되었다.

어릴 때 뿐자는 사두들의 내면적 삶에 대해선 전혀 몰랐지만 곧잘 사두를 흉내 내려 했다. 그리고 열세 살 때 쯤 학교에서 역사책에 나오는 붓다의 그림을 보았을 때 뼈만 앙상한 모습이었지만 그에게는 너무나 아름답게 보여 그는 붓다를 흉내 내보기로 결심했다. 뿐자는 명상을 어떻게 하는지 몰랐지만 장미넝쿨 아래 명상자세를 취하고 앉았다. "나도 저분처럼 될 수 있어. 나는 내 삶의 방식을 나를 사랑에 빠지게 한 저 사람처럼 만들고 싶어." 라고 생각하며 행복해하고 만족했다. 그는 붓다와 더욱 비슷해지고 싶어서 그의 몸을 해골처럼 만들기도 했다. 또 책에는 붓다가 주황색 옷을 입고 발우를 든 채 집집마다 다니며 음식을 탁발했다는 이야기가 있었다. 그래서 그는 몰래 어머니의 사리를 꺼내어 주황색으로 물을 들여, 그럴듯하게 몸에 두르고 동네를 다니며 탁발승 흉내를 내기도 했다.

뿐자의 나이 15살, 매년 열리는 홀리 축제 기간이었다. 한 친구의 어머니가 그에게 빠꼬라 두개를 주었다. 그것은 아주 맛이 있었다. 그가 몇 개 더 달라고 하자 놀랍게도 친구의 어머니는 거절했다. 그 속에는 방bhang이 들어 있었던 것이다. 방은 사람들의 마음을 기쁘게 하고 식욕을 증진시키는 효과가 있어 결혼식이나 축제기간 동안에 음식에 사용되는 잎이었다. 그는 집으로 돌아가 저녁을 먹었는데 자꾸 식욕이 당겼다. 나중에 그의 어머니가 그가 빠꼬라를 먹었다는 것을 알고 크게 웃었다. 그날 밤 그의 식구들과 같이 한방에서 잘 때, 한밤중 그가 일어나 "당신은 나의 아버지가 아니다, 당신은 나의 어머니가 아니다."하고 큰 소리로 말했다. 그리고 곧 깊은 명상에 들었다. 그의 부모는 그가 그날 먹은 방의 효과가 다 가시지 않은 걸로 생각하고 별로 놀라지 않았다.

새벽 3시, 그는 여전히 눈을 감고 앉아 있었다. 그의 부모는 그가 이상한 알 수 없는 소리로 말을 하고 있는 것을 보고 깨우려 했으나, 그는 깊은 명상 속에 잠겨 있었다. 그날 밤 내내 그리고 그 다음날까지 그는 사마디에 잠겨 있었다. 그리고 종일 그는 알 수 없는 이상한 말들을 계속했다. 동네의 한 빤디뜨가 그의 집 앞을 지나가다가 "저 소년은 야주르 베다의 한 부분을 산스끄리뜨로 암송하고 있는 것입니다."라고 말했다. 그는 산스끄리뜨를 알지 못했고 야주르 베다를 들어 본 적도 없었다. 방은 틀림없이 그의 전생에 남아있던 어떤 기억과 지식을 그에게 유발시켰음에 틀림없다. 그 이후, 그는 여전히 산스끄리뜨나 야주르 베다에 대해선 전혀 모르는 채 일상생활로 돌아왔다.

뿐자의 또 다른 특별한 영적 경험은 16살 때였다. 그는 19세기에 창립 된 힌두 개혁 운동을 주도하는 한 학교에 다니고 있었다. 매일 아침 학생들은 밖에 반원을 그리고 모여 앉아 기도를 암송했다. 이 기도는 항상 '옴 샨띠, 샨띠, 샨띠' 라는 말로 끝났다. 기도가 끝나면 '옴'자가 인쇄된 깃발이 운동장에 세워졌다. 학생들은 "다르마에 승리를! 조국 인도에 승리를! 스와미 다야난다에 승리를!" 하고 외치며 힘차게 뛰어오르곤 하였다. 어느 날 아침. 슈리 뿐자는 기도의 끝에 나오는 '옴 샨띠, 샨띠, 샨띠'에 온몸이 마비되었다. 그것은 여덟 살 때, 건네주는 망고 음료를 받을 수 없었던 것과 같은 감각의 마비상태였다. 그는 주위에서 일어나는 모든 일들을 선명히 자각할 수 있었지만. 육체적 반응은 전혀 할 수 없었다. 거기에는 다만 큰 평화와 행복감만이 존재했다.

크리슈나에 대한 그의 지속적인 관심은 그를 대학에 들어갈 만큼 충분히 공부할 시간을 주지 못했다. 18살이 되었을 때 그는 원거리 외판원의 직업을 갖게 되었다. 이것은 그에게 인도전역을 여행할 기회를 주었기에 그는 아주 좋아했다.

1930년 뿐자가 20살이 되자, 그의 아버지는 그가 결혼할 때가 되었다고 했다. 그는 찬성하지 않았지만 피할 수 없었다. 그는 가장이 되었고 나중엔 딸 하나와 아들 하나를 두게 되었다. 그 이후 몇 년간은 그의 민족주의 정치에 대한 관심과 크리슈나에 대한 관심이 서로 경쟁하는 시기였다.

제2차 세계대전이 한창일 때, 영국은 인도 병사들을 적극적으로 모집을 했다. 뿐자는 군대에 지원했다. 이상하게 들릴지 모르겠지만 크리슈나에 대한 그의 집요함과 인간에 대한 강렬한 사랑은 전쟁 중에도 그대로 유지되었다. 그는 낮에는 장교로서 엄격하게 생활하고, 밤에는 문을 잠그고 그 자신을 크리슈나 고삐로 변형시키곤 했다. 크리슈나에 대한 열망은 더욱더 증가되어, 그 이외의 것은 생각할 수 없게 되었다. 군대는 크리슈나에 전념하기를 좋아하는 사람들에겐 적당한 곳이 못 되었다.

그래서 뿐자는 집으로 돌아왔고, 그의 아버지의 격노에 부딪쳤다. 아내와 가족을 부양해야할 그가 아무런 대책도 없이 전도유망한 사관학교 장교직을 포기한다는 것은 용서할 수 없는 일이라는 것이었다. 그것은 사실이었다. 군대에서 그는 좋은 지위를 차지할 수 있었다. 사관학교 시절의 그의 모든 급우들은 1947년 인도가 영국에서 독립하자 군의 요직 대부분을 차지했던 것이다.

군대를 떠난 뒤 그는 달리 직업을 구할 마음이 없었다. 대신 크리슈나에 대한 그의 사랑을 완전하게끔 도와줄 영적스승이 필요했다. 그는 자신이 기대하는 스승을 찾아 다녔다. 단 그 스승은 반드시 그 자신이 신을 본 사람이어서, 그에게 신을 보여 줄 수 있는 능력을 지닌 사람이어야 했다. 그는 이 기준을 가지고 인도 전역의 거의 모든 유명한 아쉬람이나 구루들을 찾아다녔다. 결국, 그 누구도 그에게 신을 보여줄 수 있다고 말할 수 없었기에 그의 긴 여정은 끝을 맺었다.

집으로 돌아온 뒤의 일이었다. 한 사두가 그의 집 문 앞에 나타나 음식을 구걸했다. 그는 안으로 사두를 들게 하여 약간의 음식을 드리고 그의 마음에 크게 자리 잡고 있는 질문을 하였다. "당신은 저에게 신을 보여 주실 수 있습니까? 만일 못한다면, 그렇게 할 수 있는 다른 사람을 소개시켜 줄 수 있습니까?" 너무나 놀랍게도 사두는 그에게 긍정적인 대답을 했다. "예, 나는 당신에게 신을 보여 줄 수 있는 한 사람을 알고 있습니다. 만약 당신이 가서 그 사람을 만난다면 당신의 모든 것은 잘 이루어질 것입니다. 그의 이름은 라마나 마하리쉬입니다."

그 이름을 들어 본 적이 없었기 때문에 마하리쉬가 어디에 살고 있는지 물었다. "슈리 라마나스라맘, 띠루반나말라이에 있는"라고 사두는 말했다. 사두는 그가 찾아갈 수 있게끔 자세하게 위치를 가르쳐 주었다. 그는 다소 복잡한 기분이 들었지만, 그의 아버지에게 다른 한명의 스와미를 만나기 위해 남쪽으로 떠나야 되겠다고 말했다. 그의 아버지는 분노를 터뜨렸다. "아내와 자식들은 다 어떻게 하고…군대를 그만둔 것도 충분하지 않아서, 영적인 모험에 미쳐 가지고…"

얼마 되지 않아 우연히 신문에서 마드라스에서 전직 장교를 구한다는 광고를 보게 되었다. 그는 채용되었고 마드라스로 가는 여비뿐만 아니라 한 달간의 시간적 여유도 가지게 되었다. 마하리쉬를 만나러가기 위한 돈과 그의 곁에서 지낼 기회를 갖게 된 것이다. 뿐자의 나이 34세, 1944년이었다. 그는 사두가 일러준 대로 기차를 타고 띠루반나말라이로 갔다. 거기서 약 3km정도 소달구지를 타고 아쉬람에 도착했다. 이어 그는 그에게 신을 보여줄 수 있다는 그 남자를 만나기 위해 건물의 창문을 통해서 보았다. 뻰잡의 그의 집에 왔던 바로 그 사두가 소파에 앉아 있는 것이 아닌가! 그는 혐오감이 치밀었다.

"이 남자는 사기꾼이다." 그는 너무나 화가 나서 건물 안으로 들어가지 않고, 타고 왔던 소달구지를 타고 다시 떠나려 했다. 그때 아쉬람에 거주하고 있던 한 사람이 그에게 물었다. "당신은 북쪽에서 오지 않았소? 당신은 북부 사람처럼 보입니다." "예, 그렇습니다."라고 그가 말했다. 뿐자가 지금 떠나려 한다는 것을 알고 그가 이어 말했다. "당신은 방금 도착했지 않았습니까? 한 이틀쯤 머물다 가시지 않겠습니까?" 뿐자는 그 동안 그에게 일어난 이야기를 모두 얘기했다. 그리곤 "나는 이런 사람을 보는 데 흥미가 없습니다."라고 말했다. "아닙니다. 당신이 잘못 아셨습니다. 그는 48년 동안 이 읍을 떠나지 않았습니다. 이것은 당신이 사람을 잘못 보았거나, 아니면 그의 힘을 통해 그의 몸은 여전히 여기에 있으면서 뻰잡에 자신을 나타내도록 한 것일 것입니다. 미국에서 온 한 여인도 여기 와서 비슷한 얘기를 하였습니다."

뿐자는 미심쩍기도 했지만 호기심이 나서 그의 제안을 받아들여 그를 따라 들어갔다. 뿐자는 마하리쉬를 만나 뻰잡의 그의 집에서 생긴 일에 대해 물어볼 생각이었다. 아쉬람에서 점심을 먹은 후, 그는 마하리쉬를 따라 건물 안으로 들어갔다. 혼란된 상태에서 그는 마하리쉬에게 물었다. "당신은 뻰잡의 제 집에 저를 보러 온 분이 아닙니까?" 마하리쉬는 아무런 말도 하지 않았다. "당신은 저의 집에 와서 제가 여기에 오도록 하지 않았습니까? 당신이 저를 여기에 오게 한 바로 그 사람이 맞습니까?"

마하리쉬는 그의 어떤 질문에도 대답하지 않으려 했기에 그는 아쉬람을 방문하게 된 주된 목적을 말했다. "당신은 신을 본적이 있습니까? 만약 당신이 신을 보았다면, 저에게 신을 보여줄 수 있습니까?" "아니요." 마하리쉬가 대답했다. "나는 당신에게 신을 보여주거나 볼 수 있도록 해줄 수 없소. 신은 볼 수 있는 대상이 아니오. 신은 주체요, '보는 자'요. 볼 수 있는 대상에 관심을 가지지 마시오. '보는 자'를 발견하시오." 마하리쉬는 덧붙였다. "당신이 바로 신이오." 마하리쉬의 말은 마치 밖에서 멀리 떨어져있는 별개의 신을 찾고 있는 그를 비난하는 것처럼 들렸다. 마하리쉬의 말은 그에게 감명을 주지 못했다. 만일 마하리쉬가 그에게 "당신이 바로 당신이 보기를 원하는 신이요."라는 말을 한 직후에 일어난 다음과 같은 일련의 체험이 없었더라면 그는 마하리쉬의 말을 무시했을 것이다.

마하리쉬는 말이 끝나자 그를 바라보았다. 마하리쉬가 그의 눈을 깊이 바라보았을 때, 그의 온몸이 떨리기 시작했다. 어떤 전율할 신경 에너지가 그의 몸을 통과했다. 신경의 끝이 춤을 추는 것 같았고, 머리카락이 곤두서는 것 같았다. 그리곤 내면에서 그의 영적 가슴이 깨어나기 시작했다. 그건 육체적인 심장이 아니라, 모든 존재에 대한 근원이자 바탕이었다. 이 가슴 속에서 그는 어떤 닫혀 진 꽃봉오리를 보았고, 느꼈다. 그것은 매우 빛나고 눈부셨다. 그를 바라보는 마하리쉬와 함께, 그리고 내적 침묵의 상태에 있는 그 자신과 함께. 그는 이 꽃봉오리가 열리고 꽃을 피울 것이라는 것을 느꼈다. 더 정확하게 이 체험을 표현할 순 없지만. 마하리쉬의 현존 아래에서, 그의 응시 아래에서, 그의 가슴은 열리고 꽃이 피었다.

그는 결코 이런 경험을 가져본 적이 없었다. 그러나 그는 여전히 "그대가 바로 신이요. '보는 자'가 누구인지 발견하시오.'"라는 마하리쉬의 충고는 강하게 와 닿지 않았다. 그는 생각했다. "초콜릿이 되는 것은 좋지 않다. 나는 초콜릿을 맛보고 싶다. 나는 신과 다른 존재로 남아서 신과 함께 더 없는 기쁨을 누리고 싶다." 그날 오후, 아쉬람에 헌신자들이 왔을 때, 그는 상당한 편견과 비판적인 시각을 가지고 그들을 바라보았다. 헌신자들은 그냥 앉아 시간을 낭비하고 있는 것 같았고, 마하리쉬는 아무 것도 하지 않고 그냥 앉아만 있었다. 뿐자는 영적으로 게으른 이런 사람들과 아쉬람에 남아있고 싶지 않았다. 그래서 그는 아루나짤라산의 다른 쪽으로 길을 떠났다. 몇km 채 떨어지지 않은 숲속에 조용한 장소를 발견한 거기에 앉아서 누구의 방해도 받지 않고 혼자 크리슈나 만뜨라를 암송했다.

약 일주일을 거기에서 머물렀다. 신 크리슈나가 자주 그 앞에 나타났으며 많은 시간을 같이 보냈다. 일주일이 다 되어 갈 때, 그는 새 직업을 준비하기 위해 마드라스로 떠나야겠다고 생각했다. 마을을 떠나면서 뿐자는 마하리쉬에게 작별인사도 하고 또 신을 보기 위해선 이제 그의 도움이 필요 없다는 것을 말하기 위해 아쉬람에 들렀다. 뿐자는 자신의 노력으로 매일 신을 볼 수 있었던 것이다.

그를 보자, 마하리쉬가 물었다. "어디서 당신은 생활하고 있었습니까?" "산의 다른 쪽에 있었습니다."라고 그가 말했다. "그러면 거기서 당신은 무엇을 하고 있었습니까?"라고 마하리쉬가 물었다. "저는 저의 크리슈나에게 기도를 하고 있었습니다." 그는 굉장한 자부심을 가지고 말했다. "오, 그래요?" 마하리쉬는 놀라서 그를 바라보았다. "아주 좋습니다. 굉장합니다. 당신은 지금도 신을 봅니까?" "아닙니다. 제가 비전을 가질 때만 크리슈나를 봅니다." 그는 그에게 있었던 이러한 비전들이 마하리쉬에겐 없다고 생각하여, 자신에 대해 대단히 흡족해 하며 말했다. "그러니까, 크리슈나가 와서 당신과 같이 놀고 그리곤 사라지는군요. 나타났다가 사라지는 신이 무슨 소용이 있겠습니까? 만약 그가 정말로 신이라면, 그는 반드시 당신과 언제나 함께 해야 합니다."

마하리쉬는 그에게 바깥에 있는 신을 찾지 말고, 신을 보고자 원하는 그 사람의 근원과 정체를 찾으라고 하였다. 이것은 그에겐 아주 힘든 일이었다. 크리슈나에 대한 헌신으로 평생을 보낸 그에게 다른 어떤 방식으로 영적 탐구를 한다는 것은 생각할 수 없는 일이었다. 뿐자는 떠나면서 마하리쉬에게 만뜨라를 하나 달라고 했다. 그러나 마하리쉬는 거절했다. 마드라스에 돌아와 있던 어느 날 밤 꿈속에서 그는 만뜨라를 받기는 하였다. 그는 마하리쉬에게 자신을 산야사로 입문시켜 줄 것을 원했다. 마하리쉬는 이도 거절했다. 결국 그는 새 일자리를 시작하기 위해 마드라스로 돌아와야 했다.

마드라스로 돌아온 뿐자는 가족을 편히 있게 할 수 있는 큰집을 구했고, 곧 일을 시작했다. 남은 시간엔, 그의 에너지를 크리슈나와 함께 하는 데 사용했다. 그는 집에 크리슈나에게 뿌자를 드리기 위한 방을 만든 후, 방해받지 않고 매일 새벽 2시까지 크리슈나 만뜨라를 암송하였다.

어느 날 밤 2시경이었다. 그는 문밖에서 사람들의 소리를 듣고, 호기심에서 문을 열고 밖을 내다보았다. 놀랍게도 문밖에는 눈부시게 빛나는 라마, 시따, 락슈마나, 그리고 하누만이 서있었다. 그는 전에는 결코 이들에게 끌리지 않았지만 이 광경을 보자, 엄청난 경외와 공경으로 그들 앞에 엎드려 절했다. 그들은 모두 너무나 아름다웠다.

그리고 그날 늦게 그가 찬팅을 할 때, 갑자기 그는 더 이상 크리슈나의 이름을 되풀이 할 수 없었다. 그는 즉시 이웃에 있는 라마크리슈나 교단의 원장을 찾아가 자신의 수행에 문제가 생겼다고 말했다. 원장은 이러한 현상은 다만 수행과정의 한 단계라고 말하며 교단에서 열리는 정기적인 삿상에 참석해 보면 문제는 곧 사라질 것이라고 말했다. 그러나 그는 교단의 그 어떤 모임에도 참석하지 않았다.

뿐자는 다시 한 번 띠루반나말라이에 있는 마하리쉬를 생각했다. 그는 최근 뿌자실에서 그에게 미소를 짓고 서있는 마하리쉬의 비전을 보았던 것이다. 그는 이러한 현상에 대해 큰 의미를 부여하지 않았지만, 이제 그 생각을 바꾸기로 했다. 여전히 마하리쉬의 철학에 대해선 큰 흥미를 느끼지 않았지만, 그는 마하리쉬의 인격과 현존에 자신이 꽤 끌렸다는 것을 상기했다. 그 다음 주 토요일 그는 기차를 타고 마하리쉬가 있는 아쉬람으로 갔다. 그때와 마찬가지로 점심식사 후에 그는 마하리쉬를 만나러 들어갔다. 시중드는 사람이 마하리쉬가 쉴 시간이라고 만류하였지만, 이를 본 마하리쉬가 허락하였다.

뿐자는 최근 그에게 나타난 일을 얘기했다. "이십 오년 동안 저는 크리슈나의 이름을 되풀이해 부르며 보냈습니다. 더구나 최근엔 그의 이름을 하루에 50,000번이나 암송했습니다. 저는 많은 영적인 책을 읽었습니다. 그런데 그날 여러 신들이 제 앞에 나타났습니다. 떠난 이후로, 저는 더 이상 크리슈나의 이름을 암송할 수 없을 뿐더러, 책을 읽을 수도 없고, 명상도 할 수 없습니다. 그렇지만 저는 내적으로는 큰 고요를 느끼고 있습니다. 염려스러운 것은 제 자신이 더 이상 신에 대해 집중하고픈 욕구가 일어나지 않으며, 집중하려고 노력을 해도 되지 않는다는 것입니다. 저에게 무슨 일이 일어났으며 저는 무엇을 해야만 합니까?"

마하리쉬는 그를 바라보며 물었다. "당신은 마드라스에서 어떻게 여기에 왔습니까?" "기차로 왔습니다." 그는 질문의 초점을 모르지만 공손하게 대답했다. "그러면 당신이 띠루반나말라이 역에 도착했을 때 무슨 일이 일어났습니까?" "저는 기차에서 내려 기차표를 건네주고, 소달구지를 타고 여기 아쉬람까지 왔습니다." "그래서 당신은 아쉬람에 도착하여 소달구지 꾼에게 돈을 지불하고 난 다음, 무슨 일이 일어났습니까?" "그 소달구지는 떠났습니다. 추측하건데 읍으로 돌아갔을 겁니다." 그는 이와 같은 질문들이 어디로 향해가고 있는지 모르는 채 대답을 해 나갔다.

마하리쉬는 그제야 자신이 의도한 것을 그에게 설명하기 시작했다. "그 기차는 당신을 목적지까지 데려다 주었습니다. 당신은 기차에서 내렸습니다. 왜냐하면 더 이상 당신에겐 기차가 필요 없기 때문입니다. 기차는 원하는 곳까지 당신을 데려다 준 것입니다. 소달구지도 이와 마찬가지입니다. 당신은 더 이상 기차나 소달구지가 필요하지 않습니다. 그것들은 당신을 여기까지 데려오는 수단이었습니다. 지금 당신은 여기에 있고 그것들은 더 이상 당신에겐 소용이 없습니다. 이것이 당신의 수행에서 일어난 일입니다. 당신의 만뜨라 암송, 독서, 명상은 당신을 영적 목적지까지 데려다 주었습니다. 당신은 더 이상 이것들이 필요하지 않습니다. 당신은 도달하였습니다."

그리고 나서 마하리쉬는 그를 깊이 바라보았다. 뿐자는 그의 몸과 마음이 순수의 물결로 씻기는 것을 느낄 수 있었다. 그의 몸은 마하리쉬의 고요한 응시에 의해 정화되어가고 있었다. 몸의 원소 하나하나가 정화되어 갔다. 새로운 몸이 그에게 만들어지고 있는 듯했다. 옛 몸은 죽어가고 변형이 이루어지고 있었다. 지금 그에게 말을 건네고 있는 마하리쉬가 자신이며, 과거에도 항상 마하리쉬가 자신이었다는 것을 그는 이제 이해했다. 참나를 깨닫게 되자 갑작스러운 충격이 그에게 왔다. 이것은 그가 여덟 살 때 망고 음료가 가득한 컵을 받을 수 없었을 때와 같은 평화와 충만한 행복감이었다. 뿐자는 일어나서 마하리쉬 앞에 깊은 감사를 느끼며 엎드려 절했다.

그는 마하리쉬의 가르침이 무엇인지를 마침내 이해하게 되었다. 마하리쉬는 그에게 정확히 통찰하여, 형상을 가진 어떤 인격적 신에게 집착하지 말라고 한 것이다. 모든 형상들은 죽어 없어지기 때문이다. 마하리쉬는 뿐자에게 실재이며, 영원한 것을 향해가도록 첫 만남에서부터 노력하였으나, 오만하게도 뿐자는 마하리쉬의 충고에 주의를 기울이지 않았던 것이다.

"나는 누구인가?" 이것은 그가 오래 전에 물었어야 했던 단 하나의 질문이었다. 그는 8살 때 '참나'를 직접적으로 체험했으면서도 그곳으로 되돌아가기 위해 그의 나머지 생을 보낸 것이다. 그는 수많은 사두들과 스와미, 구루들을 만났지만 아무도 그에게 마하리쉬가 한 것처럼 간결하게 "신은 당신 안에 있습니다. 그는 당신과 떨어져 있지 않습니다. 당신이 바로 신입니다. 만약 당신이 '나는 누구인가?' 라는 물음을 그대 자신에게 물어 자신의 마음의 근원을 발견한다면, 당신은 당신의 가슴 안에 있는 참나로서의 신을 경험하게 될 것입니다." 라고 말하지 않았다. 만약 그가 좀 더 일찍 마하리쉬를 만나 마하리쉬의 가르침을 듣고 실천했더라면 그는 결실 없는 외적 추구는 아마 하지 않았을 것이다.

마하리쉬의 현존 아래서의 그의 마지막 체험 이후, 뿐자의 일상생활은 전과 마찬가지로 계속되었다. 마드라스로 가서 일을 계속하였으며 모든 노력을 다하여 가족을 부양했다. 주말이나 혹은 휴가를 충분히 모아두었다고 생각될 때, 그는 마하리쉬에게로 가서 스승의 발아래 앉아 스승의 눈부신 현존에 흠뻑 젖곤 했다. 처음 마하리쉬를 찾아간 공격적이고 비판적인 구도자는 사라져버렸고, 마하리쉬에 대한 무한한 사랑만이 남았다.

슈리 뿐자는 깨달음 이후 몇 달간은 그에게 생각 자체가 존재하지 않았다. 사무실에 나가 아무런 생각이 없이 직무를 수행했다. 거기에는 생각의 작은 물결 하나도 일지 않는 바다와 같은 내적 고요가 있었다. 세상을 살아가는 데는 마음과 생각이 필요하지 않다는 것을 깨닫는 데는 오랜 시간이 걸리지 않았다. 주말이면 때때로 그는 가족과 직장동료들을 데리고 아쉬람에 가서 마하리쉬가 헌신자들과 더불어 방문자들과 같이 나누는 대화를 경청하곤 했다. 때로는 뿐자 자신이 질문하기도 했다.

1947년 회교도의 압력을 받아 영국은 인도를 분할하기로 결정하였다. 회교도가 있는 다수 지역은 신생 국가 파키스탄이 되고, 나머지 지역은 독립된 인도가 될 것이었다. 새로운 국경이 라흐르의 동쪽을 지나게 되는데, 이것은 뿐자의 가족이 파키스탄에 남게 된다는 것을 의미했다. 인도의 독립을 앞두고 인도에 거주하는 많은 회교도들은 파키스탄으로 이주해갔고, 파키스탄 영토에 속하는 많은 힌두교도들은 새로 형성된 인도로 들어오려고 했다. 이러한 와중에 회교도들은 힌두교도들을, 힌두교도들은 회교도들을 강탈하고, 죽이는 대혼란이 일어났다. 뿐자는 신문을 보거나 라디오를 듣지 않았기 때문에 이 사실을 전혀 모르고 있었다.

1947년 7월, 마하리쉬를 동행하여 아쉬람 주변을 산책하고 있을 때, 한 사람이 뿐자의 가족이 신생 국가인 파키스탄에 남게 되어 위험한데, 뿐자가 여기에 관심이 없다는 사실에 대해 염려스러움을 나타냈다. 마하리쉬는 뿐자가 가족과 함께 해야 한다는 것에 동의했다. "지금 당신의 고향에는 많은 어려움이 있을 것입니다. 거기로 한번 가지요. 가서 당신 가족을 데려 오시오." 이 말은 명령이었지만 뿐자는 여전히 주저했다. 마하리쉬가 나는 누구인가 라는 것을 그에게 보여준 이후로 그는 마하리쉬에게 큰 사랑과 애착을 느끼고 있었다. 진실로 마하리쉬와 함께 하는 것 외에 세상과의 어떤 관계도 그는 원하지 않았다.

"저의 지나간 생은 단지 하나의 꿈이었습니다. 저는 꿈속에 아내와 가족을 가지고 있었습니다. 제가 스승님을 만난 이후, 스승님은 저의 꿈을 끝내주셨습니다. 저는 더 이상 가족을 가지고 있지 않습니다. 저에게는 오직 스승님만 계십니다." 마하리쉬가 이 말을 받아서 말했다. "만약 당신의 가족이 꿈이라면, 당신이 꿈속에 남아 당신의 의무를 다한다는 것이 나와 함께 여기에 남아있는 것과 무엇이 다르겠습니까? 그리고 만약 그것이 오로지 꿈이라면 왜 가는 것을 두려워합니까?"

"저는 스승님의 육체적 형상에 큰 매력을 느끼고 있습니다. 저는 스승님을 떠날 수 없습니다. 저는 스승님을 너무 사랑하여 저의 눈을 뗄 수가 없습니다. 어떻게 제가 떠나겠습니까?" 마하리쉬가 말했다. "나는 항상 당신과 함께 있습니다." 뿐자는 마하리쉬의 말을 깊이 이해했다. 마하리쉬의 '내적인 나'는 바로 그 자신의 실재이기도 했다. 어떻게 내가 그로부터 떨어져 있을 수 있겠는가? 그는 다시는 마하리쉬를 만날 수 없을 것이라는 직감으로, 마하리쉬의 발아래 흙을 조금 쥐어 주머니에 넣고 아쉬람을 떠나 라흐르로 갔다. 신생 국가 파키스탄으로 가는 열차엔 힌두교도들은 전혀 없었다. 힌두교도들은 파키스탄에선 소수민족에 속하므로 이슬람교도들에게 너무나 많은 살해를 당해, 기차여행을 더는 하지 않았기 때문이었다. 기차를 타더라도 힌두교도들과 회교도들은 각기 다른 칸에 탔다. 그는 큰 위협을 느꼈다.

"회교도들이 타는 칸으로 가서 그들 사이에 앉으시오. 그러면 아무 일도 없을 것입니다."라는 내면의 목소리, 마하리쉬의 목소리가 들렸다. 열차가 중간 지점에 왔을 때, 힌두교도들이 있던 칸의 사람들은 회교도들에 의해 모두 살해당했다. 라호르에 있는 고향집에 도착하자 그의 아버지는 깜짝 놀라며 뻰잡을 빠져나가 인도에 자리를 잡으라고 하였다. 뿐자는 대부분이 여자들인 가족 34명을 이끌고 뻰잡을 빠져 나와 인도로 들어갔다. 라호르에서 그들이 탄 열차가 인도로 가는 마지막 열차가 되었다.

마하리쉬는 헌신자들이 가족의 책무를 다하지 못하는 것은 허락하지 않았다. '참나'로서 존재하고, 모든 세상적인 일을 행하되 집착하지 말라고 가르쳤다. 뿐자는 가족을 럭나우에 데리고 갔다. 가족의 생계를 책임져야 하기 때문에 마하리쉬에게 돌아간다는 것은 생각할 수 없었다.

1950년 4월 14일, 저녁 8시 47분, 뿐자는 럭나우 거리를 걷고 있었다. 그는 갑자기 가슴에 엄청난 경련을 느껴 거의 땅에 넘어질 뻔하였다. 잠시 후에 그는 사람들이 길게 하늘을 가로지르는 유성을 가리키는 것을 보았다. 그것은 인도 전역에 있는 수천의 사람들이 마하리쉬의 죽음 뒤 몇 초 동안 보았던 그 유성이었다.

여러 해가 지난 후, 뿐자가 갠지스 강가에 앉아 있을 때. H.W.L. 뿐자인 그가 여러 형태의 몸을 가지고 시간을 통과하는 놀라운 환영을 보았다. 그의 나가 몸에서 몸으로, 형상에서 형상으로. 식물로, 동물로, 새로, 인간의 몸으로. 각기 다른 시간에 각기 다른 장소에서 변하는 것을 지켜보았다. 그의 몸은 결국엔 라마나 마하리쉬의 빛나는 형상에 의해 그 끝을 맺었다. 그는 이제 윤회로부터 자유로워졌다. 이제 그는 이렇게 말할 수 있다. "어떤 것도 존재한 적이 없다. 무엇도 일어난 적이 없다. 변하지 않는, 형상 없는 '참나' 만이 오직 존재한다."

1947년 뿐자가 육체적으로 마하리쉬를 떠났을 때, 마하리쉬는 그에게 말했다. "당신이 어디에 있든 나는 항상 당신과 함께 있습니다." 이것이 마하리쉬의 약속이었다. 뿐자는 이것을 체험하고 있다. 뿐자라고 불리는 사람은 더 이상 남아 있지 않다. 그가 있었던 곳에는 텅 빔만이 있다. 그 텅 빔 안에는 빛나는 '나', 나의 실재인 '나', 나의 스승이신 '나', 어디서든 항상 나와 함께 한다고 스승이 약속한 '나' 가 빛나고 있다. 그가 말할 때마다, 말 하고 있는 이는 뿐자가 아니라. 라마나 마하리쉬의 '나', 모든 존재들의 가슴 속에 있는 참나가 말하고 있다.

그 이후 슈리 뿐자는 갠지스 강가에서 생활하기도 했으며, 자신에게 일어난 깨달음을 펼치기 위해 여러 나라를 여행하기도 했다. 생의 마지막 무렵은 인도 럭나우에서 보냈다. 그의 삿상에 참여한 구도자들은 그의 말과 친존에서 기쁨의 웃음을 터뜨렸으며, 햇살처럼 펼쳐지는 행복감에 깊이 잠겼다.

1997년 9월 6일, 슈리 뿐자는 몸을 버리고 마하 사마디에 들었다.

part 1

그대는 공으로 춤추는 사랑입니다

나마스까르.

모든 것이 시작되기 전, 그대는 순수한 의식이었습니다. 그대는 사랑 속에 있는 사랑의 풍부함이며 자각의 비어 있음입니다. 그대는 평화를 넘어선 존재요 평화입니다. 그대는 모든 것이 투사되는 화면입니다. 그대는 지식의 빛입니다. 그대는 창조자에게 창조의 개념을 준 유일자 One 입니다. 잊혀 질 수 있는 것은 다 잊으십시오. 결코 잊혀 질 수 없는 존재가 있으니 그것이 그대 자신임을 깨달으십시오. 그대라는 바탕 위에서 모든 움직임이 일어나고 있습니다. 그러므로 움직임이 있도록 내버려 두십시오. 그대는 지금이요, 그대는 현재입니다. 이 지금에서 벗어날 수 있는 무슨 '나'가 있겠습니까? 그대는 진리이며, 오직 진리만이 존재합니다.

그대는 활동하지 않음입니다. 활동은 그대의 그림자요, 유희요, 세계입니다. 태양은 활동하지 않음이며, 거울들은 활동입니다.

그대는 이 귀중한 순간이며, 현재 그 자체입니다. 그대를 스치는 미풍은 악마조차 성화시킬 것입니다.

그대는 대상과 생각에 대한 자각을 자각하는 유일자입니다. 그대는 자각보다 더 고요한 유일자입니다. 그대는 생명의 개념을 앞서는 생명입니다. 그대의 본성은 침묵이며. 얻어질 수 있는 것이 아닙니다. 그것은 항상 존재하고 있습니다.

'공간'은 그대의 첫 개념이었습니다. 그대는 자신의 첫 모습으로 삿-찟-아난다를 택했습니다. 세상은 그대의 마음이며 이 모든 것이 그대의 가슴에서 일어납니다.

여기, 지금은 그대의 가슴입니다. 그대는 사랑으로 이 가슴의 동굴 속에 거주하고 있습니다. 그곳에서 모든 시간과 공간이 일어납니다.

그대는 안도 바깥도 아닌 안쪽입니다. 어느 곳에도 내리지 않는 마음이 안쪽입니다. 안쪽에는 벽들이 없습니다. 그대는 모든 원자 안에 존재하고 있습니다. 이것을 진정으로 깨달으면 희열이 됩니다.

그대는 공이요, 궁극의 본질입니다. 공에서 공을 없애면 공만이 남습니다. 공 너머에는 아무 것도 없기 때문입니다. 모든 것이 공에서 일어나 공에서 춤추다가 공으로 되돌아갑니다. 바다가 춤추려고 파도로 일어나듯이 그대는 춤추는 공입니다! 아무 것도 공 바깥에 있지 않습니다. 그래서 공은 충만합니다. 공은 존재is와 비존재is not 사이에 있습니다. 자유롭고 싶다면 그대가 이 바탕, 이 평화, 이 공이라는 굳은 확신이 필요합니다.

그대 안에서 모든 일이 일어납니다. 일어날 일은 일어나야 합니다.

그러니 평화로서 영향을 받지 않은 채 있으십시오. 평화로우십시오. 그러면 이 평화가 퍼질 것입니다. 평화로부터 일어나는 것은 평화이며, 혼란으로부터 일어나는 것은 혼란입니다. 그러니 평화가 되십시오. 평화를 우주에 전하십시오. 이것이 해야 할 모든 것입니다. "나는 평화이다."라는 생각조차 이 평화를 혼란시킵니다. 그러므로 그냥 고요하십시오. 있는 그대로의 모습으로 존재하십시오.

그대는 존재입니다. '만들어진 것' 도 '만들어질 것' 도 아닌 '존재'입니다. 그대는 시간을 벗어난 존재입니다. 죽음도 이 존재 속으로 들어올 수 없습니다. 시간이 없는 곳은 죽음도 없기 때문입니다. 시간을 벗어난 것이 지금입니다. 지금이 존재입니다.

존재는 늘 빛납니다. 내가 존재하는 것이 존재의 빛입니다. 이 다이아몬드는 숨지도 않으며, 숨겨질 수도 없습니다. 마음이 없으면 얼굴은 아름답고 천진하게 빛납니다. 오로지 고요하십시오. 그대 자신으로만 있으십시오.

그대는 움직임도 없고 여행도 하지 않는 공간입니다. 안과 바깥의 공간은 이름과 형상으로 인해 생겨납니다. 대상. 생각, 행위에 대한 집착을 버림으로 마음에서 이 모습을 없애십시오.

그대는 기쁨의 정원입니다. 행복해지기 위해서는 누구도 필요치 않습니다. 그대는 기쁨의 정원 속에 있습니다. 옛것을 생각할 때 그대는 슬퍼집니다. 이 기쁨, 이 순간이 마음과 고통을 없앨 것입니다. 이 순간이 행복이기 때문입니다. 그러니 고통 받으려 과거로 가기를 그만두십시오.

무조건적인 의식은 시간, 장소가 없는 그냥 지금으로 있는 행복이요,

고요입니다. 이 행복이 생각으로 조건이 지어지면 마음이 됩니다. 첫 조건인 '나' 조차도 행복의 방해물입니다. 자아가 가지는 욕망과 희망으로 아무도 행복하지 않습니다. 그러므로 행복에 이르려면 생각하지 마십시오. 어떤 욕망이라도 만들지 마십시오. 그냥 고요하십시오. 왜냐하면 생각은 묘지이기 때문입니다. 행복해지려면 아무 것도 가지지 말고 붙잡지 않아야 합니다. 그렇지 않으면 그대의 호주머니에서 썩은 생선냄새가 날 것입니다. 나의 사랑하는 친구여! 행복은 경험으로 얻는 것이 아닙니다. 행복은 그대의 본성입니다. 그러니 행복을 얻으려고 어떤 것을 할 필요는 없습니다. 참나를 알 때만이 행복이 옵니다. 행복은 참나의 본성이기 때문입니다.

여기, 여기 이곳은 누구도 알지 못하는 와인 같은 것입니다. 모든 것이 여기 내에 있습니다. 이것은 의식입니다. 의식은 우주 내에 있는 모든 것의 바탕입니다. 의식인 그대는 모든 원자 속에 거주합니다. 공간과 시간조차 의식에서 만들어졌습니다. 그대가 몸과 마음을 걸치고 있다는 것을, 탄생과 죽음의 움직임이 이 의식 안에 있다는 것을 누가 의식합니까? 그대는 그것입니다. 모든 행위와 행위 하지 않음, 모든 다양성과 단일성이 이 의식 속에 존재합니다. 굴레란 이 사실을 부정하는 것입니다. 자유란 이 사실을 깨닫는 것입니다. 그대는 의식입니다. 그대는 그것입니다!

감각으로는 의식을 느낄 수 없습니다. 마음으로는 의식을 이해할 수 없습니다. 의식만이 모든 곳에 존재합니다. 그것은 그대 속에서 '나'로 일어납니다. 의식은 태양의 빛남이며, 지구의 움직임입니다. 의식은 공간과 시간 너머에 있습니다. 시간과 공간은 의식에서 만들어집니다. 마음은 의식에 닿거나 도달할 수 없습니다. 마음이 의식을 찾으려 한다면 놓치게 될 것입니다. 이런 시도는 고요를 숨기는 움직임일 뿐입니다. 마음이 움직이지 않으면 의식은 스스로에 의해 알려집니다. 한 순간만이라도 마음의 움직임 모두를 살펴보십시오. 일초만이라도 욕망과 생각을 멈추십시오. 오직 한순간만이라도 '나' 라는 첫 번째 생각을 멈추십시오. 그러면 탄생과 죽음의 윤회를 영원히 넘어서게 됩니다. 이 윤회가 삼사라입니다. 그것은 그대 자신의 상상입니다.

　　윤회는 시작이 없으며 참나 지식만이 윤회를 끝낼 것입니다. "나는 누구인가?"라는 질문이 윤회를 끝낼 것입니다. 그러므로 "나는 지금 그것을 해야 한다."라고 굳은 결심을 하십시오. 인간으로 탄생하는 것은 매우 큰 축복입니다. 축복을 낭비하지 마십시오! 미루는 것은 삼사라, 즉 고통의 윤회입니다. 고통에 처할 때마다 "내가 꿈꾸고 있는가?"라고 질문하십시오. 이것이 "나는 누구인가?"입니다. 이것은 그대를 깨어나게 하여 자신의 참나와 사랑에 빠지게 할 것입니다. 그때 그대는 모든 '다른 것'을 알고 어디로 가든 이 촛불을 지닐 것입니다!

　　고요하십시오. 생각하지 마십시오. 노력하지 마십시오. 굴레에 있으려면 노력이 필요합니다. 자유로워지는 데는 아무런 노력이 들지 않습니다. 평화는 생각과 노력 너머에 있습니다. 생각하지 마십시오. 노력하지 마십시오. 생각과 노력은 그것을 흐리게 할 뿐 그것을 결코 드러내지 않을 것이기 때문입니다. 이런 이유로 침묵 하는 것이 사랑과 평화의 곳간을 여는 열쇠입니다.

　　이 고요는 마음이 없는 것입니다. 자유는 생각이 없는 것입니다. 자신을 이 고요, 이 무無와 동일시하고 주의하여, 그것을 경험으로 만들지 마십시오. 경험은 목격자와 목격의 대상이라는 이원성의 함정에 들게 하여 그대를 그것에서 데려나오는 마음의 속임수이기 때문입니다. 존재는 존재입니다. 목격자도 목격의 대상도 없습니다. 그것을 경험하면 "나는 자유롭다."라고 말하게 됩니다. 그것은 "나는 묶여 있다."라고 말하는 것과 똑 같은 함정입니다. 대상을 보낸 후 주체 또한 잡지 마십시오. 가게 하십시오. 단지 고요하십시오.

ॐ

삶의 목적은 평화에 존재하는 것. 모든 존재를 사랑하는 것입니다. 그리고 그대가 누구인지를 아는 것입니다. 그대의 참나를 깨달으십시오. 그러면 모든 것을 알게 됩니다. 이 순수한 지식만이 있을 뿐입니다. 공만이 있을 뿐입니다. 공이 아무런 한계가 없다면 그대가 어떻게 공을 벗어날 수 있습니까? 현상계의 나타남은 이 공의 유희일 뿐입니다. 오로지 고요함으로써 여기, 지금에서 그대가 누구인지 아십시오.

그대는 이 순간입니다. 자신을 이것에 소개하십시오. 마음을 특정방향으로 집착하게 하지 마십시오. 사다나에도, 과거에도, 미래에도 가슴의 텅 빔에도, 공간조차에도 집착하지 마십시오. 영원히 자유로워지려면 자신을 이 순간에 소개하십시오. 이 순간은 늘 이 순간입니다. 그것은 변치 않을 것입니다. 이 순간은 마음과 개념으로부터 자유로운 자유이며 기본적인 생득권입니다. 이 순간에 대한 최상의 이용은 순간 속에 빠지는 것입니다. 고요하십시오. 그대는 안 중의 안입니다. 다른 곳에 거주하지 말며 아무런 노력을 하지 마십시오. 노력과 수행의 개념은 구속일 뿐입니다. 오로지 고요하십시오. 어디에 있든, 단지 고요하십시오.

이름과 형상은 실재를 감춥니다. 이것이 가르침입니다. 이름과 형상의 부여는 자유에의 장애물입니다. 이름과 형상을 부여하면 바탕인 의식이 보일 수 없기 때문입니다. 말의 조각상이라 일컬으면 바탕인 화강암은 숨겨집니다. 반지를 보면 바탕인 금은 보이지 않을 것입니다. 반지가 그 바탕인 금을 떠날 수 없듯이 이름과 형상도 바탕인 의식을 떠날 수 없습니다. 공간조차 의식 내에 있습니다. 참나만이 존재하기 때문입니다.

파도가 일어나기 전에 그것은 바다입니다. 바람이 일어나기 전에 그것은 공입니다. 경험이 아니라 경험함으로 보는 자가 아니라 봄으로 갈망과 굴레를 없애십시오. 의식하는 자가 아니라 의식이 그대입니다. 자유롭기 위해서는 자유처럼 되어야 합니다. 자유는 욕망 없이 존재합니다. 모든 것은 존재하며 모든 것은 욕망이 없는 상태에서 알려집니다. 소유하고자 하지 않는다면 이원성이라는 호주머니를 버리십시오! 과거는 과거일 뿐, 과거를 호주머니에 넣고 다니지 마십시오. 자신이 살아있는 것을 아는데, 왜 무덤으로 갑니까? 일시적인 것은 멀리하십시오. 절대의 참나만을 붙잡으십시오. 그대가 집착하는 것, 그대가 사랑하는 것, 그대가 알고 있는 것, 그 모든 것은 언젠가는 사라질 것입니다. 이것을 깨닫는 것, 이 세상은 그대가 창조하여, 놀고. 고통을 받는 마음이라는 것을 아는 것, 이것이 식별입니다. 실재와 비실재를 식별하십시오. 알려진 것은 비실재이며 왔다가 갈 것입니다. 그러므로 알려지지 않고, 변하지 않는 진리와 함께 머무르십시오. 나타났다가 사라지는 모든 것은 실재가 아닙니다. 비실재에서는 감로를 얻을 수 없습니다. 그러니 그것에 집착하지 마십시오. 비실재를 떠나보냈다면 그것에 되돌아가지 마십시오. 자신의 존재 안에 있는 영원으로 머무르십시오.

공간에 항복하십시오. 지식으로 자아를 용해시키십시오. 사랑과 공경으로, 탐구라는 수단을 이용하여 그대의 참나 안으로 들어가십시오. 이 탐구는 모든 노력을 없애는 것입니다. 탐구는 과거에 잃었던 것을 찾는 것이 아닙니다. 현재를, 현존을 기억하는 것입니다. 생각조차도 크게 들릴 만큼 그렇게 고요히 안으로 들어가십시오

고요하십시오. 자신이 자아가 아니라는 것을 앎으로 고요하십시오. 이 고요, 이 침묵은 말하거나 말하지 않는 행위와 관계가 없습니다. 말하지 않을 때조차 마음은 어딘가로 계속 달려가기 때문입니다. 마음에서 생각이 일어나지 않는 것이 침묵입니다. 대상에의 자각은 침묵이 아닙니다. 자각을 자각하는 자가 바로 그것입니다!

복종이란 분리의 개념, 자아를 복종시키는 것입니다. 복종이란 어리석음과 사악함을 존재의 의지에 굴복시키는 것입니다. 그것이 전부입니다. 강이 바다로 흘러가듯이 그렇게 복종해야 합니다. 복종이란 분리의 강을 존재의 바다 속으로 흘러들게 하는 것, 한계성을 잃고서 일어나는 것을 일어나게 허락하는 것입니다.

"무엇이 마음의 움직임인가?"를 탐구함으로 개념과 의도를 점검하십시오. 사람은 탐구를 요가나 명상으로 혼동합니다. 요가는 내면에 있는 주체와의 결합입니다. 명상은 외부 대상에의 집중입니다. 탐구는 안이든 바깥이든 아무런 관련을 맺지 않는 것입니다.

마음을 찾아내어 죽일 수는 없습니다. 마음은 천개의 머리를 가진 괴물이기 때문입니다. 하나의 머리를 자르면 다른 머리가 생길 것입니다.

"나는 묶여 있다."와 "나는 자유롭다."는 똑같은 함정입니다. 그러므로 자유를 향한 갈망만이 그대를 도울 것입니다. 그대가 생각하는 것이 그대인 까닭입니다. 마음을 죽이려는 생각을 품으면 마음은 파괴자가 될 뿐 파괴되지 않습니다. 자유에 대해서만 생각하십시오. 그리하면 그대는 자유가 됩니다. 치통의 통증이 지속적이듯이 항상 참나에 대하여 생각하십시오. 자유를 향한 갈망이 지속되면 모든 습관과 혼란이 떨어져 나갈 것입니다.

ॐ

순수한 즐거움 속에서, 온 현상계는 그 안에서, 그 자체로 놀기 위한 릴라의 모습으로 만들어졌습니다. 이것은 모두 그대 자신의 창조물이며, 그대 자신의 참나입니다. 모든 존재는 하나의 존재입니다. 나타나고 사라지는 것은 실재이지 않습니다. 릴라 속에서 노십시오. "나는 존재이다."라고 말하십시오. 만약 그대가 "나는 몸이다."라고 말한다면, 그대는 거짓말을 하고 있으며, 그래서 고통당합니다. '나' 그 자체는 그냥 조건 지어진 것이며 바사나입니다. 개별적 '나'는 자기라는 더러운 우물 속에 비쳐진 순수한 '나'의 그림자입니다. '나'와 '나의' 바사나를 던져버리십시오. 그리고 자아가 깊게 잠들어 있을 때조차도 그대는 잠들지 않고 있는 존재임을 깨달으십시오.

자아가 참나를 볼 때, 자아는 그것이 됩니다. 그러나 자아가 감각을 보면, 자아는 감각의 대상을 욕망하는 혼란스러운 개인이 되어버립니다. 길을 잃지 마십시오. 끝없는 탄생이라는 마음의 윤회 속에서 길을 잃고 혼란에 빠지지 마십시오. 마음이 생각해내는 것은 무엇이나 그것이 아닙니다. 거절 그 자체까지도 포함하여 거절될 수 있는 모든 것들을 버리십시오. 그때 마음은 고요해질 것입니다. 이 상태를 말로 기술할 수는 없습니다. 그것은 있음이며, 공이며, 충만입니다. 그리고 그것이 진리입니다!

진리는 움직이지 않습니다. 옴도 감도 없습니다. 움직이는 생각인, '나'가 온 우주를 창조합니다. 그러나 진리는 움직이지 않습니다. 이 '나'라는 것이 어디에서 어떻게 일어나는지 지켜보십시오. 이것이 삿상입니다. 이것이 그대 자신의 본성입니다. 그대는 움직이지 않는 진리입니다.

그러나 만약 그대가 "나는 행위하고 있다."를 자아의 관점에서 말한다면. 그대는 그대 자신을 개인적인 움직임, 즉 물결 쪽으로 끌고 갑니다. 그대는 한 대상을 창조하고, 그것 속에 흥미를 일으킴으로써, 이 개인적 움직임을 강화시킵니다. 그러고 나서는 그 대상을 갈망하며, 즉시 그대는 그것을 소유함으로써 오는 보상을 원합니다. 그러므로 그대는 그 대상에게로 가기를, 그 대상을 소유하기를, 그 대상을 자신의 것으로 만들기를 원합니다. 그대가 그 대상을 소유하자마자 곧 그대는 그것을 잃을까봐 두려워하게 됩니다. 왜냐하면 둘이 있는 곳에는 항상 분리라는 공포가 있기 때문입니다. 두려움이 일어나면, 분노도 일어납니다. 분노와 더불어 혼란, 이해 및 식별의 부족이 있게 됩니다. 그대가 일들을 올바르게 처리할 수 없을 때, 그것은 완전한 파괴로 연결됩니다.

그러므로 깨달음에 이르는 지름길은 마음의 순수입니다. 욕망을 끊는 것입니다. 욕망의 대상이 행복을 주지 않습니다. 욕망의 대상은 그대의 평화를 파괴하며 그대를 고통으로 얽히게 합니다.

욕망의 대상을 얻은 느낌 또한 행복을 주지 않을 것입니다. 그것은 구속을 가져옵니다. 욕망이 없을 때 행복이 옵니다. 욕망은 영원한 평화와 휴식을 방해합니다. 욕망은 마음의 병입니다. 욕망 없이 사십시오. 그리고 행복해지십시오. 행복은 진정한 참나에서 옵니다. 행복은 여기에 있습니다. 이 행복을 위한 처방은 그냥 고요하는 것입니다.

원하던 대상이 그대 앞에 있을 때 행복이 처음으로 일어납니다. 순간적인 만족으로 지성이 안정되며, 희열의 바탕인 근원으로 되돌아가기 때문입니다. 그때 참나가 그 위에 비쳐지며, 이 비쳐진 경험이 즐겁습니다. 이것이 참나의 성품이기 때문입니다. 희열은 대상에서 오지 않습니다. 희열은 참나에서 옵니다. 그러므로 마음을 고요하게 하십시오. 그러면 참나가 고요 위로 비칠 것이며, 그것 안으로 끌어당길 것입니다. 즐거움은 참나에서 오며, 참나 안에서 일어나는 것이지, 참나 밖의 일시적인 대상 속에서 오는 것은 아닙니다. 대상은 일시적이지만. 희열은 그렇지 않습니다. 그대는 이 희열과 하나입니다. 이것을 알게 되면 그대는 모든 것을 그대의 참나로부터, 그대의 참나로서, 그리고 그대의 참나에 대하여 사랑하게 될 것입니다. 그대의 사랑은 이름과 형상으로서가 아니라. 항상 그대의 참나 안에서 영원히 지속될 것입니다. 이 의식은 그대에게 희열을 줍니다. 이름과 형상을 지니지 마십시오. 그러면 그대는 행복할 것입니다. 이것이 수면의 기쁨이며, 이것은 깨어있음, 꿈, 수면의 상태를 초월할 것입니다. 그러므로 평화. 즐거움, 진리와만 관계하십시오. 이것이 습관적으로 자연스럽게 이루어질 때 위의 세 상태를 초월할 것입니다. 그러면 그대는 상태 너머로 옮겨집니다. 이것이 바로 여기, 지금을 경험하는 것입니다.

그러므로 어떤 것이 그대 앞에 다가올 때 부동의 진리로 머무르십시오. 그리고 좋든 나쁘든 그 환경에 응하십시오. 소유의 개념을 가지지 말고 응하십시오. 어떤 일이 일어나더라도 참나에만 큰 관심을 가지십시오. 그리고 일어나는 모든 것이 참나에서 생기는 참나라는 것을 깨달으십시오. 참나는 전체이기 때문에 소유에는 무관심합니다. 그러므로 보상이나 소유라는 관점에서 행동하지 마십시오. 그때 그대는 아주 자유로울 것이고 그대의 모든 행동은 자비에서 비롯될 것입니다. 인생이 무집착이라는 미풍 앞에서의 항해와 같을 것입니다. 이 미풍은 참나에서 옵니다. 이 미풍은 자유 전이 아니라 후에 올 것입니다.

자유 후에도 여전히 살아야 합니다. 세상은 여전히 존재하기 때문입니다. 그러나 그대의 삶은 자비로워질 것입니다. 단지 서로 사랑하십시오. 그리고 어떤 것에도 미움을 갖지 마십시오. 이것은 그대 자신과 그대가 사물을 다루는 법에 좌우됩니다. 즉 이 '나'가 자아에서 오는가, 그 어느 곳에도 속하지 않는 곳에서 오는가에 달려 있습니다. 그 어느 곳에도 속하지 않는 곳에서 오는 '나'는 전 우주를 가집니다. 이것이 전체적인 이해입니다.

실재이지 않는 것에의 몰두 때문에 여기 지금에 있는 그대 자신의 진리를 깨닫지 못합니다. 오고 가는 것을 바라는 것은 어리석은 일입니다. 현자는 그러하지 않습니다. 그러므로 온 가슴으로 신을 사랑하십시오.

ॐ

방법은 사랑을 방해하며 자유를 늦추고, 평화를 모독합니다. 방법을 사용하지 말며 그냥 그것과 동일시하십시오. 많은 방법이 그대를 희열의 몸인 아난다마야꼬샤로 데려가 이 섬세한 베일 속에서 끝나게 합니다. 하지만 거기에는 희열을 즐기는 자가 여전히 있습니다. 여명의 빛은 태양이 아닙니다. 희열은 전체적인 이해가 아닙니다. 전체적인 이해란 그대 자신의 얼굴을 향해 고개를 돌리는 것입니다. 그것이 그대의 참나를 알기 위한 직접적인 '수행'입니다.

본성은 얻는 것도 가꾸는 것도 아닙니다. 그대는 농부가 아니라, 의식입니다! 그대가 이미 그것으로 존재하고 있는데 왜 일을 하려합니까? 마음을 움직이지 말고 어떤 생각도 휘젓지 마십시오. 첨가시켜 놓은 굴레에서 벗어나려 노력하면 이것은 그대가 존재로부터 떨어져 있다는 뜻인데 그러면 첨가시켜 놓은 자유에 내리게 될 것입니다.

모든 수행의 목표는 진정한 본성인 침묵입니다. 침묵 없이는 평화로울 수 없습니다. 그러므로 오직 이것만을 위하여 노력하십시오. 활동할 때도 침묵으로, 침묵 내에 머물며 항상 침묵을 의식하십시오. 라마나의 주된 가르침은 침묵입니다. 모든 질문에 조용하게 대답하여 의심을 없애는 것은 이 침묵입니다. 까비르는 다음과 같이 말했습니다. "그대의 몸, 마음, 지성. 쁘라나를 고요히 하십시오. 그리하면 지혜가 그대를 찾아 뒤따라올 것입니다!" 마음을 마음의 근원으로 향하게 하여 고요하십시오. 감각의 대상을 향한 마음은 고통입니다. 이와 같은 마음은 마음의 근원을 찾아야 합니다. 즉 '나'는 나의 근원을 직면해야 합니다. 이것이 진정한 금욕이며, 진정한 수행이며, 진정한 명상입니다. 아뜨만을 향하십시오. 이것이 삿상입니다. 삿상은 집이며, 참나와의 성스러운 교제이기 때문입니다. 가장 성스러운 관계는 본래의 모습으로 있는 것입니다. 이것이 자유입니다. 이것은 상상 너머에 존재하며 아주 새롭고, 매우 신선합니다. 단지 고요하십시오. 생각하지 마십시오. 이것이 그대입니다. 어떤 생각도 떠올리지 마십시오. 만약 어떤 생각이 떠오른다면, 그대로 내버려 두십시오. 그 생각으로 인해 흔들리지 마십시오. 그대의 거대함을 의심하지 마십시오. 그렇게 하는 것은 너무나 간단한 일입니다. 그것을 가진 사람은, 그들이 그런 일을 행하여 왔다는 사실을 알 것입니다. 고요 속에 머무를 때, 그것이 아름다움이요, 즐거움이요, 정적입니다. 그것은 노력을 하는 것이 아닙니다. 노력은 마음을 혼란케 합니다. 노력은 묘지의 시체들과 노는 것입니다. 늘 고요로 있는 것을 그냥 묵상하십시오. 근원으로 가십시오. 어떤 믿음도 가지지 말고, 그저 고요히 앉아서 집으로 돌아가십시오. 집으로 돌아가기까지는 멈추지 마십시오. 평화는 '나'가 없을 때 찾아옵니다. 수행하기 위해서는 '나'가 필요합니다.

희열로 가는 비법은 탐색을 멈추고 생각을 멈추고 생각을 그만두기조차 멈추고 침묵하는 것입니다. 최고의 수행은 "나는 누구인가?"를 정말로 깨닫는 것입니다. 그대는 브람만입니다. 이것을 깨달으십시오. 무엇인가를 하고자 한다면 늘 참나를 공경하십시오.

참나 깨달음은 순간에 옵니다. 그러나 이 순간을 위해, 마음속의 모든 생각을 몰아내야 하는 엄청난 노력을 해야 합니다. 이 순간에 모든 것을 없애야하며. 이 순간과 함께 머물 수 있도록 해야 합니다. 하늘을 향해 발돋움하고 주먹을 불끈 쥐고는 나는 이 순간에 자유로워야 한다고 외치십시오. 자유를 향한 그와 같은 강한 욕망은 매우 드뭅니다. 이런 강력한 움직임과 힘이 하늘의 신들조차 내려오게 하여 그대 앞에 머리를 숙이게 할 것입니다. 그러려면 강한 몸, 마음, 의지가 필요합니다. 그때서야 이 순간은 효과를 발할 것입니다. 그대는 그렇게 잘 해야 합니다. 메뉴만을 읽지 말고, 음식을 먹도록 하십시오! 어리석은 마음을 이기십시오. 음식을 먹는다는 것은 이해하는 것이 아닙니다. 그것은 존재입니다! 자유롭고자 결정하는 것은 마음이 아닙니다. 자유롭고자 할 때, 마음은 존재하지 않습니다! 마음을 조절하십시오. 마음이 필요할 때 마음을 노예처럼 이용하십시오. 그러나 여기에서 자유로워지는 데는 마음이 필요 없습니다. 마음을 쓰지 말고 생각도 하지 마십시오. 자유는 명상이나 노력으로 오지 않습니다.

삿뜨바적 마음은 자유를 즉시 얻을 것입니다. 라자스적 마음은 수행하며 삿상에 참석해야 합니다. 따마스적 마음은 삿상에조차 오지 않을 것입니다. 삿뜨바적 마음은 까르마로 볼 때 순수하며 늘 명상 속에 있으며 자유와 다르지 않습니다. 삿뜨바적인 마음은 일어났다가 저절로 사라집니다. 노력하면 일어나고 그만두면 사라집니다. 선택하십시오! 생각이나 행위자라는 개념이 없이 단순하고 자연적인 존재로 머무르십시오. 무無로부터는 모든 것을 할 수 있으며 자신의 자취를 남길 수 없습니다. 의도를 가지지 않으면 한계란 없습니다. 단지 고요히 머무르십시오. 그냥 어떤 생각도 일으키지 마십시오. 마음을 움직이지 않는 것은 바깥으로 향하지 않는 것입니다. 길이나 방법은 없습니다. 길 바깥에 머무르십시오. 그대가 간섭하지 않을 때만 참나가 나타날 것입니다. 고요히 있다는 것은 사랑과 아름다움에 시간을 내어주는 것입니다. 그런 상태로 머무르십시오.

다르마는 개념에 얽매이지 않는 것입니다. 그러므로 최고의 다르마는 모든 다르마를 버리는 것입니다. 모든 것을 버린다면 무슨 일이 일어날까요? 종교와 개념의 모든 짐들이 마음에서 떨어져 나가고 그대는 완전한 평화와 사랑으로 안내됩니다. 이것이 그대의 다르마입니다.

사다나의 마지막에 구루는 "그대는 자유롭다."라고 확신시켜 줄 것입니다. 럭나우에 온 것은 자유를 위해서가 아니라 굴레에 있지 않다는 것을 알기 위해서 왔습니다. 삿상에서는 의심을 버려야 합니다. 의심이 그대를 자유롭지 못하게 하는 까닭입니다. 단지 침묵하십시오!

ॐ

왜 문제에 빠지려합니까? 지금 있는 것으로 충분합니다! 행복, 아름다움, 사랑, 이 모든 것이 여기에 있습니다! 그대가 그것을 무엇이라 부르든, 그것은 모든 것으로 충만해 있습니다! 그대가 무엇을 생각하든. 그것은 그 생각대로 됩니다. 그것은 의식이며, 모든 것이 의식 내에서는 가능하기 때문입니다. 그대는 이 모든 현상계, 바다의 이 모든 파도를 창조했습니다. 그대는 능력이 있고. 거대하며, 풍부하고, 완전하고, 의식적입니다. 그대는 이 모든 것을 만들어낼 수 있습니다. 그런데 왜 고통스러워합니까? 공은 공 내에 나타나는 것들에 의해 결코 영향을 받지 않습니다. 바다는 파도가 생길 때도, 사라질 때도 고통스러워하지 않습니다. 파도들이 춤추고 즐기도록 내버려 두십시오. 여기에 머물면서 사랑, 아름다움, 행복만을 보십시오. 이것이 궁극의 이해입니다. 생각도, 과정도, 명상도 필요치 않습니다. 그대는 무한함이요. 끝없는 깊음이요, 거대함입니다. 누가 이 거대함을 혼란하게 할 것입니까? 어디로 달려 나가고는 여기에 있지 않으려 합니까? 그대는 무한입니다! 본래의 모습으로 존재하십시오. 어느 곳으로부터 출발하려 하지 말고, 어느 곳으로도 가지 마십시오. 생각을 일으키려 하지 마십시오.

자아는 자신이 중요하다고 말합니다. 지고는 그렇지 않다고 말합니다. 결단력조차 자아로부터 오지 않습니다. 모든 것이 지고의 힘입니다. 그 힘을 다른 것으로 돌리지 마십시오. 그리하면 유령만을 강화시킬 뿐입니다. 하나를 향하십시오.

신을 만나려면 몸, 마음, 감각, 너무나 많은 장신구가 필요합니다. 신을 넘어 가기 위해선 아무 것도 필요치 않습니다. 어떤 생각도 일으키지 마십시오. 생각하지 않는데 필요한 에너지조차 일으키지 마십시오. 참나에 대한 묵상과 공경만이 필요한 모든 것입니다. 사랑하십시오. 즉, 신에게 복종하여 고요하십시오. 지혜로우십시오. 즉, 신속으로 탐구하여 고요하십시오. "나는 집이며, 집 그 자체이다."라는 것을 깨달으십시오. 그리고 끊임없이 참나를 바라보십시오.

이 존재보다 더 아름다운 것은 없습니다. 다른 존재를 다 합한 아름다움도 존재의 행복의 100만 분의 1이 되지 않습니다. 생각은 존재의 순수함 속으로 침입할 수 없습니다. 나라는 생각조차도 그 속으로 들어 갈 수 없습니다. 생각하거나 이해하려 하지 마십시오. 단지 있는 그대로 머무르십시오.

근원과 조화를 맞추십시오. 그러면 행위는 모두 올바를 것입니다. 그렇게 하지 않으면 무슨 일을 하든 고통이 따를 것입니다. 자아라는 거만함과 함께 한다면 아무런 능란함은 없습니다. 거만함이 없다면 모든 일에 능란합니다.

방안의 공간이 물건들에 의하여 영향을 받지 않고 있듯이, 공간은 활동, 마음, 생각에 의해 영향을 받지 않습니다. 그대는 공간입니다. 이 공간에 놓여있는 물건에 손대지 마십시오. 고요하십시오, 마음을 일으키지 마십시오, 생각을 일으키지 말라는 의미입니다. 만약 생각이 일어난다면, 그 생각이 오가도록 하십시오. 하지만 생각에 매달리거나 생각에 내리지 마십시오. "나는 몸이다."라는 생각에서 물러서십시오. 대신 "나는 순수하고 무한한 의식이며, 사랑이다."가 처음이자 마지막 생각이 되어야 합니다.

이 진리를 아십시오. 그냥 말로만 이어서는 안 됩니다! 진리는 존재하고 있는 모든 것입니다!

본성something's nature이 없다면, 그것에 매달리지 마십시오. 어떤 것의 본성nature이 현존이라면, 이것이 바로 그대입니다. 이것이 바로 아름다움이며, 사랑이며, 참나입니다. 그 나머지 것들은 상상에 불과합니다. 환영의 힘은 아주 강합니다. 경향성과 즐겁게 놀면서도 늘 경계하십시오. 왜냐하면 어떤 사람이 자유에 다가갈 때, 악마들이 힘을 합쳐 공격할 것이기 때문입니다. 참나를 명상하면서 참나로 존재하기를 계속하십시오. 이 일을 항상 즐겁게 하십시오.

나타나는 모든 것은 공이 그 바탕입니다. 공이라는 왕위에 앉으십시오. 그러면 모든 것이 그대의 것이 될 것입니다. 나타남 없음, 자유 없음, 마음 없음이 궁극의 진리입니다. 궁극의 진리란 모든 것이 공이며 과거에도 그랬다는 것입니다.

생각하는 내용이 그대입니다. 그러니 생각을 멈추십시오. 그러면 모든 것의 근본인 무無가 될 것입니다. 깨어있으십시오. 잃게 될 것은 소유하지 마십시오. 마음이 찟Chit 속으로 들어갈 때 가슴이 춤추며 평화와 희열 속에 거주합니다.

　그대는 항상 사랑 안에 있으며 그대 자신을 사랑할 수만 있습니다. 그대는 공간조차도 품고 있는 변함없는 존재입니다. 사랑에는 시작도, 중간도, 끝도 없습니다. 사랑이 사랑할 가치가 있습니다. 이것이 그대의 참나입니다.

　그러므로 지금, 여기에서 그냥 보기만 하십시오! 주위의 모든 것이 광대한 평화의 범람입니다! 어느 곳에 그대가 서 있습니까?

　나의 가르침의 핵심은 이것입니다. 나는 어느 가르침으로도 얻을 수 없는 그것That을 가르칩니다. 나의 가르침은 가르쳐질 수 없습니다. 모든 가르침의 바탕인 에센스에 대해서는 아무런 가르침이 있을 수 없습니다. 이 에센스는 모든 것을 넘어서기에 가르침도 가르치지 않음도 필요치 않습니다. 에센스는 모든 가르침이 나오는 곳입니다.

　라마나 마하리쉬께서 말하시곤 했습니다. "여기에 진리가 정말로 있습니다. 원하는 것을 선택하십시오."

part 2

참나

　참나가 진정한 그대입니다. 그대는 참나입니다. 참나는 경험과 개념이 일어나는 심연입니다. 참나는 옴도 감도 없는 순간입니다. 참나는 가슴, 아뜨만, 공입니다. 참나는 자신에게, 자신 스스로, 자신 속에서 빛납니다. 참나는 생명에 호흡을 불어넣습니다. 참나를 찾을 필요는 없습니다. 참나는 여기에 있습니다. 그대는 참나입니다. 참나로 그대는 찾고 있습니다. 그대는 찾고 있는 참나입니다! 또한 참나는 존재하는 모든 것입니다. 참나만이 존재합니다.

　그대는 결코 태어나지 않았습니다. 욕망만이 태어났을 뿐입니다. 어떤 것도 결코 일어나지 않았습니다. 어떤 것도 여태 존재하지 않고 있습니다! 이 무無가 그대입니다. 이것이 궁극의 진리입니다. 그대는 완전한 홀로입니다. 아름다움만이 있기 때문입니다. 오직 참나만이 있습니다.

　자신이 의식이라는 것을 쉽사리 부정할 수는 없습니다. 그대는 희열

속의 기쁨이 되어 가슴의 연꽃 안에 거주하고 있습니다. 고요하십시오. 그러면 참나에게 참나가 나타날 것입니다. 참나 지식은 다른 것을 희생시켜 추구할 가치가 있는 것입니다. 다른 것은 의식으로 일어난 신기루이기 때문입니다.

참나는 모든 존재 속에 거주합니다. 그러므로 다른 것을 사랑하는 것은 참나를 사랑하는 것이며 그대 자신의 참나를 사랑하는 것입니다. 참나는 가장 위대한 사랑이며 모든 사랑 중에서 가장 가치 있는 것입니다. 사랑은 참나 안에서 참나가 참나에 이끌리는 것입니다. 사랑. 기쁨의 이 원천 이외에는 아무 것도 없습니다. 그대 자신의 아름다움을 보십시오. 그대는 이 거주자, 이 사랑, 이 아름다움 그 자체입니다.

아닙니다neti. 아닙니다neti. 그러나 그대의 본질you Are은 거절되어 질 수 없습니다. 그대의 본질은 지금입니다. 지금이 깨어있고, 자고, 꿈꿉니다. 존재하고 있는 것은 오직 지금입니다. 오직 참나만이 존재합니다.

이 현재의 순간이 빛이며, 참나입니다. 이 순간은 굴레도 자유도 아닙니다. 그것은 관념 너머에 위치한 가장 값진 것입니다. 이 순간은 모든 것이 투사되는 화면입니다. 이것은 늘 고요하며 접촉되지 않고 있습니다. 순간은 시간을 벗어나 있습니다. 궁극과 현존 간에는 아무런 차이가 없습니다. 이 순간에 머물려면 모든 욕망을 버리십시오. 이 순간에 머물려는 욕망까지도 던져 버려야합니다.

이름이나 형상 없는 그것에 수백만 개의 이름들이 있습니다. 존재, 자각, 희열, 현재, 아뜨만, 진리, 참나, 신성, 아름다움, 자유, 신성한 사랑, 충만, 공, 의식, 지금, 노력 없음, 여기, 침묵, 브람만. 진짜 혀가 '혀' 라는 단어를 말하듯이 그대는 이 이름들을 얘기합니다. 본성에 대한 선입견의 베일을 벗기려고 붓다는 참나를 아나따Anata, 접촉할 수 없음, 나타남 없음, 보이지 않음, 접근할 수 없음, 알 수 없음, 오점 없음 같은 부적인 용어로 말하였습니다.

개념과 창조 이전에 그대는 존재합니다. 그래서 단어와 언어를 초월해 존재하는 그것을 위한 단어는 없습니다. 참나는 그것 자신을 이해할 필요가 없습니다. 자유는 자유의 개념 이전에 존재합니다. '나', 마음, 과거라는 개념이 사라질 때도 그대는 남아 있습니다. 무無는 개념이 아닙니다.

평화-아름다움-사랑과 하나가 되십시오. 그것을 경험하지 마십시오. "나는 활동하지 않지만 활동은 나 속에서 일어난다. 나는 그것이다. 나는 화면이다. 나는 결코 오지도 가지도 않는다."라는 것을 아십시오. 의식과 하나가 되십시오. 자신이 누구인지 잊지 않을 때, 이 활동의 표출은 우주적 춤이 됩니다. 오고 가는 것이 아닌 "나는 존재한다I am."로 머무르십시오. 개인적 '나'라는 감각은 마음입니다. 그러나 존재에는 경계가 없습니다. 존재는 그것을 자각합니다. 존재와 동일시하십시오.

마음이 순수할 때 모든 존재 속에서 참나를 볼 것입니다. 개념을 모두 제거하여 마음을 정화시키십시오. 정화라는 개념까지도 제거하십시오. 그때서야 참나는 의식인 빈 마음에 자신을 드러냅니다. 자아, 마음, 모든 창조물은 참나로서 참나 바깥에서 일어납니다. 가장 추한 의심도 분리적인 차별도 현재라는 아름다운 근원에서 일어납니다. 참나 속에는 '해야 할 것'과 '하지 말아야 것'이란 없습니다. 불행이 있다 해도, 그대는 불행하지 않습니다. 그대는 이 불행에 정말로 닿지 않는 자각이기 때문입니다. 파도가 바다와 광선이 태양과 분리되지 않듯이 그대도 존재로부터 분리되어 있지 않습니다. 그대는 순간이며, 순간 안에 모든 것이 존재합니다.

경전에는 내면에 있는 세 개의 성스러운 강들에 대하여 말합니다. 그 강들은 존재, 의식, 희열입니다. 그것들은 생각과 노력 너머에 존재하기에 객관화나 주관화 될 수 없습니다. 그것들은 너무나 소중하며, 너무나 가까이 있고, 망막 뒤, 그리고 호흡 전에 존재합니다. 이것을 볼 필요는 없습니다. 그대가 그것이기 때문입니다.

그대는 존재이며 있음입니다. 보지 않음으로 모든 곳에 있는 있음을 보십시오. 봄은 보이는 대상이 아니라 있음입니다.

의식은 원래부터 있는 어머니입니다. 이것을 안다면 어머니는 그대를 돌볼 것이며 행복, 평화, 불멸을 그대에게 줄 것입니다. 이 어머니를 우리는 깨닫지 못하고 있습니다. 그래서 우리는 고통을 겪습니다. 이 미지의 것이 그대의 본성입니다. 그것으로 돌아가십시오. 알려진 것은 영원한 평화도, 사랑도 주지 않습니다.

마음이 죽을 때 희열이 일어나는 것처럼 보이지만, 희열은 영원합니다. 희열은 경험이 아닙니다. 그것은 그대의 본성입니다. 이것이 현자의 가슴입니다. 이 선물은 모든 사람을 항상 부르고 있습니다. "그대는 모든 존재의 가슴 내에 자리 잡고 있다." 이것이 진리입니다. 그대의 얼굴은 빛납니다.

ॐ

왕이 정원을 손질한다고 해서 정원사가 아니라 왕이듯이, 진정한 나 I am는 세상이라는 정원에 있지만, 진정한 나I am로서 있습니다. 세상의 모든 움직임 내에 활동하고 있는 것은 바로 그대입니다. 세상의 물질적 현상이 일어나고 있는 곳으로 가보면 그대는 거대함을, 그대 가슴의 비밀스럽고 성스러운 핵을 발견할 것입니다. 이것이 그대의 본모습입니다. 그러나 어떤 대상을 붙잡거나, 자신을 어떤 것이 되도록 이끌어 간다면, 그대는 욕망과 희망으로 인해, 자신의 본모습을 잊어버릴 것입니다. 모든 것은 하나이며 그리고 하나가 모든 것입니다. 욕망과 희망이라는 낡은 습관을 포기하고 보편적인 중심과 그대 자신을 동일시하십시오. 그리하면 그대는 우주의 황제가 됩니다. 이 여기와 지금에게로 가십시오. 그대는 이 여기와 지금입니다.

모든 것이 참나입니다. '그대'와 '나'의 유일한 차이는 '그대'와 '나'라는 말과 개념일 뿐입니다. 그대 속의 참나가 나 안의 참나이며, 모든 존재 안의 참나입니다. 모든 것의 근원은 같습니다. 이것이 참나입니다. 이것이 사랑이며 자비입니다. 참나에서 출발하십시오!

"나는 바다이며, 보이는 모든 형상이 내 위에 춤추는 나의 파도이다." 이것이 지식입니다. 파도가 일어날 때 바다는 아무 것도 잃지 않습니다. 파도가 사라질 때 바다는 아무 것도 얻지 않습니다. 파도가 유희하듯 바다도 유희합니다. 나는 바다입니다. 나는 물입니다. 나는 파도입니다. 물, 바다, 파도는 분리되어 있지 않습니다! 차이도, 혼란도 없습니다. 혼란을 받는 자도 없습니다. '나'를, 다른 생각을 일으키는 것은 파도를 일으키는 것입니다. 물이 물로 존재하듯이 모든 것이 존재하도록 하십시오. 그것이 그대의 참나이기 때문입니다. 강이 바다로 흘러들듯이 그대의 본래의 모습 속으로 흘러들어 가십시오. 그대의 본래의 모습은 행복, 희열. 존재, 우주입니다. 여기에는 자각만이 있습니다. 여기에는 참나만이 있습니다.

그대는 망각 속에서도 존재하는 그것입니다. 왜냐하면 그대는 자신이 망각하고 있다는 것을 자각하기 때문입니다. 그대는 깨어 있고, 꿈꾸고, 잠자는 세 상태 속에서 자각을 잃지 않는 의식입니다. 이 세 상태에서 참나만이 사라지지 않습니다.

참나는 마음 없음입니다. 마음이 없을 때는 몸도 없습니다. 마음 없는 이 아름다움에서 예술과 직관이 생겨납니다.

아무 것도 일어난 적이 없으며 앞으로도 일어나지 않을 것입니다. 그대는 완벽한 사랑과 평화로 늘 존재해 왔습니다. 변하는 것은 실재가 아닙니다. 실재는 변할 수 없습니다. 그대는 변화와 묘사를 넘어선 비밀이며 순수입니다. 그러나 그대가 '나' 라는 것을 만진다면 그대는 자만으로 오염됩니다. 자아가 노력하여 만든 '나'는 참된 '나'가 아닙니다. 참된 '나'는 모든 것이 나의 그림자요, 투사라는 점을 압니다. "나는 존재로서 존재한다."를 그냥 깨닫는 것은 노력 없이 이루어집니다. 그것이 명상이요 존재의 자연스러운 상태인 사하자sahaja입니다.

먼지 하나에도 무수한 우주 속에서 빛나는 수많은 붓다가 있습니다. 이것을 설명하기는, 이해시키기는 매우 어렵습니다. 그러나 사실입니다. 그대는 그것을 볼 수 있습니다. 모든 것이 원자에서 나옵니다. 그것은 풀 수 없는 신비입니다. 그것은 삿상에서 보통 말하는 순간과 같은 것입니다. 순간 속에서는 그대의 모든 삶을 볼 수 있습니다. 모든 이들은 본질상 붓다입니다.

ॐ

■ 영원하며, 정의할 수 없는 존재가 나타났으면 합니다.

그것이 바로 그대입니다. 왜 그것을 의심합니까! 깨달음은 의심받을 수 있는 말, 생각, 개념이 아닙니다. 깨달음은 항상 여기에 존재합니다.

내가 말하는 '여기'는 현재의 공간이 아닙니다. 여기는 마음이 이를 수 없는 내면의 어떤 곳입니다. 현존은 항상 여기에 있습니다. 그대는 항상 그것입니다. 지금 말하는 여기는 '거기'의 반대편이 아닙니다. 그것은 아무런 장소가 아닙니다. 그것은 그대의 가슴입니다. 마음이 고요할 때 모든 것이 가슴으로 되돌아갑니다. 우주 전체가 그대 가슴의 작은 조각에 불과합니다.

마음을 여기로 들어가게 하십시오. 그러면 마음은 없어집니다. 그때 빛, 지혜 및 사랑만이 남습니다. 이것이 그대이며 그대와 떨어져 있지 않습니다.

ॐ

■ 제가 몸과 마음으로 된 형상이 아니라면, 저는 무엇입니까?

그대는 사띠얌, 쉬밤. 순다람의 형상을 취하고 있는 무형상입니다. 이것이 그대의 형상입니다. 그대는 진리이며, 쉬바이며, 아름다움입니다. 이것이 우리가 여기에서 실제로 하고 있는 일입니다. 그러나 그대는 이런 형상을 향해 가려하지 않습니다. 그대는 사띠얌, 쉬밤, 순다람입니다. 진정한 나는 삿찟아난다입니다. 이것이 아뜨만의 모습, 즉 진리, 의식, 희열입니다. 이것이 그대 자신의 참나입니다. 그대는 안에 있는 그것을 찾으려 하지 않습니다.

희열은 안에 있습니다. 그것이 그대입니다. 진리는 안에 있습니다. 그것이 그대입니다. 아름다움은 안에 있습니다. 그것이 그대입니다. 사랑은 안에 있습니다. 그것이 그대입니다. 이것은 그대 자신의 참나에게로 전해지고 있습니다.

■ 저는 제 자신의 참나 속에 있고 싶습니다.

그렇다면 오직 참나만이 존재한다고 결심하십시오. 그러면 그대는 참나의 바깥에 결코 머물지 않을 것입니다. 참나는 무한합니다. 그런데 어떻게 그대가 그 속으로 뛰어들거나 나올 수 있겠습니까? 자신이 무한함인데 어떻게 한계 속으로 뛰어들 수 있겠습니까?

"나는 참나다. 나는 진리다. 나는 신이다. 나는 은총이다."라고 결심하십시오. 그리하면 아무런 어려움이 없을 것입니다.

ॐ

■ 저는 의식 내의 집에 있는 것 같습니다.

그대가 집에 있지 않을 때, 그대는 어디에 있겠습니까? 모든 곳이 의식이며 모든 곳이 집입니다. '모든 곳'이란 그대의 가슴에 있는 작은 구석에 불과합니다. 그대는 그렇듯 거대합니다. 여행은 있을 수 없습니다. 그대는 항상 집에 있기 때문입니다. 그대의 자아를 항복시키십시오. 그러면 집에 있게 됩니다.

■ 서구에 있을 때, 꿈을 꾸었는데 그 꿈속에서 스승님께서는 저에게 삿찟아난다라는 이름을 지어주셨습니다. 이 이름의 뜻이 무엇입니까?

그것은 참나의, 무형상의 이름입니다. 모든 사람이 이 이름을 가지고 있지만, 그것은 그대 가슴의 중심 속에 숨겨져 있습니다. 삿-찟-아난다는 모든 존재 속의 거주자이지만 이 사실을 아는 이는 드뭅니다. 그것은 사람의 이름이 아니라 진리, 의식, 희열을 갖고 있는 그 무엇의 이름입니다. 그 셋은 하나입니다. 진리, 즉 사띠얌이 있는 곳마다 거기에는 의식 즉 찟이, 그리고 희열 즉 아난다도 있습니다.

그대는 그것이 꿈이었다고 말합니다. 그러나 그것은 꿈꾸는 것도, 깨어 있는 것도, 잠자는 것도 아니었습니다. 그것은 이런 상태를 넘어선 그 무엇입니다. 그것은 산스끄리뜨의 뚜리야로 알려져 있는 네 번째 상태입니다. 뚜리야에서 그대는 신의 달샨을 가지며, 신의 메시지를 받습니다. 다른 꿈들은 잘 잊어버려도, 이 '꿈'은 기억이 쉽습니다. 그 이유는 바로 이 때문입니다.

■ 존재는 신과 같습니까? 이것이 사하자 사마디입니까?

　존재는 세상 사람들이 신이라 일컫는 것과는 아주 다릅니다. 신은 그대가 창조한 개념일 뿐입니다. 존재는 그냥 존재입니다. 존재를 창조한 사람은 없습니다. 존재는 창조와 파괴를 초월하여 존재하기 때문이다. 신을 비롯한 모든 창조물들이 머무르는 곳, 그곳이 존재입니다.
　사하자 사마디란 개인이 원래부터 존재하는 하나Oneness 속으로 녹아드는 것이요, 모든 것들의 존재 안으로 합쳐지는 것입니다. 아무런 노력도 없는, 마음도 사용하지 않는 사마디입니다. 그것은 자연스러운 사마디입니다. 그 자연스러운 사마디가 그대의 자연스러운 본성입니다. 여기에 있고 어떤 생각도 하지 않는 것, 이것이 사하자 사마디입니다. 사하자 사마디에 있는 동안은 먹고, 마시고, 움직일 수도 있습니다. 사하자 사마디는 풍만한 존재의 아름다운 경험 속에 있는 참나입니다!

■ 진정한 자각이란 무엇입니까?

　꽃과 같은 대상을 알아보는 자각이 있습니다. 진정한 자각이란, 대상에 대한 자각을 알아보는 자각입니다. 그것은 혼란이 없는 단순한 자각입니다. 그것 속에서 모든 것들이 일어나고 가라앉습니다.
　대상과 사건에 대한 자각 너머에 자각이 있습니다. 그대는 그 자각입니다. 그 속에 대상에 대한 자각이 머뭅니다.
　이 자각은 이름이 없습니다. 이 자각에게 이름 붙이려 하면, 혼란이 옵니다. 그대는 이름도 모습도 없습니다. 그대는 아무 것도 볼 수 없습니다. "나는 이름이 없고 모습도 없다." 그리고 "나는 나 자신의 참나를 자각하고 있다."를 깨우치십시오. 순수한 의식이 그대를 잡아당길 것입니다. 그대 스스로가 의식 속으로 가는 것이 아닙니다. 그대가 의식 속으로 간다면, 그것은 자아의 들어감입니다. 그러나 의식이 그대를 당길 때는 의식이 그대를 집으로 데려가려는 선택을 했습니다. 이것은 어떤 식으로든 일어나지만 그 이유는 알지 못합니다. 의식에 의해 선택되는 사람은 드뭅니다. 의식 속으로 끌려지면 그 사람의 여행은 끝이 납니다!

그러므로 어떤 이름도 의식에 붙이지 마십시오. 그러면 그것은 오직 또 다른 관찰대상이 되어버릴 것입니다. 의식은 관찰될 수 없다. 그것은 충만함, 무한함, 영원함 그 자체입니다. 그대는 의식과 합쳐져야 합니다. 사실, 합쳐지는 것은 아니지만, 설명할 적당한 말이 없습니다. 그것만큼이나 선량하고, 순수하게 된 그대가 그것에 의해 선택되어져야 합니다. 노력에 의해서 되는 것이 아닙니다. 그대가 너무나 아름답기에 신랑이 그대를 선택했음을 아십시오. 이것이 끝나는 방법입니다. 그대가 이해했기를 바랍니다.

■ 저는 진행되고 있는 모든 것에 거리를 두고 지켜보는 관찰자처럼 느껴집니다.

어느 누구도 이 관찰자를 손댈 수 없습니다. 이 관찰자는 어떤 동일시, 이름, 또는 형상을 초월해 있습니다. 그러므로 그대가 이 관찰자가 될 때 그 어느 누구도 그대를 만질 수 없습니다. 그때 그대는 그대 자신조차 만질 수 없습니다. 그리고 거기에는 아무런 두려움도 없습니다. 그대는 어떤 숲 속으로도 들어갈 수 있으며 사자나 호랑이도 무섭지 않게 됩니다. 단지 그들의 눈을 들여다보십시오. 그러면 아무도 그대를 먹어 치우지 못할 것입니다.

ॐ

■ 저는 지고의 의식을 어렴풋이 보았습니다. 그것은 의식의 확장이었으며 존재 중심의 부재였습니다.

그대가 어떤 것을 어렴풋이 보았다면, 그대는 그것에 대한 보는 자가 됩니다. 그래서 그대가 본 것은 관찰자의 대상, 즉 보여 진 것입니다. 어렴풋이 무엇을 보기 위해서 그대에게는 보는 자, 보는 행위 및 보이는 것이 필요합니다. 그런데 어떻게 그대가 지고한 의식을 희미하게 볼 수 있겠습니까! 그 이유는 이 지고한 의식은 어느 누구의 대상도 될 수 없기 때문입니다! 신조차도 이것을 볼 수 없습니다. 왜냐하면 신 또한 헌신자가 사랑하는 지각의 대상이기 때문입니다. 헌신자가 자신의 마음을 연장시키면 이것이 신이 됩니다. 지고한 의식을 희미하게 본다는 것은 불가능합니다. 그것은 객관화될 수 없습니다. 왜냐하면 그것이 주체이기 때문입니다. 정확히 말하자면 그것은 주체도 아니기 때문입니다. 주체와 객체 간에 아무런 연관이 없는 곳에는 어렴풋이 봄이란 없습니다.

온 세상은 보는 자, 보는 행위 그리고 보이는 것으로 이루어집니다. 그러나 이것을 그대는 목록 속에 둘 수는 없습니다. 어떤 사람이 정말 자유롭고자 하는 강한 갈망을 갖고 있을 때, 지고한 의식을 향하여 움직입니다. 그래서 그것과 합쳐지고는 그것 자체가 되어버립니다.

　나방이 불에 뛰어 들어, 불에 입을 맞춘다면 무슨 일이 일어납니까? 더 이상 그것은 나방이 아닙니다! 불꽃이 행복하게 일어나 말합니다. "나의 사랑하는 아이야! 나에게로 오너라. 나는 너를 기다리고 있었다." 이 나방은 되돌아오지 않을 것입니다. 나방은 불꽃이 되어 버렸습니다. 이처럼 희미하게 봄이란 있을 수 없습니다! 자유롭기를 원하는 사람은 누구나, 그 사람을 부르고 있었던 무엇인가에 의하여 안내를 받습니다.

ॐ

■ 에너지, 황금 빛 그리고 자각 간에는 어떤 관련이 있습니까?

　워터는 영어이고, 아구아는 스페인어이고, 빠니는 힌디어입니다. 이 세 가지 이름들은 모두 물을 두고 하는 말입니다. 그러므로 그대는 그것을 삭띠 혹은 빛이라 부를 수도 있습니다. 빛이란 어떤 것에 대한 지식을 갖고 있음을 의미합니다. 예를 들어 잃어버린 아이에 대한 지식입니다. 빛으로 그대는 아이를 볼 수 있습니다. 이 빛이 지식입니다. 지식은 그대로 하여금 그대가 하나One라는 점을 알도록 해주는 에너지입니다! 그대는 지식 그 자체, 그리고 에너지입니다. 이것은 또한 자각이라는 것과 같습니다. 단지 사람들에 따라 단어만이 달리 쓰이고 있을 뿐입니다. 어떤 사람은 "나는 자유롭고 싶다."라고 말할 것입니다. 불교도는 "나는 빈 채로 있고 싶다."고 말할 것입니다. 또 다른 사람은 니르바나를 원한다고 말할 것입니다. 빠니, 아구아, 워터 그 자체는 아무런 이름이 없습니다. 그러므로 그것을 자각, 빛 혹은 에너지라고 이름 붙이는 것은 그대일 따름입니다. 그것은 자신의 이름을 알지 못합니다. 그것은 이름도 형상도 없기 때문입니다. 이름이 붙여지는 곳마다 진실하지 않는 무엇인가가 틀림이 없이 있습니다.

    이름과 형상은 그대를 이름과 형상이 없는 그것에게로 안내합니다. 이름과 형상이 없는 것을 어떻게 찾을 것입니까? 그것을 찾으려 애쓰지 마십시오. 왜냐하면 할 수 없기 때문입니다. 그러나 이 빛은 그곳에 있습니다. 이것이 지식이며 , 이 에너지가 자각입니다. 거기에는 아무런 차이가 없습니다. 쉬바와 삭띠는 같습니다! 전자는 지식이고 후자는 "나 자신이 쉬바다."를 아는 에너지입니다.

    에너지는 죽지 않습니다. 에너지는 항상 같은 채로 있을 것입니다. 형상들은 나타나거나 사라질 것입니다. 그러나 에너지는 항상 여기에 있을 것입니다.

ॐ

■ 바탕으로서 말입니까?

    그렇습니다. 에너지는 바탕입니다. 이제 그 바탕은 에너지로 인하여 "나는 바탕이다."라는 것을 깨닫습니다. 그것은 별 차이가 없습니다. "나는 그것이다."라는 에너지에 대한 이 지식은 에너지 그 자체이고, 지식 그 자체이고, 빛 그 자체이고 그리고 지혜 그 자체입니다. 이것을 또한 자유라고도 합니다.

■ 그러나 저는 자각도, 에너지에 대한 자각도 가질 수 있습니다. 그러므로 그것들은 분리된 것이 아닙니까?

아닙니다. 그것들은 분리되어 있지 않습니다. 파도는 바다로부터 생겨나서, 분리되어 있는 것처럼 보입니다. 지금 상태에서는 이름이 다르고, 움직임이 다르며, 높이와 폭이 다릅니다. 그것은 또한 움직이고 있음으로 예전에 자신이 바다였다는 사실을 망각하고 있습니다! 바다와 파도의 근본에는 차이가 없습니다. 그래서 이제 파도는 어떻게 해서 "나는 바다다."라는 사실을 알게 됩니다.

그러므로 파도가 해안으로 움직이도록 하십시오. 파도가 일어나서 떨어지고 사라지도록 하십시오. 파도는 나타나고 사라지는 세상입니다. 그러나 바다는 전혀 걱정이 없습니다. 에센스인 바탕은 자신이 파도가 되었다는 것에 신경을 쓰지 않습니다. 또한 바탕에는 떨어지고 일어난다는 그런 문제는 있을 수 없을 것입니다.

■ 그러므로 에너지는 항상 거기에 있을 것입니다.

아닙니다. 그것은 항상 여기에 있을 것입니다! 바다가 있는 곳에는 그 자신 안에 항상 에너지가 있을 것입니다. 그리고 그 에너지 안에서 파도들은 움직이고 사라지는 것이 허용됩니다.

■ 그렇다면 스승님께서 돌아가신다면?

그것은 파도가 바다 속으로 떨어지는 것과 같습니다. 죽음이라는 것을 그대는 다른 사람들로부터 들었을 뿐입니다. 그것은 그대의 경험이 아닙니다. 그대는 그대를 태어나게 했던 사람들의 말을 받아들였음으로, 그대가 죽을 것이라는 점을 받아들입니다. 그러나 에너지 그 자체, 본질 그 자체는 죽지 않습니다. 파도와 같고 형상과 같은 몸은 없어질 것이나, 본질은 변할 수 없습니다. 이런 이해를 에너지라 부릅니다. 바탕으로 되돌아가는 것을 쉬바라 부릅니다. 쉬바란 변화가 없는 바다를 의미합니다.

■ 가슴의 동굴로 들어가, 그곳에 머물고 싶습니다.

이 여기 그리고 지금이 가슴의 동굴입니다.
가슴 속에 동굴이 있다고 쓰여 있습니다. 그대의 생각은 오래된 경전에서 나온 것임에 틀림없습니다. 이 동굴을 발견하려는 그대의 욕망으로 인해 그대는 여기 지금으로부터 벗어나게 됩니다. 그때 그대는 지금의 경험을 잃으며 결코 존재조차도 하지 않는 동굴을 찾기 시작합니다. 동굴 속에 살고자 애쓰지 마십시오. 왜냐하면 동굴은 단지 개념에 불과하기 때문입니다. 그대는 오직 지금 안에만 살 수 있습니다.

지금에 살면, 다른 것에 대한 어떤 욕망도 가지지 않게 될 것입니다. 여기에 있고자 하는 욕망까지도 포함한 모든 욕망을 포기할 때에만, 그대는 여기의 안에 머무르게 될 것입니다. 이곳, 저곳, 다른 어떤 곳에 머물려는 모든 욕망을 버리십시오. '이곳' 그리고 '저곳'에 대한 욕망을 포기하십시오.

■ 어떻게 제가 모든 욕망을 포기할 수 있습니까?

고요를 지킴으로!

ॐ

■ 제가 정체감을 잃게 된 것입니까? 아니면 아무런 정체감이 없는 제 참나를 발견하게 된 것입니까? 말씀해 주십시오.

어떤 정체감을 잃었으며, 어떤 정체감을 찾게 된 것인지 그대는 알지 못합니다. 몸과의 동일시가 정체감입니다. 그때 그대는 아들이, 아버지가, 어머니가, 혹은 그밖에 다른 무엇인가가 됩니다. 이것은 신체적 정체감입니다. 신체적 정체감과 함께 하는 한, 그대는 모든 동일시 너머에 있는 정체감을 볼 수 없습니다.

신체에 대한 정체감과 함께 하는 한, 그대는 모든 것 너머에 있는 정체감, 나는 존재한다 AM에 대한 정체감을 갖지 못합니다.

이것은 그대 자신의 참나와의 정체감이며, 자아-마음-몸-감각 대상과 관련된 정체감은 아닙니다.

■ 참나의 아름다움이 궁극의 자유로 영원히 빛을 발할 수 있도록, 어떻게 하면 마음을 완전히 없앨 수 있습니까?

희열의 바다가 되십시오. 그러면 그대는 세상과의 관계를 보지 않을 것이며 오직 바다만을 보게 될 것입니다. 그대 자신의 풍부한 물결과 연결을 이어주는, 바다 바깥에 있는 것들과는 아무런 관련을 맺지 않을 것입니다. 이 물결의 풍부함이 그대의 원래의 상태입니다. 이 상태를 그대는 즐겨야 합니다. 바다로서 바다 안에 머무르십시오. 항상 바다에 대해서 생각하십시오. 다른 것이 아닌 이 바다가 그대의 마음, 눈 혹은 피부로 다가와야 합니다. 항상 바다의 본질과 접하십시오. 그렇게 해야 합니다. 그것에 대해 생각하고, 그것을 냄새 맡고, 그것에 대하여 듣고, 그것에 접촉하십시오. 그러면 그대의 갈등은 끝날 것입니다.

■ 일 년 반전 하리드와르의 디왈리 축제 동안에. 저는 딕샤, 즉 입문을 받았습니다. 그리고 그때 별다른 것이 없는 것처럼 보였지만, 모든 것이 변했습니다. 스승님께 매우 감사드리며 고마워하고 있습니다. 빠빠지, 그것 자체의 충만함으로 타고 있는 작은 불꽃이 있습니다. 항상 기꺼이 하는 것은 아니지만, 그 불꽃에 봉사하고자 합니다. 감사합니다.

어디에서 그대는 이 푸른 불꽃을 봅니까?

■ 보는 곳마다 그 불꽃이 있기는 합니다만, 제가 그것을 보지는 않습니다.

푸른 불꽃은 거기에 있습니다. 그러나 그대는 그것을 볼 수 없습니다. 그럼에도 그대는 불꽃을 느낍니다. 불꽃은 그대를 보고 있습니다! 이것은 이 불꽃이 그대를 쳐다볼 정도로 그대가 귀한 사람이며, 복이 있는 사람이라는 의미입니다. 이 불꽃은 신성 그 자체입니다. 그것은 어떤 형상도 없으며, 이름조차도 없습니다. 불꽃이 일을 할 것입니다. 그대는 불꽃을 유지시켜야만 합니다. 이 불꽃은 충만한 형상 없음 속에서 자신을 드러낼 것입니다. 태양이 오르기 전 여명을 보는 것처럼, 불꽃의 모습을 보았다는 것은 그대가 올바른 방향으로 향하고 있음을 보여줍니다. 그것과 함께 하십시오. 고요하십시오. 그냥 아무 것도 하지 않도록 하십시오. 이것은 항상 그대의 마음을 빼앗을 것입니다. 이것을 명상이라 부릅니다. 그대가 어떤 것에 매력을 느낄 때, 이것이 명상이며, 이것이 최고의 매력이며, 가장 훌륭한 모습의 명상입니다. 그러므로 그것을 있는 그대로 두십시오. 그대에게 말할 것이 더 있지만, 공개적으로는 말하지 않을 것입니다. 왜냐하면 많은 사람들이 그대의 경험을 모방해서 푸른 빛들을 보기 시작할 것이기 때문입니다. 이유는 그대가 무엇을 상상하든 그 상상대로 되기 때문입니다. 그러면 그것은 단지 거짓 경험이 될 뿐입니다. (웃음)

이 빛은 내면에 있으며, 내면에 있는 것을 바깥으로 비추고 있습니다. 그것은 그대 자신의 가슴 안에 있으며 그것을 본다는 것은 좋은 징조입니다. 그것은 그대에게 평화와 행복을 줄 것입니다. 마치 거대한 푸른 하늘이 그러하듯이 말입니다.

그대는 그대의 엄지손가락만한 크기의 이 빛을 그대의 가슴 안에서 보아야만 합니다. 그대의 가슴 안에 있는 이 빛은 여기로부터 온 우주를 밝히고 있습니다. 이것은 그대 자신의 참나의, 그대 자신의 아뜨만의 빛입니다.

아무런 욕망이 없이 순수할 때, 그대는 이 빛을 상상하거나 느낄 수 있습니다. 그대는 그것을 결코 없앨 수 없습니다. 왜냐하면 그것은 항상 그대와 함께 있기 때문입니다. 어디를 볼지라도, 이 빛을 보십시오. 그리고 이것이 그대 자신의 참나임을 아십시오. 이 빛은 그대가 생선 시장에 있을 동안이 아니라 삿상 안에 있을 때 그대에게 나타나고자 합니다. 생선 시장은 그대에게 고약한 냄새를 풍깁니다. 대부분의 사람들은 이 냄새를 더 좋아합니다.

■ 생각의 흐름 사이에 있는 이 틈은 무엇입니까?

그 틈 속에 있는 것이 의식입니다. 구름 사이에 틈이 있습니다. 그 틈은 푸른 하늘입니다! 생각을 서서히 끌어내려 그 속을 들여다보십시오. 그렇습니다! 틈 속을 들여다보십시오. 구름보다 그 틈에 더 주의를 기울이십시오!

첫 번째 생각이 사라지고 다른 생각이 생기지 않을 때, 그것이 의식입니다. 그것이 자유입니다. 그것이 그대 자신의 자리, 그대 자신의 집입니다. 그대도 알듯이, 그대는 항상 거기에 있습니다.

주의를 다른 쪽으로 바꾸십시오. 게슈탈트를 변화시키십시오. 물체를 바라보지 마십시오! 배경을 바라보십시오! 제가 여기에 벽 크기의 큰 칠판을 놓고는, 그 위에 흰 점을 표시하고는 "무엇을 봅니까?"라고 묻습니다. 그대들 중 99퍼센트는 칠판을 보지 않을 것입니다! (웃음) 그대는 "저는 작은 흰 점을 봅니다."라고 말할 것입니다. 큰 칠판은 보이지 않고, 거의 보이지 않는 작은 흰 점만 보입니다! 왜 그렇습니까? 이유는 고정된 마음의 패턴 때문입니다. 칠판이 아니라 물체를, 하늘이 아니라 구름을, 의식이 아니라 생각을 바라보려는 고정된 마음의 패턴 때문입니다.

그것이 가르침의 전부입니다. 항상 의식을 바라보십시오. 항상 의식을 바라보고는 이것이 진정한 그대임을 아십시오! 이것이 그대 자신의 자리, 그대 자신의 집입니다. 여기에 머무르십시오. 아무도 그대를 건드릴 수 없습니다. 그대가 있는 여기에 어느 누가 들어올 수 있습니까? 그대 마음조차도 들어올 수 없습니다.

ॐ

■ "그대는 몸이 아니다."라는 말이 여기에서 자주 언급됩니다. 성스러운 삶을 경험하므로 몸이 귀하다고 믿는 사람들도 있습니다. 그들은 몸 안에 완전히 존재하고 있다는 느낌을 가짐으로 해방감을 느낍니다.

삶의 성스러움은 그대 속에 있는 뿌루샤입니다. 그것을 경험하십시오! 그것은 남자나 여자로 만들어질 수 있는 몸이 아닙니다. 그대는 여자나 남자로 나타날 수 있는 모든 사람들의 가슴 안에 있는 뿌루사입니다. 우빠니샤드 및 여러 성스러운 경전들에서, 이 뿌루샤는 엄지손가락만한 크기라고 언급됩니다. 그것은 그대 자신의 가슴 안에서 늘 불꽃으로 타고 있습니다. 뿌루샤는 그대 자신의 참나이며, 그대 자신의 아뜨만입니다. 그것에 집중할 때, 그대가 이 뿌루샤이며 성性으로서의 여자나 남자가 아니라는 사실을 알게 될 것입니다. 모든 사람이 뿌루샤이긴 하지만 사람들은 그것과 자신을 동일시하지 않고, 자신의 관심에 따라 그들의 몸과 동일시합니다. 어느 누구도 오지도 가지도 않는, 이 영원한 뿌루샤에 대해 듣지 않습니다. "나는 가지도 오지도 않는다." 라고 말하고 있는 것은 이 뿌루샤입니다. 만약 그대가 그것이 되고, 이 뿌루샤와 하나가 된다면. 그때 그것은 언어가 일어나는 곳에서 말을 하지. 혀가 말할 수 있는 곳에서 말하지는 않습니다. 혀는 말할 수 있습니다. 그러나 혀가 말할 수 있도록 하는 힘은 어디로부터 옵니까? 그것은 뿌루샤. 아함 뿌루샤라 불리는 원천에서 옵니다. 내가 언급하는 것은 이 뿌루샤입니다.

■ 어떻게 하면 참나를 해방시켜서, 늘 사랑 속에 있을 수 있습니까?

참나는 묶여 있지 않습니다. 그것은 사슬로 감겨져 있지 않습니다. 그것을 가둘 수 있는 감옥은 없습니다. 그것은 항상 자유롭습니다.

■ 스승님의 은총이 저를 일깨워 제 마음의 세계로부터 나오게 할 수 있는 유일한 것이라는 점을 저는 압니다. 자유를 향한 제 바람의 힘조차도 스승님의 은총입니다. 저의 진정한 이름이 무엇인지 저에게 말씀해주시겠습니까?

그대에게 주어진 모든 이름은 양친과 사제들에 의해 주어집니다. 그러나 이것은 그대의 진정한 이름이 아닙니다. 그대가 태어날 때 그대는 이름을 갖고서 태어나는 것은 아닙니다. 단지 나중에서야 수잔나 등과 같은 이름을 갖게 됩니다. 그대는 아무런 이름을 가지고 있지 않습니다. 이름을 가졌다는 생각을 하지 마십시오.

그대는 이름이 없습니다. 형상이 있는 곳마다 이름이 있습니다. 이름이 있는 곳마다 형상이 있음에 틀림없습니다. 그대는 그러한 것이 아닙니다. 그대는 형상 안에 존재하고 있습니다. 그리고 그대는 아무런 이름을 갖고 있지 않는 어떤 존재입니다. 왜냐하면 오직 형상만이 이름을 필요로 하기 때문입니다.

그대의 가슴 안에 누가 앉아 있습니까? 이것이 이름을 갖고 있습니까? 가슴 안에 거주하고 있는 자, 그것이 진정으로의 그대입니다. 그대는 그대의 양친으로부터 태어나지 않았습니다. 그대는 아무런 이름을 가지고 있지 않으며 결코 태어나지도 죽지도 않는 그것입니다. 그것은 영원합니다.

그대가 사람들이 하는 말을 믿는다면, "나는 그것이다."라는 말은 왜 믿지 않습니까? 나는 아뜨만이다. 나는 평화다. 나는 사랑이다. 나는 희열이다. 만약 그대가 이것을 믿지 않는다면 그러면 "나는 희열이다."라는 이 만뜨라를 늘 계속하십시오.

■ 저는 어떤 새로운 정체감을 갖기를 원하지 않습니다. 왜냐하면 이 희열, 이 형상 없음에 억지로 형상을 부여하고 싶지 않기 때문입니다.

만약 이름과 형상에 연관되는 정체감을 원치 않는다는 결심이 선다면, 즉시 그대는 무형상이 될 것입니다. 이 정체감의 개념에 손을 대지 않는다면, 그대는 여기, 지금에서 자유로워집니다.

이름을 사용할 때마다 그대는 과거로 갑니다. 사람들은 그대를 어떤 이름으로 불러야만 합니다. 그러나 그 이름은 과거에 연관되지 않아야 합니다. 붓다 또한 이름을 가졌습니다. 그러나 그대가 그를 붓다라고 부를 때, 어떤 성격이 느껴집니까? 그러므로 그대의 이름이 어떤 집착이나 관계를 다시 불러일으키는 것이어서는 안 됩니다. 많은 이름이 이곳 삿상에서 주어지는데, 그 이름들은 어떤 성격과도 관련이 없습니다. 사람들은 여기에서 자신의 오래된 이름과 과거를 버립니다.

만약 가서 미스 공Emptiness을 여기로 데려오라고 한다면, 그대는 그녀를 데려올 것입니까? 단어가 있고, 의미가 있긴 하지만, 그녀를 데려올 것입니까? 이루어질 수 없는 일입니다! 이처럼 그대 속에 있는 아뜨만은 어떤 이름을 갖고 있지만, 그대는 그것을 잡을 수 없습니다. 그것은 공간을 초월하며, 닿을 수 없는 것입니다.

■ 삶에서 오가는 부정적인 것들을 꼭 거부할 필요가 없다는 것을 저는 압니다. 그것에 집착해서는 안 됩니다.

우주 안에 있는 모든 것들은 오고, 머물고, 갑니다. 오지도, 머물지도, 가지도 않는 것이 그대 자신의 참나입니다.

ॐ

■ 사람들은 세 부류의 구도자들이 있다고 말합니다. 즉 장뇌처럼 빨리 얻는 사람, 화약처럼 곧 얻는 사람, 젖은 나무처럼 천천히 얻는 사람입니다. 마지막 부류의 사람에게 당신은 어떤 충고를 주시겠습니까?

그것에는 어떤 부류도 없습니다. 얻어야 할 무엇도 없습니다. 그대는 항상 자유롭습니다. 그러나 그대의 주의는 다른 곳에 있습니다. 단지 그대의 주의를 참나에게로 돌리고, 일시적인 대상으로부터 멀리 하십시오. 진정한 그대는 늘 여기에 있습니다.

■ 저는 장뇌처럼 불타기를 원하며 그리고 여기Here에 남고 싶습니다.

장뇌를 불 가까이 가져가면, 그것은 재빨리 불이 붙습니다. 그대가 강한 결심, 헌신, 진지함을 지닌다면, 구루가 불이며 그대의 가슴이 장뇌가 됩니다. 그때 그대의 가슴 속에 있는 불에 가까이 간다면, 아무 것도 남지 않을 것입니다. 그대가 숯이라면 불이 붙는데 시간이 걸릴 것이며 재가 남을 것입니다. 젖은 나무 가지라면, 더 오랜 시간이 걸릴 것입니다. 그러나 이런 사람들조차도 다른 곳을 보지 않고 오직 참나만을 본다면, 수 분만에 모든 것을 얻을 것입니다.

■ 제 속에 있는 이 자각이 그것It입니까?

아닙니다. 이 자각은 그것이 아닙니다. 그대는 사람, 대상 그리고 생각을 자각하고 있습니다. 이 모든 것들은 과거에서 온 것입니다. 과거에 대한 자각은 그것이 아닙니다. 이 자각을 지켜보는 사람이 그것입니다! 그대는 이해가 됩니까? 누가 자각을 지켜봅니까? 그대가 대상을 자각할 때, 그대는 그대의 마음 안에 있는 어떤 것을 자각하고 있음을 자각합니다. 그러므로 누가 이 자각을 자각합니까? 얼굴을 어떤 것을 자각하고 있는 그것에게로 향하게 하십시오. 그리고 그대가 이렇게 하고 있다는 것을 안다면, 그것을 잊도록 하십시오. 그것을 잊지 않는다면. 그것은 과거의 경험이 될 것이며, 오고가는 무엇인가를 만드는 과거 속으로 그대의 주의를 이끌어 갈 것입니다. 그것은 과거가 아닙니다. 그러므로 그 경험을 잊으십시오. 그렇게 한다면, 그대는 세상에 대해 자유로운 사람이 될 것입니다. 깨달음에조차도 집착하지 않을 것입니다. 모든 것에 대하여 잊으십시오. 그것이 전부입니다. 그러나 그대가 돌이켜본다면, 이 돌이켜 봄은 기억이며, 이것이 과거입니다.

그러므로 그대 앞에 오는 것 무엇에나 반응 하십시오 그것이 전부입니다. 이것이 충고입니다.

■ 제가 어떻게 그것It을 알 수 있습니까?

우리는 그것을 행복, 평화, 사랑이라고 합니다. 그것은 그렇지 않습니다. 그것은 훨씬 더 이상의 것입니다. 그것은 그대가 바랄 수 있을 것보다 훨씬 더 이상의 것입니다. 기대는 오직 마음에 불과합니다. 기대 그 자체는 존재조차도 하지 않습니다. 그것은 이것보다 훨씬 더 이상의 것입니다. 그것은 바로 이 순간에 얻어질 수 있습니다. 거기에 이르는 데는 대단한 프로그램이 필요하지는 않습니다. 아무런 노력도 방법도 필요치 않습니다. 그냥 침묵을 지키십시오. 그러면 그것은 그 스스로의 모습을 드러낼 것입니다. 그냥 간섭하지 마십시오. 그것에게 지금이라는 기회를 주십시오. 그대는 수백 만 년을 보냈습니다. 이제 그것에게 일초를 주십시오. 그것을 피어나게 하십시오. 그것이 그것 자신을 그대에게 드러내도록 허락하십시오. 그대는 그대 자신의 개념, 의도, 기대, 그리고 관념을 강제하고 있습니다. 그러므로 그대는 이 드러남을 볼 수 없습니다. 그것은 드러남입니다. 그대는 그냥 침묵을 지키십시오. 그러면 그것은 일어날 것입니다. 명상과 더불어도 아니고, 집중과 더불어도 아니고, 순례와 더불어도 아니고, 교회와 더불어도 아니고, 고행을 통해서도 아니고, 요가를 통해서도 아닙니다. 이것들은 그대가 그곳에 이르는 것을 뒤로 미루는 프로그램으로 데려 갈 것입니다. 마음이 그대를 속이고 있습니다. 마음에 귀를 기울이지 마십시오! 그냥 침묵을 지키십시오! 한 생각도 일어나게 하지 마십시오. 그와 같은 노력조차도 필요치 않습니다. 그것은 그것 스스로를 드러낼 것입니다!

■ 저는 오직 내면만이 실재임을 압니다. 오직 그것만이 항상 여기에 있습니다.

만약 내면이 실재라면, 바깥 또한 실재가 되어야만 합니다. 그러므로 나는 어떠한 비실재도 처방하지 않습니다. 모든 것이 실재입니다. 모든 것이 참나입니다.

■ 참나를 제게 상기시켜주는 이름을 갖고 싶습니다.

하늘이나 바다를 볼 때, 그대는 그것의 푸름을 봅니다. 그러나 공기나 물을 한줌 떠보면, 그것은 푸르지 않습니다. 색깔이 없는 것이 어떻게 색깔을 가질 수 있겠습니까? 색깔은 깊이라는 미덕 때문입니다. 한량없는 깊이와 높이가 푸름을 만듭니다. 강은 푸르지 않습니다. 그러나 바다에 이르면, 강은 푸르게 됩니다. 빗방울이 바다에 이르기 전까지는 색깔이 없는 것으로 보이는 이유도 이와 같습니다. 형상 없음과 깊이를 가리켜 닐람, 즉 푸르지 않은 푸름이라고 이름을 붙입니다. 모든 것을 내어주면서도, 모든 존재 안에서 보이지 않고 있는 분이 이것입니다. 이것을 아는 것이 지혜요, 빛이요, 자유요, 삼사라의 윤회로부터의 해방입니다. 자신의 깊은 곳에는 색깔도 형상도 없다는 점을 알아야만 합니다. 이것을 알기 위해서는, 알지 못하고 있었던 것을 그대에게 말해 줄 스승에게로 가야만 합니다. 이 푸르름이 마음을 사로잡는, 이해를 초월한 사랑의 깊이를 가진 크리슈나의 푸르름입니다.

■ 마음을 초월한 이런 사랑의 깊이로 들어갈 수 있도록 저를 좀 밀어주시겠습니까?

초월하기를 원합니까? 그렇다면 홀로 가십시오. 아무 것도 지니지 마십시오. 어떤 것에 대해서도 생각하지 마십시오. 생각조차 없이 가십시오. 생각하지 않음이 '초월' 입니다. 고뇌는 생각과 더불어 있습니다. 그대는 스스로가 고통스럽다거나 혹은 어떠한 관계 속에 빠져 있다고 생각합니다. 이 모든 것을 완전히 포기해야 합니다. 그때서야 그대는 이전의 습관으로 되돌아오지 않을 것입니다. 단지 아무런 생각이 없이 홀로 머무십시오. 온 세상이 오직 생각으로부터 일어나듯이, 고뇌란 오직 생각으로부터 일어납니다. 왜 자신을 이 모든 고뇌 속으로 말려들게 합니까? 그냥 생각하지 마십시오. 생각하지 않을 때, 그대는 그 어떤 것도 필요치 않게 됩니다. 이것으로 충분합니다. 생각하지 않으려는 노력조차도 하지 마십시오.

■ (그녀는 그 상태에 이르고는 웃는다.) 그것은 매우 간단합니다!

초월에서 온 이 웃음은 개념으로부터 비롯된 것이 아닌, 매우 색다른 것입니다. 이런 식으로 그것은 완성되어야 합니다.

■ 어떻게 스승님께서 저로 하여금 여기로 오도록 부르셨습니까? 이 모든 것에 대하여 아주 감사를 드립니다.

그대는 어떤 여권도 필요 없이 국경을 날아다니는 새와 같습니다. 새는 결코 체포되지 않습니다. 오직 인간만이 체포됩니다. 그대는 새처럼. 모든 사회적 인습과 관념으로부터 자유롭습니다. 사회가 하는 말에 귀를 기울이지 마십시오. 자유로워지십시오. 그러고는 원하는 아무 곳에나 가십시오. 새들이 날아다니는 곳과 흡사한 자유의 장소로 그대는 불러질 것입니다. 뒤에 남아 있는 사람들은 계속 고통을 당할 것입니다.

■ 개인적인 '나'와 마음은 결코 존재하지 않았으며, 무지 또한 존재하지 않았다는 것이 사실입니다.

그것은 이해하기엔 매우 벅찹니다. 하지만 사실입니다. 빛이 있는 곳에는 어두움이 없습니다. 그대로 하여금 빛이 있다는 사실을 알 수 있게 해주는 그 빛은 무엇입니까?

■ 스승님의 현존 앞에서 너무나 기분이 좋기에, 제 마음은 스승님의 말씀을 따라갈 수 있도록 움직이지 않습니다.

이것이 지성입니다!

■ 전에는 접촉하지 못했던 무無와 같은, 어떤 것에 닿은 것처럼 느껴집니다.

희열입니다. 이것이 결코 사라지지 않을 행복입니다. 이것이 무입니다. 이것에 한 번 접촉함으로 충분합니다. 왜냐하면 그것은 시간 속에 존재하지 않기 때문입니다. 여기에서 오는 한 줄기 빛만으로도 그대의 마음을 영원히 잡아 놓기에 충분합니다. 그것은 그대와 그대의 오래된 습관 및 활동 간에 갈등을 없앨 것입니다. 그대는 운이 매우 좋습니다. 수피 우화를 하나 들려주겠습니다.

아주 오랜 옛날, 궁전에서 사람들은 자신의 서열에 맞는 자리에 앉아서 왕이 오도록 기다리고 있었습니다. 허름하고 보잘 것 없는 옷을 입은 한 사람이 들어와서는 거기에 있는 사람들보다 높은 자리에 앉았습니다. 수상은 그 사람에게 신분을 밝히라고 말하였습니다.

"그대는 대신인가?"

"아닙니다. 그 이상입니다." 라고 그 사람이 대답했습니다.

"그대는 왕인가?" 라고 수상이 물었습니다.

나는 모든 왕들보다 더 위대합니다.'라고 그 사람은 말했습니다.

"그대는 신인가?" 라고 그는 물었습니다.

"나는 그보다 더 위에 있습니다!"라고 그 가난한 사람은 대답했습니다.

수상은 소리쳤습니다.

"신보다 더 높은 존재는 아무도 없다!"

그 말에 다음과 같은 대답이 나왔습니다.

"그 아무 것도 없음이 나입니다."

ॐ

■ 신이 세상의 모습으로 나타났음으로 스승님께서는 세상을 신에 대한 공경의 표현으로 숭배할 수 있습니까?

창조된 모든 것은 신 속에 있습니다. 그렇다면 누가 누구를 공경할 것입니까? 그대가 분리되어 있다면, 공경할 수 있습니다. 그러나 모든 창조물이 신의 선택이라는 점을 안다면, 그 선택을 숭배하기 위해 신의 선택의 바깥으로 나가는 선택을 할 수 없습니다.

어느 누구를 공경할 필요는 없습니다. 왜냐하면 우리가 그것 자체이기 때문입니다. 이것을 모르는 사람들에게 공경을 그들의 몫으로 두십시오.

진정한 공경은 자발적인 사랑이며, 참나에 대한 공경입니다. 공경이라는 것은 두려움을 주기 위해 종교의 우두머리로부터 나온 개념에 불과한 것입니다. 공경하지 않는다면, 그대는 지옥으로 가게 될 것입니다. 그러므로 공경과 두려움은 함께 합니다. 만약 두려움이 없다면 공경할 수 없습니다. 그러나 왜 두려움을 가지고 있습니까?

신은 그대 안에 살고 계십니다. 그리고 그대는 신 안에 살고 있습니다.

올바른 식별력을 갖고서 결정하십시오. 그러면 그대가 좋아하는 무엇이나 할 수 있습니다. 머릿속에 죄와 공덕이라는 개념을 넣어둔다면, 그대는 교회로 가서 교회가 하는 일을 따를 것입니다. 그러나 그대에게 교회에 가라고 충고하지 않습니다. 왜냐하면 그대는 그것과 다르지 않습니다. 그대는 그것입니다! 이 사실에 믿음을 주십시오.

자기 전과 깨어 난 후 10분 동안 고요히 앉으십시오. 그 이외의 시간은 세상에다 주십시오. 그대의 도움이 필요한 사람들을 도와주십시오.

ॐ

■ 피타고라스는 "고요히 머물거나, 아니면 침묵보다 더 좋은 것을 얘기하는 것이 가장 좋은 일입니다."라고 했습니다. 그는 가르침을 알고 있었던 것처럼 보입니다.

까비르도 비슷한 말을 했습니다. 까비르는 순수한 가슴에서 나오는 말을 했습니다. 순수한 가슴만이 그 의미를 이해할 수 있습니다. 그의 말을 직접 인용 해 봅시다. "자빠 무레이, 아자빠 무레이 아나하뜨 비 마이 자이 수라띠 사마니 샵드 메인 따꼬 깔라 나 까이예" / "만뜨라 암송이 멈추면, 침묵 또한 끝납니다. 한계도 공간도 없는 그것 또한 끝납니다. 자각이 말과 함께 하나가 되면 그때 그것은 죽지 않습니다."

말하는 것이 끝날 때, 말하고 있지 않는 것 또한 끝납니다. 아무런 한계가 없는 것 또한 끝납니다. 그 자각 - 의식이 말 속으로 들어가면 그것은 죽지 않습니다. 바라나시의 까비르 마뜨에 있던 많은 사람들이 이 자각이라는 말이 무엇이며, 어떻게 한계가 없는 것이 끝날 수 있는 지에 대하여 알고 싶어 했습니다. 아나하따는 한계가 없음을 의미합니다. 그것은 또한 옴이라는 단어이기도 합니다. 그리고 아나하따 너머에, 아무도 알지 못하고 있는 단어가 하나 있습니다. 아나하따는 한계 없음이 아닙니다.

■ "침묵 하십시오."라는 스승님의 말씀으로 인해 마침내 집으로 왔습니다. 감사드립니다.

그대가 여기로 돌아와 기쁩니다. 또한 침묵과 평화의 장소인 아루나 짤라에 갔던 점에 대해서도 기쁘게 생각합니다. 정체감도, 이름도, 형상도 없는 유일의 존재와 하나가 되십시오. 그것과 하나가 되십시오. 거기에는 침묵 이외에는 아무도 없습니다. 이것과 하나가 되십시오.

■ 참나가 모든 존재의 중심입니까?

참나에는 중심도, 환경도, 중심에 명상하는 명상자도 그리고 명상도 없습니다. 참나는 아주 자유로우며, 부드럽고, 자연스럽고 그리고 자발적입니다. 행위를 한다는 관념도 없으므로 긴장도 없습니다. 행위자란 "나는 이것을 하고 있다." "나는 그것을 해야만 한다." "나는 혼란스럽다.", "나는 행복하다."라고 하는 것입니다. 하지만 이런 관계들은 존재하지 않을 것입니다. 왜냐하면 그것들은 몸을 통하여 그냥 스쳐가기 때문입니다. 그대는 이 모든 것들에 닿지 않고 있습니다. 그대는 이러한 개념조차도 초월해 있습니다.

그대는 이 모든 현상, 신, 창조물에 등을 돌릴 수 있지만, 그대 자신의 참나를 피해서는 안 됩니다. 그대는 수백만 년 동안 볼 가치가 없는 것들을 바라보면서 피해 왔습니다. 이제 그대 자신의 참나를 피하지 마십시오. 그대의 눈을 뜨고는 보십시오!

■ 빠빠지, 그것은 그냥 공간입니다!

훌륭합니다. 그래요, 훌륭합니다. 그것은 공간입니다. 공간은 어떤 한계도 없습니다. 모든 것이 이 공간 속에 있습니다. 그리고 그대가 이 공간입니다. 나는 공간입니다. 거기에는 어떤 한계도 없습니다. 그대가 이 공간 안에 있을 때, 모든 갈망이 여기에서 끝을 맺습니다. 왜냐하면 모든 것이 이 공간 안에 있기 때문입니다. 이런 이유로 이 공간 안에 있는 유일의 존재의 모든 욕망은 일어나기 전에 충족됩니다.

왕은 "이 땅과 저 땅을 사겠다."라고 말하지 않습니다. 이런 생각을 왕은 하지도 않습니다. 왜냐하면 그는 왕국의 군주이며, 그가 모든 것을 소유하고 있기 때문입니다. 그러므로 그대가 이 공간이 될 때, 갈망은 끝날 것이며, 그때 고통도 끝날 것입니다.

욕망이 고통을 안겨줍니다. 욕망이 생길 때마다, 그대는 욕망에 가까이 가려 합니다. 그것을 성취하고자 합니다. 그래서 욕망을 성취하고 그리고 행복해 합니다. 그렇지 않습니까? 그 대상이 그대를 행복하게 해 주었다고 생각할 것입니다. 그러나 정말로 그대를 행복하게 만드는 것은 욕망이 존재하지 않는 공의 순간입니다.

욕망이 존재하지 않는 것이 행복입니다. 그대 자신의 근원으로 돌아가십시오. 그리하면 그대는 행복해집니다. 이것이 행복하게 되는 묘약입니다.

모든 고통과 죽음을 없애기 위해서 근원으로 머무르십시오. 거기에는 아무 것도 존재하지 않습니다. 모든 것이 완전하고 풍부합니다. 이것이 그대의 본성입니다. 그대는 이미 그것입니다. 그리고 항상 그것으로 있을 것입니다. "나는 몸이다.", "나는 자아이다."와 같은 개념은 고통을 줍니다. 그대는 이런 개념들을 들어 왔습니다. 이 모든 개념들이 존재하지 않았던 때도 있었습니다. 그대는 완전합니다. 지금 이 순간도 그대는 완전합니다. 그대의 머리 위에 쏟아 부어진 이 모든 개념들을 버리십시오. 그것들을 떨어버리십시오! 그것들을 떨어버리십시오. 그러면 바로 이 순간 그대가 누구인지를 알게 될 것입니다. 바로 지금 그대의 마음속에 무슨 개념이 있습니까?

■ 놓아주지 않을 때, 많은 다툼이 있음을 저는 압니다.

다툴 필요가 없습니다. 고통은 다툼에서 옵니다. 어떤 생각도 일으키지 마십시오. "누군가가 고통을 받고 있다."라거나, '나'라는 생각조차도 일으키지 마십시오.

'나'도 아니고, 몸도 아니고, 자아도 아니고, 마음도 아니고, 감각도 아니고, 대상도 아니고, 나타남의 세계도 아닙니다.

되돌아가기 위해서는 현상계가 다름이 아니라 감각과 감각의 지각이라는 것을 아십시오. 이 현상계란 감각의 지각에 불과합니다. 감각은 마음이 바깥으로 나간 것에 불과합니다. 그대는 실제로 마음을 감각으로부터 분리시킬 수 없습니다. 감각이 없으면 마음도 없습니다. 마음이란 자아이며, 자신은 바로 '나'입니다. 그리고 존재의 감각인, 이 '나'는 다름 아닌 근원입니다. 자, 이제 근원에서 시작하여, 무엇이 일어나는지를 보십시오.

'나'는 근원으로부터 일어납니다. 마치 파도가 바다로부터 일어나듯이 그렇게 일어납니다. 이 '나'가 일어나도록 내버려두십시오. 모든 것이 그대에게 속하도록 내버려두십시오. '나'가 일어나서 자아가 되고 자아는 마음이 됩니다. 마음은 감각이 되고 감각은 각각 감각 대상이 됩니다.

이 모든 것들은 그대 안에 있습니다. 그대 안에, 의식 안에서 일어나고 있습니다. 모든 것이 의식 안에 있음을 보도록 그대는 의식이 정말로 되어야만 합니다. 그러나 그대는 지금 고통 속에 있습니다. 왜냐하면 그대는 그대가 몸 그리고 마음이라고 생각하기 때문입니다. 이것이 고통의 원인입니다.

그대 자신을 개인적인 자아-마음-몸으로 생각하는 것 , 그리고 그대가 하고 있는 모든 것을 이 개인에게로 돌리는 것은 거만한 행위입니다다. 그것은 정말로 거만입니다. 왜 이 모든 것을 근원이라 부르지 않습니까? 왜 이 모든 것을 의식이라 부르지 않습니까?

이 모든 것은 공입니다. 그대는 그 속에서 춤추는 자의 놀이를 그냥 하고 있습니다. 이 놀이가 진행되도록 하십시오. 그대는 그대 자신을 개인으로 또는 의식으로 볼 수 있습니다. 하나는 파괴이며, 다른 하나는 평화입니다. 더 이상 무엇이겠습니까? 있음으로 머물고는 올바르게 보십시오.

그대는 아무 것도 통제할 필요가 없습니다. 어떤 것이 일어나라고 바라지 마십시오. 그대는 공간입니다.

모든 것이 '참나'입니다. 모든 것이 그대입니다. 모든 것이 그것 자체입니다. 그리고 이것이 그대의 본성입니다. 그대는 그것에 대하여 어떤 것을 할 필요는 없습니다. 존재하는 것들을 열어 둔 채로 지금 공을 보십시오.

극장께 가면, 화면 위에 투사된 그림을 봅니다. 화면에는 산과 강이 나오며, 로맨스도 나오고 또 어떤 도둑이 사람을 공격하는 장면도 연출됩니다. 영화가 끝날 때, 화면은 강물로 젖어있지 않으며, 로맨스로 냄새 나지 않으며, 도둑이 쏜 총탄으로 생긴 구멍도 없습니다. 화면은 오점 없이 깨끗합니다. 이 현상계는 마음에 떨어진 욕망의 투사입니다. 그리고 그대를 이 그림에 투사된 관찰자와 동일시하도록 만듭니다. 그대는 이 투사물이 아닙니다. 그대는 화면입니다. 만약 그대가 영화 이전에도, 중간에도 그리고 끝난 후에도 동일하며, 오점이 없고, 변함이 없는, 그리고 영원한 이 화면과 동일시한다면, 그대에게는 변화가 없을 것입니다. 그래서 그대는 변화로부터 고통을 받지 않으며, 변화를 즐길 수 있게 될 것입니다.

모든 존재들은 이 깨끗한 화면입니다. 이 화면으로부터 먼지를 떨어내기 위한 수행을 할 필요는 없습니다. 왜냐하면 그것은 모든 것 너머에 있기 때문입니다. 그대가 일생 동안 수행하기를 바라는 스승은 그들 자신의 마음에 묻은 이 먼지를 떨어낼 수 있습니다.

■ 저는 이것을 영원히 원합니다.

이 경험을 그대는 전에는 가진 적이 없었습니다. 그대가 했던 모든 경험은 떠나버렸습니다. 그것은 갔습니다. 그런데도 우리는 이 경험이 영원하기를 원합니다! 그러나 이 화면은 그대를 떠나지 않을 것입니다!

이전에는 사물이 그대를 떠나고 있었습니다. 이제 여기에서 그대는 떠나지 않을 것입니다. 그대는 정말로 지고의 힘 안에 있습니다. 그대가 떠나도록 허락되지 않을 것입니다. 그것은 이제 그대의 두려움이 아닙니다. 그대는 달아날 수 없습니다. 이제 달아날 수 없습니다. 사랑에서 달아날 수 없습니다. 그대는 사랑으로부터 달아날 수 없습니다. (웃음) 일단 그것에 접촉하면, 그대는 길을 잃습니다. 다시 나올 수 있게 하는 어떤 것도 존재하지 않습니다. 모든 것이 흘러 들어가 그것 자체가 되어버립니다. 강이 바다로 들어가면, 강은 즉시 바다로 바뀔 것입니다.

■ 그것이 가능하다고 믿어지지 않습니다.

강이 바다로 들어갈 때, "내가 영원히 바다처럼 될 것입니까?"라고 질문합니까? (웃음) 지금 떠나가고 있는 것은 이전의 공포입니다. 모든 경험은 잊혀 질 것입니다. 왜냐하면 그것은 영속하지 않으며 또한 영원하지 않기 때문입니다. 그것은 오직 환상이며 환영일 뿐입니다. 그러므로 그것은 잊혀집니다. 이것은 개념, 지각, 상상 너머에 있습니다. 그것은 어디에서 잊혀 질 것입니까? 파도는 "나는 늘 파도로 남고 싶다."라고 말하면서 두려워합니다. 두려움은 "나는 사라질 것이다. 나는 사라질 것이다."라는 파도의 마음 안에 존재합니다. 파도는 "나는 사라질 것이다."라고 이제 두려워합니다. 파도는 어디로 사라질 것입니까? 파도는 어디로 갈 것입니까? (웃음) 파도가 사라질 때마다, 그것은 무엇이 될 것입니까? 파도가 사라질 때, 그것은 더 이상 파도가 아닙니다. 그것은 그것의 근원인 바다로 되돌아갑니다. 이전에 바다였으며, 지금 바다이고, 나중에도 바다입니다. 어디에서? 영원히! 시간의 개념은 전혀 없습니다.

시간은 무지한 사람의 마음속에 있습니다. 빛 속에서. 지혜 속에서는 "나는 모든 것으로부터, 풍부함으로부터, 거대함으로부터 분리되어 있다."는 개념은 없습니다. 그러한 말은 이전의 무지한 사람의 마음 안에 있었던 하나의 개념이었습니다. 지혜 속에서는 그와 같은 개념은 일어나지 않습니다. 아무런 분리가 없습니다. 모든 것이 하나요, 사랑이요 그리고 아름다움입니다. 어떤 달아남도 없습니다! 무지는 사라집니다! 이것이 영원한 삶이며, 이것이 감로입니다!

■ 예, 알겠습니다! 저는 아무것도 보지 않습니다!

훌륭합니다! 만약 그대가 알았다면, 이렇게 보는 것이 존재입니다.

그대가 눈을 통해 대상을 볼 때, 그것은 왜곡될 수 있습니다. 그러나 이렇게 보는 것이 존재입니다. 대상을 보는 눈이 아닌 다른 차원의 눈이 또한 있습니다. 어느 종류의 눈을 사용하고자 하는지, 그리고 사용하고 있는지는 그대에게 달려있습니다. 이 시각은 보통의 눈과는 관련이 없습니다. 그것은 내면의 존재이며, 내면의 시각입니다. 만약 이런 시각을 가지면, 그대는 안팎으로 항상 같은 눈을 가지고 볼 것입니다. 니르바나와 삼사라 간에도 아무런 차이가 나지 않을 것입니다. (웃음) 그대가 보게 될 모든 것이 내면에 있게 될 것입니다. 모든 것이 아름다움이요, 모든 것이 지혜입니다. 눈은 아무런 한계도 없습니다. 그 눈은 안과 밖이라는 한계를 가지지 않고 있음을 그대는 알게 될 것입니다.

얼굴에 붙은 눈을 통하여 보기를 그만둘 때, 다른 눈이 열릴 것입니다. 그러므로 그대가 지금 했던 것처럼 나-생각을 집어 들고는, 다시 되돌아가십시오. 그리하면 그 시각이 열릴 것입니다. 그대가 "저는 아무 것도 보지 않습니다." 라고 말했을 때, 그 아무 것도 보지 않음은 그것의 시각, 신성한 시각의 아름다움입니다. 그대는 그 눈을 가지게 될 것입니다. 그래서 그대는 모든 것을 아름답게 보게 될 것입니다.

돼지나 개를 볼 수 있다면, 왜 신을 보지 않습니까? 신은 당신 안에 있는 보는 자입니다! 당신이 개를 볼 때, 개를 보고 있는 자는 신이라는 것을 아십시오. 그런 정도의 확신을 그대는 가져야만 하며, 그대는 그것을 스스로 해야 합니다. 그대가 하고 있는 바를 어리석은 일이라고 말함으로써, 모든 사람들이 그대를 속이고 있습니다! 그대가 강한 사람이기에 저는 행복합니다. 몸no body이 없다 하더라도, 그대의 길에 확고하십시오. 그리고 홀로 걸어가십시오!

ॐ

■ 참나의 관점에서는 아무 것도 할 것이 없다는 것을 이해합니다. 그러나 제 현재의 입장에 서 보아, 마음의 족쇄로부터 풀려나 자아에의 이 집착을 없애기 위해 해야 할 것이 있습니까?

먼저 그대의 관점이 참나의 관점보다 더 나은가를 알아보십시오. 만약 그대의 관점이 더 낫다면, 그대 자신의 관점을 따르십시오. 만약 그대가 창조주보다, 그대의 아버지보다, 그대 자신의 참나보다 더 우수하다면, 그대가 아뜨만보다 더 우수하다면, 그대 자신의 관점을 따르십시오. 그러고 나서 그 결과를 보십시오. 참나의 관점은 참나입니다. 진리는 진리입니다. 이것은 이미 여기, 지금에 있습니다. 자신의 참나에 도달하는데, 자신의 참나를 보는데 무슨 수행이 필요합니까? 더 어떤 것이 필요합니까?

■ 필요하지 않습니다. 그러나 생각이 떠오를때면…

참나는 그대의 몸보다 말보다 더 빠르며, 단어보다 앞섭니다. 어떻게 그분에게 이를까요? 수행이나 방법이라는 개념을 포기하십시오.

그대가 수행이나 방법을 해왔다면, 그것이 무엇인지 말해 보십시오. 그대는 어디에 있습니까? 노력이나 수행이라는 개념을 일으키지 마십시오. 어떤 노력도 하지 말고, 그대의 마음을 휘젓지 마십시오. 생각도 노력도 하지 마십시오. 내가 의미하는 것을 정말로 이해한다면, 그대가 누구인지 그리고 그대가 무엇을 원하는지를 말하십시오.

이 둘 사이에서 수행도, 생각도 하지 마십시오. 생각하지 말며, 마음속에 조금의 생각도 일으키지 마십시오. 노력하지 마십시오. 내가 말하는 바를 들었다면, 이제는 그대가 말할 차례입니다. 이제 말하십시오. 그대는 누구입니까? 생각하지 마십시오. 아무런 노력도 하지 마십시오.

■ 저는 다만 정말로의 신을 보고자 합니다.

그래서 신은 그대를 여기 지금에 인도하였습니다. 모든 사람이 신입니다. 그러나 우리 안에 있는 신을 보기 전에는, 우리는 신을 보지 못합니다. 그대가 그대 자신 안에 있는 신을 먼저 본다면, 동물, 새 그리고 바위 속에서 신을 볼 것입니다.

■ 저는 사람들의 눈 속에 숨어 있는 신을 점점 더 많이 봅니다.

(웃으시면서) 신은 숨어 있지 않습니다! 어떤 다른 것을 보기 때문에 그대는 신을 볼 수 없습니다. 그러므로 그대는 절대적으로 신만을 보아야 하며 다른 어떤 것도 보지 않아야 합니다. 그때 그대의 눈을 통하여 보고 있는 것은 신입니다.

신에게 복종하고는 고요를 지키십시오. 그리하면 그분이 그대의 책임을 떠맡을 것입니다. 그대가 머리 위에 자신의 책임을 떠맡고 있는 한, 신은 그대를 돌보아주지 않습니다. 그때는 신이 숨어 있는 것처럼 보입니다.

■ 스승님께서 "저는 신입니다."라고 말씀하십니다. 이것은 물방울이 바다와 같다는 말씀입니까?

물방울과 바다 사이에는 차이가 없습니다. 모여진 물방울이 바다를 만듭니다. 헤아릴 수 없는 물방울이 바다입니다.

■ 물방울은 모두 같습니까? 스승님의 마음 없음이 저의 마음 없음과 같습니까?

그렇습니다. 그 둘은 내용이 같습니다. 한 덩어리의 설탕이나 한 파운드의 설탕이나 같은 맛을 냅니다. 그렇습니다. 그대의 마음 없음은 저의 마음 없음과 같습니다.

■ 마음이 없으면, 의심도 없다고 스승님께서는 말씀하십니다.

(웃음) 마음이 없으면 의심도 없습니다. 왜냐하면 의심할 무엇이 없기 때문입니다.

■ 마음 없는 상태에서의 경험은 어떠합니까?

마음이 없는 상태에서는 경험은 없습니다. 마음으로부터, 어떤 대상으로부터 만이 경험이 존재합니다. 과거의 경험은 버려야 합니다. 지금 이 순간에는, 아무런 경험도, 경험해야 할 아무 것도, 아무런 경험자도 존재하지 않습니다. 그대는 모든 것으로부터 자유롭습니다. 경험은 시간 속에서 일어납니다. 그러나 지금 이 순간에는 아무런 시간이 존재하지 않습니다. 이 순간은 시간에서 벗어나 있습니다.

■ 보통의 마음 없는 상태에서의 아름다움은 쉽게 놓쳐지는 듯합니다!

보통의 마음 없는 상태란 없습니다. 마음 없음은 말 그대로 마음 없음입니다. 그 무엇에 대해서도 생각하지 않을 때. 마음 없음이 존재합니다. 그것은 그대 자신에 대해서도, 다른 무엇에 대해서도 생각하지 않는 것입니다!

■ 단어와 언어가 사라지는 곳은 어디입니까?

그곳은 마음 없는 곳입니다. 마음을 잠자게 하십시오. 이것이 마음 없음, 자유, 깨달음입니다. 그러나 마음이 깨어나면, 그대는 묶이게 됩니다. 마음을 잠들게 하고, 그대는 깨어있으십시오.

■ 진리가 저를 자유롭게 해주도록 제 마음을 진리로 빛나게 해주십시오. 아뜨마 수리야가 가슴에서 빛을 발하는 것을 보고 싶습니다. 그것이 모든 갈망을 태워버릴 것입니다. 저를 깨닫게 해주십시오.

그대가 언급하고 있는 이 아뜨마 수리야는 그대의 가슴 속에 있습니다. 이 수리야의 빛을 보는 방법은 올바른 믿음, 올바른 지식, 올바른 행위를 통해서입니다. 그때 그대는 아뜨마 수리야를 볼 것입니다. 그것은 그것 자신의 모습을 드러낼 것입니다. 그대의 믿음이 흔들리지 말아야 합니다. "나는 나의 가슴 안에 있는 이 태양을 보아야만 한다." 이것이 올바른 믿음입니다. 이것을 이해하는 것이 진정한 지식입니다. 이것과 더불어 그대의 모든 행동을 모든 존재를 향상시키는데 바쳐야 합니다. 누구도 그대로 인해 상처받지 않도록 사랑과 자비로 행동해야 합니다. 이것은 그대를 가슴 안에 거주하는 태양을 볼 수 있는 곳으로 데려갈 것입니다. 이 태양은 모든 존재의 가슴 안에 살아 있습니다. 자신의 태양을 보게 되면, 그대는 모든 존재 속에서 즉, 동물 뿐 아니라 곤충 안에서까지 이와 같은 빛을 보게 될 것입니다. 그러나 자신의 빛을 먼저 보아야 한다. 그대에게는 아름다운 하리라는 이름을 가지고 있습니다. 누가 이 이름을 지어주었습니까?

■ 아난다마이 마입니다.

하리는 모든 존재의 가슴을 훔치는 자, 그것을 삼켜버리는 자라는 의미입니다. 그것은 참나를 뜻하는 아름다운 이름입니다.

ॐ

■ 자스민이라는 한 파도가 빠빠지라 불리는 한 파도를 사랑했습니다. 빠빠지는 그녀의 눈 속을 들여다보고는 그것을 축하해 주었습니다.

이 파도들이 바다로부터 분리되어 있지 않다면, 축하가 일어날 것입니다. 자신이 분리되어 있다고 생각하는 것은 오직 파도뿐입니다. "나는 물속에서 어디든 여행할 수 있다. 해안으로 헤엄칠 수 있도록 하는 길이와 너비가 내게 있다."고 파도는 말합니다. 그러나 다시 그것은 뒤로 떨어져서 바다가 됩니다. 그러므로 "나는 바다다."라는 점을 깨우치십시오. 왜냐하면 파도를 이루는 물과 바다를 이루는 물은 다르지 않기 때문입니다. 비록 파도가 비록 자신은 바다로부터 분리되었다고 생각할지라도, 이 물은 영향을 받지 않는 같은 본질을 갖고 있습니다. 그대는 바다와 다르지 않으며 바다는 파도로부터 분리되어 있지 않습니다. 분리의 종말. 그대는 이것을 축하해야 합니다.

아무 것도 참나 없이는 일어나지 않습니다. 모든 존재는 자신의 참나 안에 있는 하나입니다.

파도는 바다의 가슴 위에서 놀이를 합니다. 분리를 느끼면서, 파도는 시간을 통과하여 움직입니다. 결국. 파도는 바다 속으로 떨어집니다. 바다로부터 일어나 바다 안에서 걷다가 바다 안으로 떨어집니다. 하나는 혼란을 받지 않습니다. 파도의 움직임은 바다에게 어떤 영향도 주지 못합니다.

그대에게서 분리되지 않는, 이 바다는 그대를 속일 수 없습니다. 이 사실을 안다면, 그대는 자신이 좋아하는 대로 즐길 수 있습니다. 사랑은 결코 그대를 잊지 않습니다. 만약 이것을 모른다면, 그대는 고통 받을 것입니다.

■ 지난밤에 인상적인 꿈을 꾸었습니다. 그 이후 대단한 침묵이 흘렀습니다. 그것이 의미하는 바를 모르겠습니다.

이 침묵은 경계입니다. 그곳은 깨어있음도 수면도 아닌, 오직 침묵입니다. 깨어있음과 수면 뒤에 있는 이 경계는 침묵이며, 그 안에서 그대는 어떤 경험도 하지 않습니다. 그 안에서는 과거에 대한 어떤 기억도 없습니다. 그것은 이름이 없습니다. 그러나 그대가 이름을 사용하고자 한다면, 침묵 혹은 공이 제일 좋은 이름일 것입니다.

그것이 의미하는 바를 알지 않는 것이 경계에 대한, 침묵에 대한 확신입니다. 그곳에서는 감각과 기억은 활동하지 않으며, 자아도 존재하지 않기 때문입니다. 그곳은 수면과 깨어있음 사이에 있습니다. 여기에는 '나'라는 것도, '너'라는 것도, '그들'이라는 것도 없습니다. 이것이 공이라 불릴 수 있는 것입니다. 여기에 모든 것이 시작되고, 나타나고 그리고 여기 속으로 모든 것이 사라집니다.

■ 어떻게 붓다의 얼굴이 모든 모래알갱이에 있는지 다시 한 번 설명해 주시겠습니까?

각각의 모래알갱이 속에서 그대는 붓다의 얼굴을 볼 수 있습니다. 누구나 그렇게 할 수 있습니다. 모든 곳에서 그대는 그대 자신의 얼굴을 볼 수 있습니다. 붓다의 얼굴이란 그대 자신의 지혜의, 그대 자신의 참나의, 그대 자신의 아뜨마의 얼굴을 의미합니다. 그때 그대는 우주의 모든 원자 속에 존재하는 아뜨만을 볼 것입니다. 그러나 그대는 먼저 자신을 이 모래알갱이 즉, 지상에 있는 이 가장 작은 알갱이에게 소개해야 합니다. 무엇보다 모든 장소에서 모든 것을 보기 위해서는 모든 욕망을 버리십시오. 그때 그대는 모든 곳에서 자신의 얼굴을 보게 될 것입니다. 왜냐하면 그대는 모든 곳에 존재하기 때문입니다. 사실 나는 이것에 대해 언급하고 있지 않지만, 이것은 깨달은 모든 이가 갖는 경험입니다.

사람이 대상, 사람 또는 생각에 대한 자신의 욕망을 포기한다면, 누구나 이것을 경험할 것입니다. 그대가 욕망을 포기하는 순간 즉시 그대는 볼 것입니다. 어떤 사람을 만나겠다는 욕망을 가지지 마십시오. 왜냐하면 모든 사람은 과거에 속하기 때문입니다. 그대가 말하고 있는 대상이나 개념 그 모두는 과거에 속해 있습니다. 과거에 접하지 않는다면, 그때 그대는 모든 곳에서 그대 자신의 얼굴을 보게 될 것입니다. 그렇지 않으면 그대는 자신이 당나귀라고 생각하게 될 것입니다.

ॐ

■ 저는 제가 사자임을 압니다. 그러나 제가 왜 당나귀들과 함께 걷고 있는지 그 이유를 알고 싶습니다. 저는 제 '당나귀 성품'을 버리고 항상 사자로 있기를 원합니다.

자신이 사자라는 사실을 알고 있다면, 당나귀들과 함께 걸어도 문제는 없습니다. (웃음) 왜냐하면 당나귀는 사자의 먹이이기 때문입니다. 사자가 자신이 사자라는 사실을 잊고서 당나귀라고 생각할 때, 문제가 생깁니다. 사자의 깨달음에 관한 한 이야기를 해주겠습니다.

옛날 어떤 세탁부가 살고 있었습니다. 옛날의 사람들은 마을의 세탁물을 당나귀의 등에 지우고는, 그것을 세탁하기 위해 강가로 가곤 하였습니다. 어느 날 세탁부가 빨래를 하고 있는 장소에, 사자 한마리가 물을 마시러 왔습니다. 그때 밀렵꾼이 총을 쏴서 사자를 죽였습니다. 사자는 죽어가면서 새끼를 낳았습니다. 밀렵꾼이 와서 사자의 껍질을 벗겨 갔습니다. 그러나 갓 태어난 새끼는 살려두었습니다. 그래서 세탁부가 그 새끼를 바구니에 담아 집으로 데려왔습니다. 그는 새끼사자에게 우유를 먹여 키웠습니다. 자, 이 새끼사자에게 무슨 일이 일어났는지 잘 들어 보십시오.

이 새끼사자는 자신의 어미가 누구였는지도 모른 채, 세탁부에 의해 자랐습니다. 이 세탁부는 새끼사자를 매일 강가로 데려갔습니다. 그 새끼사자가 크게 자라자 세탁부는 이 '당나귀' 사자 등에다 세탁물을 지우고는 나르게 했습니다. 이 '당나귀' 사자는 다른 당나귀들과 더불어 풀을 먹기 시작했습니다. 왜냐하면 모든 존재는 더불어 살고 있는 존재들의 습관을 따라가기 마련이기 때문입니다. 애연가들 속에서 자란 아이는 담배를 피기 마련입니다. 바로 이러한 방식으로 습관들이 형성됩니다.

어느 날, 이 '당나귀' 사자가 다른 당나귀들과 함께 풀을 뜯고 있는데, 사자 한 마리가 그 모습을 보고 생각했습니다. "어리둥절하군? 어떻게 사자가 당나귀와 함께 풀을 뜯어먹고 있는가? 사자의 먹이는 당나귀다. 그러나 저 사자는 당나귀들과 더불어 풀을 뜯어먹고 있다! 가까이 가서 봐야겠다." 그래서 그 사자는 가까이 갔습니다. 그러자 그 '당나귀' 사자를 포함한 모든 당나귀가 달아났습니다. 그러나 그 사자는 매우 크고 빨라서 그 '당나귀' 사자의 목을 낚아채고는 물었습니다. "무슨 일인가? 그대는 사자다. 그런데도 그대는 당나귀와 함께 달아나고 있다. 또 나를 두려워하고 있다! 우리는 같은 종족이다."

"아닙니다. 선생님. 저를 죽이지 마세요. 저는 당나귀입니다."라고 그 젊은 사자는 나이든 현명한 사자에게 잡힌 채 덜덜 떨면서 말했습니다. "저는 당나귀입니다. 제발 저를 잡아먹지 마십시오. 저의 형제들이 기다리고 있습니다. 제발 저를 놓아주십시오. 놀리지 마십시오. 저는 제가 당나귀임을 압니다."

"그대는 사자다. 자신이 당나귀라고 생각하는 그런 어리석음을 범하지 마라."라고 현명한 사자가 말했습니다.

"제가 사자라는 사실을 어떻게 믿을 수 있겠습니까? 저는 당나귀입니다." 그래서 이 현명한 사자는 그 '당나귀' 사자를 강으로 데려가서 말했습니다. "물에 비친 그대의 얼굴을 보아라. 그대의 얼굴이 나의 얼굴과 같지 않은가?"

어린 사자가 외쳤습니다. "그렇습니다. 선생님, 제 얼굴이 선생님의 얼굴과 같습니다."

"이제 입을 열고 나처럼 포효하라."

이 사자는 포효하는 법을 몰랐습니다. 이 사자는 당나귀와 같이 '매'라고 소리를 내고 있었으며 포효하는 방법을 잊고 있었습니다. 누구도 그에게 포효하는 방법을 말해주지 않았기 때문입니다. 그러나 포효하는 것은 그 사자의 천성이었습니다. 그래서 그 '당나귀' 사자는 입을 열어 포효했습니다! 즉시 그는 사자가 되었습니다. 이 포효는 자신이 진정으로 누구인지에 관한 모든 의심을 사라지게 하였습니다. 그 이후, 이 사자

는 당나귀들을 잡아먹으러 그것들의 뒤를 쫓았습니다. (웃음)

이제, 질문이 있습니다. "이 '당나귀' 사자는 어떻게 사자가 되었습니까?" 한 순간에 그는 사자가 되었습니다. 무엇이 이 '당나귀' 사자를 사자로 만들었습니까? 포효하였습니다! 그렇지 않았더라면 그 사자는 늘 당나귀처럼 울었을 것입니다.

그러므로 그대를 강으로 데리고 가서는 그대 자신의 얼굴을 보여줄 삿구루가 그대에게 필요합니다. 그대는 당나귀가 아닙니다. 그러나 그대는 당나귀 즉, 몸이 묶여져 "저는 굴레 속에 있습니다."라고 말하는 당나귀의 사회에 살고 있습니다. "나는 묶여 있다. 고통 받고 있다. 죽어가고 있다."라고 말하는 사람들은 모두가 당나귀입니다. 구루는 그대에게 "그대는 묶여있지 않습니다."고 말합니다. "나는 자유롭다."라고 포효하십시오. 그것이 차이를 만듭니다.

그러나 그대는 당나귀 울음소리만을 내고 있습니다. 그것이 그대가 몸을 담고 있는 사회의 습관이기 때문입니다. 사자는 사악한 무리 속에 끼어있을 때 당나귀가 됩니다.

그대가 이곳에 오면, 나는 강제로 그대의 턱을 열고는 그대를 포효하게 만듭니다. 그대는 당나귀인 양친에게서 태어났습니다. 이것이 차이를 만들었습니다. 그러나 당나귀는 사자 앞에 머물 수 없습니다.

평생 동안 배설해왔던 자신의 배설물 속에 머무는 것을 그만두고, 이제는 사자가 되십시오. 이것은 그대에게 달려 있습니다. 당나귀처럼 기다리고, 자라고, 고통 받고, 행동하십시오. 그러면 어떤 이가 와서 그대의 등에 더러운 옷들을 지울 것입니다. 그래서 그대는 세탁부에 매여 있는 몸이 될 것입니다. 아닙니다! 어느 날 어떤 사자가 그대를 바라볼 것입니다. 그러면 그대는 사자가 될 것입니다. 왜냐하면 그대는 항상 사자였기 때문입니다. 당나귀는 사자가 되지 못합니다.

어리석고 바보 같은 사악한 사회만이 그대를 당나귀로 만듭니다. 감각이 당나귀입니다. 그러나 사실 그대는 영원한 태어나지 않은 의식인 사자입니다. 사자인 삿구루가 그대에게 그대 자신의 얼굴을 보여주기 위하여 의식의 호수로 데려 갑니다. 그대는 이미 그것입니다. 이것이 모든 스승이 말해야 할 바입니다.

자신을 개인으로 동일시하는 사람은 누구나 한 마리의 양입니다. 그 사람은 크고, 거만한 자아를 가지고 있습니다. 사자에게는 '나'도, 자아도, 동일시도 없습니다. 양은 도살자에게로 끌려가서 목이 잘립니다. 그러나 도살자는 사자에겐 먹이 감일 뿐입니다.

나의 사랑하는 벗이여! 그대는 자유로운 사람입니다. 그대가 묶여 있다고 누가 말하던가요. 누구도 그대의 손을 묶지 않았으며, 누구도 그대의 발에 족쇄를 채우지 않았다는 점을 생각하십시오. 그대는 그대가 묶여 있다고 생각할 뿐입니다. 그래서 그대는 묶입니다. 만약 그대가 나는 자유롭다고 생각한다면 그대는 자유로워집니다. 그것은 그대에게 달려 있습니다!

나는 자유롭습니다. 그대도 자유롭습니다. 이것은 오직 생각일 뿐입니다. 생각 하지 않을 때, 그대는 깨달은 사람이 됩니다.

■ 저를 강가로 인도해 주신 데 대해 감사드립니다. 저는 포효하지 않고, 하품만 하고 있었습니다.

하품이란 잠자러 갈 때 하는 것입니다. 포효란 깨어있음을 의미합니다. 사자가 포효한다는 것은, 그가 깨어 있다는 것을 의미합니다. 사슴이나 토끼 같은 숲속의 모든 동물들은 사자가 깨어 있기 때문에 달아납니다. 그러나 사자가 하품을 하면, "사자가 잠자고 있으니 우리 가서 우리의 식량을 찾자."라고 말합니다. 사자의 포효소리를 들으면, 모두가 그들의 구멍으로 달아납니다.

그러므로 그대가 포효하면, 그대의 참나를 찾는 길을 막는 마음, 게으름의 모든 경향성과 그리고 평화의 모든 도둑은 달아나고, 거기에는 아무 것도 없을 것입니다! 이제 그대는 깨어 있습니다. 포효란 "나는 자유롭다."를 말하는 것입니다.

몸, 마음, 눈을 살찌우려고 무엇인가를 찾는 것은 하품하고 있음을 의미 합니다. 그러므로 그대는 "나는 자유롭다!"라고 포효해야 합니다. 어디로 가야 합니까? 자아가 자고 있으므로 지금이 삿상에 참석하기 위한 완벽한 시간입니다. 잠자고 있는 저 사람들은 자신의 참나의 포효소리를 아직 듣지 못하고 있습니다. 그래서 여태껏 잠자왔으며, 앞으로도 계속해서 잘 것입니다. 그들을 삿상으로 데려올 방법이란 없습니다. 지금은 깨울 시간이 아니기 때문입니다. 그들로 하여금 잠자도록 내버려 두십시오. 그러나 그대는 깨어있으면서, 삿상에 와서, 사자처럼 포효하십시오.

part 3

삿구루

참나가 삿구루입니다. 그대는 내면으로부터 도움을 얻을 수 있을 것입니다. 여기에 그대의 진정한 안내가 있습니다. 여기에 모든 지혜와 지식이 있습니다. 그러나 그대의 선입견으로 인해 그대는 그것을 보지 못하고 있습니다. 삿구루는 내면에 있습니다. 오직 그분만을 명상하십시오.

삿구루는 모든 다른 존재보다도, 신보다도 더 위대합니다. 삿구루는 진리-자각-희열입니다. 삿구루는 태양과 같습니다. 그대는 보기 위해 횃불이 더 이상 필요치 않게 됩니다.

그대가 참나의 언어를 이해하지 못하고 있기 때문에 삿구루는 외부의 구루로서 나타납니다. 자신이 몸을 가지고 있다고 생각한다면 그대는 몸을 갖고 있는 한 사람의 스승이 필요합니다. 그대에게 평화를 주는 성스러운 사람과 함께 머무르십시오. 그는 삼사라의 사막에 있는 나무 그늘과 같습니다.

　이 구루는 자아라는 양을 도살하는 자입니다. 그의 일은 그대에게 "나는 그대 안에 있다." 라고 말하는 것. 그리고 그대가 존재-의식-희열이라는 확신을 주는 것입니다. 모든 진정한 스승은 "내면을 보라. 그대 자신, 참나, 구루 간에는 어떤 차이도 없다."고 말합니다. 구루는 이미 거기에 항상 있는 보물창고를 보여 줍니다.

　스승은 머리에 붙이고 있는 다이아몬드에 의해, 제자의 수에 의해 알려지지 않을 것입니다. 스승은 자신의 현존으로 그대에게 평화를 주고 모든 열망, 집착, 욕망을 없애는 사람임을 아십시오. 갸니의 횃불은 거짓 확신의 곳간을 불태워 버립니다. 그러나 까비르가 말하듯이 누구도 이 불은 가져가지 않습니다.

　스승은 진리를 아는 자입니다. 스승은 바라 봄, 접촉, 생각에 의해 그리고 아루나짤라가 그랬듯이 침묵으로 이 진리를 겸손한 이에게 전달할 수 있습니다. 이 침묵은 움직이지 않고 있는 빛입니다.

　진정한 스승에겐 제자가 없습니다. 모든 것이 존재이며 오직 침묵만이 얘기합니다. 완전한 스승은 아무런 가르침을 가지지 않고 있습니다. 왜냐하면 그는 "그대가 이미 자유롭다."라는 사실을 알기 때문이다. 그러므로 진정한 스승의 가르침 없음은 아무런 스승도, 제자도, 가르침도 없으며, 오로지 무無만이 존재해 왔다는 것입니다. 이 가르침은 말없이 존재해야 하며, 그대의 가슴 속에 내려져야만 합니다. 이해하려고 애쓴다면 그것은 단지 그대의 머리 안에만 내리게 될 것이다.

　진정한 스승은 모든 이름과 형상 및 개념을 없앱니다. 설교자는 목의 올가미를 덧붙일 뿐입니다. 설교자는 신선한 시체에 달려드는 독수리처럼 그대에게 매달립니다. 진정한 스승은 소화할 수 있는 정도만큼 가르치고는 그 제자를 멀리로 보냅니다.

그러므로 그대는 스승을 시험해 보아야 합니다. 구루의 계통을 보십시오. 그것은 매우 중요합니다. 그리고 스승의 대답은 실제적인 경험으로 뒷받침되어야 합니다. 왜냐하면 모든 성자들은 마음으로부터가 아니라 공으로부터 노래를 부르기 때문입니다. 마음과의 접촉은 아름답지도 가치가 있지도 않습니다.

ॐ

참나를 향해 나아가는 것은 칼날 위를 걸어가는 것과 같습니다. 둘이 서는 그곳에 갈 수 없습니다. 마음이나 생각조차 데려갈 수 없습니다. 그러므로 그대를 도울 수 있는 유일한 존재는 참나입니다. 이 불길에 닿는 것은 무엇이나 불길이 됩니다. 성자에게 닿으면 그대는 성자가 됩니다. 참나를 앎으로 그대는 오직 참나만을 봅니다. 그리고 이 참나가 그대의 스승입니다.

결국 그대는 스승과 자신 둘 다에서 이름이나 형상을 버려야만 합니다. 달을 보려면 가리키는 손가락을 거부해야 합니다. 이름과 형상이 있는 곳에는 거짓이 있으며 자유에의 장애물이 있습니다. 아무 것도 보지 않음이 그대에게 자유를 줄 것입니다.

물에 빠졌을 때 참나에게만 매달리십시오. 다른 어떤 것에 손을 내민다면, 그대는 죽게 될 것입니다. 삿구루는 내면에 있습니다. 오직 그것만을 명상하십시오! 진정한 스승은 참나입니다. 그 외의 모든 다른 것들은 참나를 가리키고 있습니다. 다섯 원소들로 만들어진 것에 매달리지 마십시오. 구루는 보이거나 보이지 않는 몸이 없습니다. 어떤 몸에도 의존하지 마십시오. 그것은 단지 진리를 가리키는 그냥 손가락일 뿐입니다! 구루는 그대 자신의 참나입니다. 자아-나가 아닌, 여기, 지금에 있는 참나입니다. 구루의 형상을 거절하십시오. 그러면 오직 지고한 존재만이 남습니다.

자신의 참나를 잃는 것은 불가능합니다. 자신이 누구인지에 대하여 구루의 말을 들어야 합니다. 이 안내인은 사랑-아름다움입니다. 이 자유가 스승입니다. 그냥 조용히 앉으십시오. 그러면 모든 것이 보살핌을 받을 것입니다.

ॐ

■ 무엇이 구루입니까?

구루의 단어 상의 의미는 '어둠을 추방하는 자' 입니다. 구루는 그대의 가슴을 열어주고, 그대에게 빛을 보여주는 자입니다. 구루는 지혜이며, 빛 그 자체입니다.

■ 진정한 스승을 식별할 수 있는 방법은 무엇입니까? 스승은 마음을 멈추게 하는 자라는 것이 정말입니까?

진정한 스승은 그의 말이나 행위로는 확인될 수 없습니다. 그러나 그대의 마음은 스승의 주위에서 고요해질 것입니다. 종종 사람들은 스승의 표시나 징후를 선전합니다. 그러나 진정한 스승은 징후들이 전혀 없습니다. 그렇지만 스승은 자신의 메시지를 조용히 전달할 수 있습니다. 예전에 어떤 사람이 와서 말하길, 제가 저의 심장박동을 멈출 수 있다면, 저를 스승으로 받아들이겠다고 했습니다. 그들은 온 목적을 달성했습니다. 그러나 사실 심장의 멈춤에 대한 것이나, 누구나 얻을 수 있는 능력인 싯디와 같은 질문들은 아무런 소용이 없습니다.

■ 왜 많은 스승들이 남자입니까?

오직 스승만이 있을 따름입니다. 스승은 남자도 여자도 아닙니다. 스승은 그대 자신의 참나로서 그대 안에서 빛납니다. 남성 혹은 여성으로의 동일시는 그대로 하여금 참나를 알지 못하게 합니다.

■ 붓다나 예수 등은 어떠합니까?

스승에게 남성, 여성이라는 것은 없습니다. 스승은 그대 자신의 참나 안에 있습니다. 스승은 남성도 여성도 아닙니다. 그대는 그대가 본 것에 대해서만 말할 뿐입니다. 그대의 마음이 이 남자와 저 여자를 만들어 낼 뿐입니다. 잠잘 때, 그대는 남자입니까 여자입니까?

■ 깨달음을 얻는데 살아 있는 구루가 필요합니까?

살아 있는 구루의 은총이 없이는 참나를 깨달을 수 없습니다. 그대가 신체로 있다면, 그대에게는 신체를 가진 구루가 필요합니다. 그대가 신체 안에 있다면, 그대는 신체 안에 있는 구루가 필요합니다. 그렇지만 구루는 내면에 있습니다. 그러나 그대는 내면에 있는 그의 말을 이해하지 못합니다. 그러므로 서로 대화를 나누어 제자의 의심을 없애기 위해, 신체로 있는 제자는 신체를 가진 구루가 필요합니다. 그때서야 제자는 구루가 내면에 있다는 점을 알게 될 것입니다.

"나는 그대 안에 있다."라고 그대에게 그냥 말해 줄 바깥의 구루가 그대는 필요합니다.

구루는 그대 안에 형상이 없이 존재합니다. 그대 역시 형상이 없습니다. 이 점을 안다면, 그대는 몸을 가진 구루는 필요치 않습니다. 몸을 가진 스승을 발견했다면, 그 기회를 놓치지 마십시오!

■ 몸속에 있지 않은 스승이 제 스승이 될 만한 힘을 지니고 있습니까?

힘이 있어서 몸이 없는 스승의 말을 들을 수 있다면, 그대는 몸을 갖고 있는 스승이 필요치 않습니다. 왜냐하면 스승은 몸 없이 거기에 항상 있기 때문입니다. 그대는 스승을 통해서 말합니다. 스승은 그대의 가슴 안에 있습니다. 그대는 그분의 말을 듣습니까? 그대의 내면에서 가르치고 있는, 모습 없는 이 스승의 말을 그대는 듣고 있습니까?

■ 예, 듣고 있습니다.

만약 듣고 있었다면, 그대는 이 모든 질문을 하지 않았을 것입니다!

■ 그렇다면, 살아 있는 구루가 없는 기독교도나 불교도들은 어떻게 됩니까?

서양에 있든지 동양에 있든지, 그대는 살아 있는 구루를 발견하고, 그를 테스트해야만 합니다. 그대의 마음이 그분의 현존에서 고요해진다면, 그분에게 복종한 후 그분과 함께 머무르십시오.

그대 자신이 신체를 가지고 있다고 생각한다면, 그대를 도와줄 신체를 가진 구루가 그대에게 필요합니다. 자유롭고자 하는 강한 욕망을 가질 때, 구루를 발견할 것입니다. 그때 나의 경우에서처럼 구루가 그대의 문에 올 것입니다. 나의 경우 자유를 향한 욕망이 너무 강렬했으므로, 마음속에 다른 욕망은 남아 있지 않았습니다.

■ 라마나 마하리쉬 같은 분은 왜 몸을 지닌 구루도 없이 진리를 발견할 수 있었습니까?

라마나 마하리쉬 역시 체격이 장대한 구루를 모시고 있었습니다. (웃음) 그것은 아루나짤라였습니다. 구루는 어떤 모습으로도 있을 수 있습니다. 아루나짤라는 고요하고 움직이지 않습니다. 이것이 좋은 구루의 징후입니다. 진정한 구루는 말로써 가르치지 않습니다. 진리는 말로써는 전해질 수 없기 때문입니다. 침묵이 가르침입니다. 마하리쉬는 산과 같은 침묵으로 가르쳤습니다. 대부분의 다른 스승은 밤낮으로 소리칠 뿐입니다.

그대가 침묵하고, 평화에 머무른다면 이 샨띠가 그대 자신의 구루입니다. 그것은 내면 이외의 어떤 곳에서도 발견되지 않습니다.

이것이 우리가 옴 샨띠 샨띠 샨띠로 삿상을 시작하는 이유입니다. 그때 스승은 제자가 말할 수 있도록, 마음에서 일어나는 의심을 없애야 합니다. 그러나 이것은 말이 아닙니다. 만약 의심을 지니고 있다면, 그대의 의심이 없어지도록 구루에게 가서 질문하십시오. 아무런 의심이 없을 때, 그대는 평화 속에 머무릅니다.

■ 한 사람이 두 구루를 모실 수 있습니까? 한 사람만을 선택해야 합니까?

모든 것이 그대의 구루입니다. 돌은 침묵을 가르치며, 나무는 자비를, 미풍은 무집착을 그대에게 가르칩니다. 그대는 많은 구루, 강연자, 심리학자를 가질 수 있습니다. 그러나 삿구루는 오직 하나입니다. 어떻게 이 스승을 만날 수 있습니까? 자아를 가지지 않음으로써 만날 수 있습니다.

삿구루는 다른 곳이 아니라 그대 자신의 참나 안에 있습니다. 그대의 삿구루는 그대의 가슴 안에, 모든 존재의 가슴 안에 거주하고 있습니다. 그대가 삿구루의 언어를 이해하지 못하기 때문에 은총으로 그대에게 내면을 가리키기 위하여 삿구루는 모습을 취합니다. 마하리쉬는 종종 다음과 같이 말하였습니다. "진정한 구루는 안에 있습니다."

　대부분의 스승은 위와 같은 말을 하지 않을 것입니다. 그들의 사진을 걸어 놓고 다른 사진은 걸어두어서는 안 된다고 고집할 것입니다. 그런 스승들로 부터는 평화를 얻지 못합니다. 그러나 그대가 라마나스라맘으로 가서 라마나 홀에 앉아 있으면, 평화가 그대에게 저절로 펼쳐질 것입니다.

　■ 저의 가슴은 빠빠지를 향한 사랑과 서구에 계시는 저의 스승에 대한 사랑이라는 두 불로 타고 있는 것처럼 보입니다. 스승님께서 말씀하셨듯이, 그들은 같은 근원, 같은 불인 것처럼 보입니다.

　불이 동일하다고 말한다면, 그대는 초들에 대해서 관심을 두지는 않습니다. 100개의 초가 있다고 하더라도, 불꽃은 하나입니다. 얼마나 많은 초가 있는 지에 대해서는 걱정하지 마십시오. 단지 불꽃이 같은지 그렇지 않은지를 알아내는데 주의하십시오. 손가락을 불에 넣어 보아 그 불이 같다면, 걱정할 필요가 없습니다.

　불꽃은 오직 하나입니다. 그 불꽃은 그대의 안에 있습니다. 초는 불꽃과는 관계가 없습니다. 몸과 이름은 불꽃과는 아무런 관련이 없습니다. 불꽃은 그대의 안에 있습니다. 그것이 그대의 스승입니다. 안에 있는 이 불꽃이 그대의 스승입니다. 바깥에 있는 것이 아닙니다! 만약 바깥에 있는 불꽃에 의지하고 있다면, 그대는 실수를 하고 있습니다. 그대의 자아, 마음, 몸, 감각, 대상을 포함한 바깥에 있는 것은 언젠가는 사라질 것입니다. 사라지지 않는 것이 그 불꽃입니다. 그대의 안에 있는 이 불꽃을 보도록 하십시오. 바깥에 있는 것에 의존하지 마십시오. 만약 불꽃을 어렴풋이나마 보았다면, 이 불꽃에 대하여 말해 보십시오.

구루는 모기처럼 수천이 될 수 있습니다. 그러나 삿구루는 온 우주 안에 한분입니다. 모기 같은 것은 그대를 물고, 피를 빨고는 달아날 것입니다. 삿구루는 그대를, 그대의 자아를, 그대의 마음을 모두 삼킬 것입니다. 그대는 오직 한 분만을 사랑할 수 있습니다. 그분은 시간 속에 존재하는 분이 아닙니다. 하지만 모기는 시간 속에 존재합니다.

■ 무엇이 스승과 제자간의 관계입니까? 그것은 어떻게 작용합니까?

스승은 그대 자신이 빛이며, 어두움은 결코 존재하지 않았다는 점을 보여주는 유일한 분입니다. *(그는 그녀의 눈 속을 들여다보다가 멈추고는, 웃는다. 그러고 나서 다시 말한다.)* 이것이 관계가 작용하는 방식입니다. 그대가 이러한 관계를 원하는 까닭이 무엇입니까? 제자와 스승 간에 어떤 관계가 있다고 누가 말했습니까? 어디에서 이러한 내용을 읽었습니까? 그대는 스승과 제자 간의 관계에 대해 들어 왔지만, 그 관계가 무엇인지는 알지 못합니다. 제가 말해준다 하더라도, 그것을 이해할 수 없을 것입니다. 먼저 그대가 스승과 제자의 관계 속으로 떨어져야 합니다. 그때는 그것에 대한 설명이 필요치 않을 것입니다. 그대가 한 청년과 사랑에 빠진다면, 그대에게는 사랑에 대한 설명이 필요하지 않는 것과 같습니다. 그대의 어머니가 사랑의 관계에 관하여 7살인 그대에게 설명했다면, 그대가 그것을 이해했을 것입니까?

이 관계에서는 어떤 노력도 필요치 않습니다. 그대가 사랑하는 사람 앞에 있다면, 그 사람은 그대에게 노력하라고 요구하지 않을 것입니다. 이 사랑하는 사람은 그대를 돌볼 것입니다. 이 사람이 하는 무엇이나 그대는 받아들일 것입니다. 그때 그대는 "무엇이 진행되고 있는가?"를 생각하지는 않을 것입니다. 왜냐하면 사랑 속에서는 대화가 없기 때문입니다. 사랑하는 도중에는 대화도, 질문도, 대답도 없습니다. 사랑하는 두 사람은 조용할 뿐입니다. 그대도 조용하고, 그대의 사랑하는 이도 조용합니다. 대단한 그 무엇이 곧 일어나려 합니다. 그대는 기다려야만 합니다.

■ 스승님과 저 사이에는 무슨 차이가 있습니까? 왜 스승님께서는 의자에 앉아 계시고 저는 마룻바닥에 앉아 있습니까?

차이가 있다고 믿는 사람은 마룻바닥에 속합니다. 차이가 없다는 사람은 의자위에 앉습니다. (웃음)

■ 빠빠지, 스승님은 누구이십니까?

저는 그것That으로 존재합니다.

■ 이것 혹은 그것입니까? 아니면 오직 그것That입니까?

이것과 그것이 아닙니다. 그것은 그것을 가리키고 있는 손가락 너머에 있습니다. 그대가 손가락을 붙잡고 있다면, 그것을 볼 수 없습니다!

■ 신은 누구이며, 신과 스승님과의 관계는 무엇입니까?

나는 그대에게 다음과 같은 대답을 할 것이다. 저는 신으로 존재합니다 I AM GOD. 저는 신과 관계가 없습니다. 관계를 가지려면, 어떤 다른 사람이 필요합니다. 신을 제외한 어떤 사람도 없습니다. 그러므로 나는 다른 누구와 관계를 가지지 않습니다. 저는 신으로 충만합니다.

■ 구루는 신과 하나입니까?

깨달은 존재와 대문자의 신 간에는 어떤 차이도 없습니다. 구루와 신은 전혀 형상을 가지지 않습니다. 이 무형상 속에서는 아무런 차이도 없음으로 그들 사이에는 전혀 차이가 없습니다.

■ 저는 불멸에 대해서 아는 것이 없습니다. 스승님께서 돌아가실 때 무슨 일이 일어납니까? 남아 있는 어떤 실체가 있습니까? 저의 구루는 몇 년 전에 돌아가셨습니다. 종종 저는 스승님이 여전히 살아계실 수 있는지에 대한 의문이 생깁니다. 스승님의 구루께서 돌아가셨을 때, 스승님께서는 어떠하셨습니까?

저의 구루는 정말로 죽지 않으셨습니다! 저는 저의 구루가 단지 뼈, 피부, 피, 점액일 뿐이라고는 결코 생각하지 않았습니다. 저는 저의 소중한 스승만을 봅니다. 그 스승은 안에, 그대 자신의 참나 안에 존재합니다. 자신의 참나 안에 있는 이 분이, 그대에게 "나는 그대 안에 있다."는 것을 가르치기 위하여 바깥으로 나옵니다. 그대가 스승의 살아생전에 이 가르침을 분명히 가졌더라면, 오늘처럼 슬프지는 않을 것입니다.

가르침은 스승의 몸보다 더 중요합니다. 컵 속에 있는 물을 마실 때, 컵을 먹고 물은 버립니까? 그렇지 않습니다. 바깥에 있는 것이 아닌, 컵 속의 것이 더 소중합니다. 바깥에 있는 것은 그릇에 불과합니다. 그러나 무엇이 안에 있는 지에 대해서는 아무도 모릅니다.

바깥에 있었던 그대의 스승이, 미묘한 모습으로 그대의 가슴 안에 여전히 존재하고 있음을 그대는 볼 수 있습니다. 이 미묘한 모습은 결코 죽지 않습니다. 그대가 안을 바라볼 때, 그대는 이 미묘한 모습을 볼 것입니다. 그대 역시 미묘해져야 합니다. 그러면 그대가 사랑했던 모든 사람들의 미묘한 모습을 볼 수 있을 것입니다. 그대가 어떤 이를 사랑하면, 비록 그가 죽었다고 하더라도, 그대는 눈을 감은 채 그를 볼 수 있습니다. 꿈속에서조차 그대는 그를 볼 수 있습니다. 그러나 그 사랑은 친밀하고, 진정한 사랑이어야 합니다. 그대가 어떤 사람을 가슴 밑바닥에서 우러나오는 진정한 사랑으로 사랑한다면, 그 사랑의 대상은 그대로부터 결코 떠나지 않습니다. 이제 그대는 여기에 있습니다. 며칠 동안 머물면서 그대가 놓쳐왔던 것을 찾으십시오. 구루는 결코 죽지 않기 때문에, 스승과의 신체적 접촉은 영원히 계속될 수 있습니다.

■ 스승님께서는 제가 안의 구루를 발견할 수 있도록 도와주시겠습니까?

바깥에 있는 구루는 그대에게 안의 구루의 주소를 알려 줍니다. 그때서야 이 안의 구루가 숨겨져 왔음을 그대는 알게 될 것입니다. 왜냐하면 그대의 마음속에 너무나 많은 것들이 진행되고 있었기 때문에 그대는 이 안의 구루를 볼 수가 없었습니다.

그대는 안의 구루를 볼 수 없습니다. 그대가 다른 어떤 곳을 보고 있기 때문입니다. 바라보기를 멈추십시오. 그러면 그것은 그대의 노력이 없이도 스스로를 드러낼 것입니다. 사랑과 즐거움을 쫓아 헤매는 그대의 마음을 정지시키십시오.

마음의 속임은 여러 해 동안 사물을 뒤쫓아 달리고 있으나, 결국은 여러 곳에서 푸대접을 받을 뿐입니다. 이 불쾌한 걷어차임으로부터 자유롭고자 하는 사람이 거의 없습니다. 극소수의 사람만이 마음의 노예가 되지 않고, 자유롭고자 합니다.

마음을 노예처럼 다스리십시오. 그러면 마음은 그대에게 도움이 될 것입니다. 이 방법을 바깥의 구루에게서 배우십시오. 노예를 다스리고, 사랑하며, 고요하도록 만드십시오. 마음을 괴롭히지 말며 그리고 마음이 그대를 괴롭히도록 두지 마십시오. 이것이 마음을 통제하는 방법입니다.

모든 사람이 이렇게 하지는 않을 것입니다. 단지 소수만이 이 시도에 성공할 것입니다.

■ 구루에 대한 봉사에 대해 말씀해 주시겠습니까? 여기에 머무르면서, 스승님께 봉사해도 되겠습니까?

지식을 얻기 위해서는 12년 동안 스승에게 봉사해야 된다고, 한번 말한 적이 있습니다. 이것은 고대 때 있었던 전통입니다. 그러나 이 시대의 사람들은 아주 바쁩니다! 그들은 저녁비행기를 예약해놓고 와서는 자유롭기를 원한다고 말합니다! (웃음) 그들에게 나는 이렇게 말합니다. "그대는 로프를 다른 것에다 묶고 급하게 달려왔다." 고대인은 시험기간으로 12년을 잡았습니다. 만약 진정으로 자유를 갈망하지 않는다면, 그는 그 기간 중 달아날 것입니다. 스승을 속이려고 온 사람은, 스승에게 대한 12년간의 봉사를 요청받을 때 달아나고 말 것입니다. 이런 목적으로 스승은 제자에게 12년 동안을 머물고 난 뒤에야 지식을 줄 것이라고 말했습니다.

실제로, 저는 12년을 요구하지 않습니다. 이곳에서 저는 그대의 시간 중 한 순간만을 원할 뿐입니다. 그런데도 사람들은 그것을 어려워합니다. 한 평생의 삶 중에서 한 순간의 시간만을 저와 함께 쓰이기를 원할 뿐입니다. 대부분의 사람에게는 이것이 어렵습니다. 그들이 이 기회를 놓친다면, 3,500만년 동안의 탄생과 재탄생이라는 또 다른 과정을 통과해야만 합니다. 자, 그대가 여기에 있으므로, 저와 함께 한순간을 보내십시오.

■ 저의 스승께서 몸을 버리기까지 9년 동안, 저는 스승에게 봉사하였습니다.

그대의 모습이 좋아 보입니다. 9년 동안의 헌신으로 그대의 얼굴에는 빛이 서려있습니다. 그대의 이전 스승이 그대에게 럭나우에서 3년을 보내라고 밀었습니다. 그런 이유로 그대는 여기에 있습니다. 이것이 옛 스승의 보이지 않는 은총입니다. 그러므로 그대는 여기에 3년 동안을 머뭅니다. 저는 자유롭기 위한 쉬운 방법을 그대에게 말해줄 것입니다. 삿상에 온 사람의 신발을 깨끗이 하십시오. 이것은 그대의 자아를 씻어줄 것입니다. 삿상을 할 수 있도록 준비된 홀에 그냥 들어오지 마십시오. 그렇게 해서는 안 됩니다. 시트를 깨끗이 하고. 마루를 소제하고, 신발도 깨끗하게 해야 합니다. 그 일을 하루 내내 하십시오. 그것은 그대의 자아를 청소한다는 것을 뜻합니다. 자아가 없어지면 무無가 가능합니다!

■ 제가 스승님을 위하여 할 수 있는 무슨 일이 있습니까?

방금 말해주었습니다. 저를 위해서는 아무 것도 하지 마십시오. 모든 사람을 위하여 행하십시오.

그들이 그대를 보고 행복해질 수 있도록 모든 사람을 돌보십시오. 신에게 봉사하는 것보다는 신의 헌신자들에게 봉사하는 것이 더 훌륭합니다.

이러한 말이 있음으로 인도에서는 사원으로 들어갈 때, 사원의 문지방에서 흙을 집어 이마에 바릅니다. 이 의식은 행해져야 합니다. 이렇게 하지 않으면. 자아가 강해져서 그대가 이번 생애 동안에 목샴. 즉 해방을 얻는 것을 허락하지 않을 것입니다.

■ 매일 스승님께서는 우리에게 사랑을 나눠주십니다. 그러나 저는 제 자신이 충분히 가치롭거나 순수하다고 느끼지 못하고 있습니다.

자신의 불순함을 느끼고 있다는 것은 좋은 일입니다. 왜냐하면 이제 그대는 자신의 가슴을 깨끗이 하고자 애쓸 것이기 때문입니다. 그러나 어느 누구도 자신의 가슴이 순수하지 못하다는 것을 깨닫거나 믿지 않습니다. 우선 자신의 불순함을 청소하십시오. 그대의 마음이 깨끗해지면, 다른 이들의 마음 속 불순도 보지 않을 것입니다. 그러므로 불순을, 생각을 없애십시오. 생각이 있는 곳마다, 순수하지 못함이 있습니다. 생각이 없다면 그대는 가치가 있어집니다!

ॐ

■ 빠빠지, 스승님에 관한 기사를 쓰기 위해서 여쭐 질문이 있습니다. 원하신다면 나중에 말씀드리겠습니다. 저는 내일 오전 10시에 떠납니다.

왜 지금 질문하지 않습니까? 왜 나중에 하려합니까? 그대는 이미 200만년 동안을 미루어왔습니다. 오늘이 바로 그 시간입니다. 나중의 약속을 하지 마십시오. 지금 질문하십시오. 시간은 매우 짧습니다. 그대는 내일 떠날 것입니다.

무엇보다도, 그것은 옳은 방법이 아닙니다. 그렇게 하는 것은 스승에게로 가는 방법이 아닙니다. 스승에게 가고자 한다면, 왕복티켓을 생각하지 않아야 했습니다. 편도 티켓만을 갖고 와야 합니다. 그대는 수없는 시간동안 내일을 이야기하고 있었습니다. 지금은 내일까지 단지 24시간만을 갖고 있습니다. 그대는 아직 오지도 않는 내일에 자신을 묶어버렸습니다. 왜 그대는 내일에 대하여 말합니까? 다음의 순간에 대해서 말하지 마십시오! 그것을 뒷날로 미루지 마십시오. 다음에 어떤 일이 일어날지 알지 못합니다. 그러므로 지금 그 자체에 최선을 다하십시오. 스승이 거기에 있습니다. 자유롭기를 향한 바람이 거기에 있습니다. 무슨 어려움이 있습니까?

■ (웃으면서) 없습니다.

내가 뒷날로 연기하지마라고 하자 그대는 웃었습니다. 어디에서 이 웃음이 생겼습니까? (웃음) 스승은 아무런 가르침을 주지 않습니다. 스승은 그대를 웃게 만들뿐입니다. 이 웃음 속에는 공만이 있습니다. 그대의 웃음 속에 어떤 의미가 담겨져 있습니까? 그렇지 않습니다. 웃음은 그냥 웃음일 뿐입니다. 웃음은 시간을 가지지 않습니다.

울기 위해서는, 울어야 할 사람이 필요합니다. 그러나 행복해지기 위해서는 그렇지 않습니다. (웃음) 지금 질문을 하십시오. 바로 지금 저에게 질문을 하십시오. 어제의 낡고 썩은 질문은 하지 마십시오! 바로 지금 생겨나는 신선한 질문을 하십시오.

■ 저에게는 질문이 없습니다. 종이 위에 쓴 질문은 기사를 쓰기 위한 질문입니다.

종이와 펜을 쥐는 순간, 질문에 대한 답이 나올 것입니다. 답이 저절로 주어질 것입니다. 많은 내용으로 채워진 책을 쓰지 말고, 독자를 웃게 하는 글을 쓰십시오. 독자를 웃음 짓게 하고, 웃는 방법을 말하십시오!

그것이 훌륭한 메시지입니다. 책이나 기사가 과거의 것이 되어서는 안 됩니다. 그대의 질문은 지금 벌써 과거의 것이 되었습니다. 아주 신선한 어떤 것을 그대는 써야 합니다. 그대의 질문 중 하나를 말하십시오. 이 질문에 대해 명확히 해주시겠습니다. 그대가 여기 인도에 있었을 때 어떤 일이 일어났는지를 다른 사람들에게 말할 수 있도록 말입니다.

■ 인도는 많은 깨달은 이들을 배출하고 있습니다. 그러나 스승님께서 가르침을 주고 있는 사람들은 주로 서구인들입니다. 이점에 대하여 설명해 주실 수 있습니까?

물론, 깨달음을 얻은 대부분의 현자나 성자들은 다른 곳이 아닌 인도에서 배출되었습니다. 자유에 대한 갈망을 지닌 사람을 제가 보기란 어렵습니다. 저는 깨달음을 얻었다는 사람과 그들의 입장이나 관점에 관하여 대화를 나누어보려고 그리고 그들이 무엇을 하고 있는지를 알아보기 위하여 세계를 여행하였습니다.

한번은 스페인의 몬트세라 근처의 어느 산에 깨달은 사람이 살고 있다는 말을 들었습니다. 다른 기독교인은 교회를 가는데도 그는 가지 않았습니다. 그 사람은 교황으로부터 교회에 가지 않아도 된다는 허락을 받고 있었습니다. 그렇지만 교회에 가지 않는 기독교인은 지옥으로 갈 것입니다. 성스러운 산이라는, 그리스의 아토스 산에 알풍소라는 사람이 살고 있다는 말도 들었습니다. 저는 이 두 사람을 만나고 싶었습니다.

몬트세라의 사람은 사원 뒤로 950계단 위에 위치한 조그만 오두막에 살고 있었는데, 그는 옴을 명상하고 있었습니다. 옴에 집중하면. 자신의 모든 불순물이 씻겨 나간다고 그는 말했습니다. 그는 또한 목에 옴을 두르고 있었습니다. 그에게는 여행할 필요가 없었습니다. 옴에 대한 집중만으로 충분했기 때문입니다. 저는 이 사람이 무엇인가를 얻었음을 알았습니다. 그러나 그 공식은 인도의 것이었습니다. 이 옴과 더불어 우리는 샷상을 시작합니다. 이 옴을 기독교인이 받아들여 아멘이라 합니다. 무슬림은 아민이라 합니다. 그것 둘 다 옴의 모습입니다.

그대와 더불어 또 다른 서구인이 여기로 오고 있습니다. 그 이유는 그대가 옛날 이곳 인도에 산 적이 있었기 때문입니다. 충족시키고자 하는 개인적인 신체적 욕망이 있었지만, 그것을 인도에서 만족시킬 수가 없었기 때문에, 이 욕망을 충족시키기 위해 그대는 서구에서 태어났습니다. 그대는 서구인들이 여기에 있는 이유를 묻습니다. 이유는 그들이 그 욕망을 충족시켰기 때문입니다. 그러므로 그대도 여기에 있습니다. 그렇지 않았으면, 그대는 여기에 오지 않았을 것입니다. 그러므로 욕망을 지닌 사람은 누구나 그 욕망을 충족시켜야 합니다. 그렇지 않으면 이 욕망은 그대의 다음 번 삶이 될 것입니다. 만약 그대의 욕망이 끝났다면, 그대는 어느 곳으로도 갈 필요가 없습니다. 그때 그대는 모든 것에 관한 진정한 비밀을 알 수 있을 것입니다. 그대가 보는 것은 모두 그대의 욕망입니다. 그러나 그대의 마음이 아무런 욕망이 없이 고요할 때. 이것을 깨달음이라 부릅니다. 죽은 후에 깨달음을 얻으려 하지 말고. 지금에 하십시오. 웃는다는 것은 욕망이 사라졌음을 의미합니다. 그러므로 계속 웃으십시오. (웃음)

■ 제 생각을 없앨 수 있는 날카로운 무기를 원합니다.

지적이고 예민한 사람, 전쟁과 평화의 술책에 대해 아는 사람에게 복종 하십시오. 그에게 그대 마차의 고삐를 건네십시오. 그의 명령을 듣고 그가 지시하는 대로 하십시오. 스승에게 복종하는 것만큼 날카로운 무기는 없습니다. 그가 그대를 위해 싸워줄 것입니다.

스승에게 복종하고 안에서 나오는 그의 말에 귀 기울이라고 충고합니다. 몸을 기계처럼 되도록 하십시오. 그대가 몸을 움직이고 있는 것이 아니라 몸이 움직일 뿐입니다. 그대의 가슴 속에 있는 마부를 찾으십시오. 그러면 그대는 늘 평화 속에 머무를 것입니다.

ॐ

■ 스승님께서는 최근 저의 꿈에 자주 나타나십니다. 다른 스승님도 제자의 꿈속에 나타납니까?

이것은 구루를 아직 발견하지 못한 매우 진지한 사람에게 나타나는 현상입니다. 꿈속에서 그들은 가르침을 받을 것입니다. 제 경우에는 저의 구루가 저에게 이처럼 먼저 나타났습니다. 어떤 사람은 그가 꿈속에서 제게 왔다고 말합니다. 그러나 그랬더라도 그가 왔던 것은 사실입니다.

엑나뜨의 구루인, 자나르딘 스와미도 꿈속에서 그에게 찾아왔습니다. 엑나뜨가 꿈을 꾸었을 때, 그는 꿈속에서 구루의 주소를 받았습니다.

잠에서 깨어나자 그 주소지로 찾아갔습니다. 그곳에서 자신의 구루를 발견하고는, 깨달음을 얻었습니다.

그대는 진지한 구도자가 되어야만 합니다. 그렇게 되면 그대는 구루를 찾을 필요도 없습니다. 그대의 구루가 그대를 찾을 것이기 때문입니다. 심지어 신들조차도 그대를 찾아올 것입니다. 그러나 진지한 탐구를 해야 합니다. 구루가 그곳에 있든 없든 그것은 중요하지 않습니다.

■ 며칠 전 꿈속에서 동굴에 있는 저에게로 라마나 마하리쉬가 다가오는 것을 보았습니다. 다음 날 밤 꿈에 람, 시따, 강가 마를 보았습니다. 이러한 달샨은 보석처럼 소중한 것입니까? 혼란입니까?

성자와 신, 성스러운 강인 강가의 달샨을 갖는 것은 그대의 마음이 순수하다는 것을 보여줍니다. 이들의 방문 각각이 그대를 정화시킬 것입니다. 그것은 해롭지 않습니다. 꿈속에서 성자나 신의 모습을 보는 것은 매우 아름다운 일입니다. 그런 일이 계속 일어나도록 하십시오.

■ 스승님께서 사람의 꿈속에 나타나실 때 그것은 단지 꿈에 지나지 않습니까? 아니면 정말로 방문하신 것입니까?

그것은 꿈도 아니고 깨어있는 상태도 아닙니다. 이것은 네 번째 상태 즉, 뚜리야의 상태입니다. 그것은 사람의 진정한 상태입니다. 헌신자와 스승 간에는 어떤 차이도 없습니다. 그러므로 헌신자는 이런 식으로 스승을 볼 수 있습니다. 우리는 신이 부여한 역할을 하고 있을 뿐입니다.

우리가 가진 형상은 문제가 되지 않습니다. 배우는 여러 역할을 맡을 뿐입니다. 때로는 친구, 때로는 적, 때로는 여자. 때로는 남자 역할을 합니다. 그러나 본질은 남자도 여자도 아닙니다. 미워하고 사랑하는 그것은 누구인가? 아무도 모릅니다.

■ 아침에 깨어났을 때 스승님께서 지난밤 꿈속에 제게 오셨음을 기억했습니다, 스승님과 저는 강가에 앉아 있었습니다. 제가 스승님께 꽃 한 송이를 드렸습니다. 스승님께서 꽃을 바라보시고, 웃으면서 말씀하셨습니다. "강물의 흐름은 하나다."

그대를 붓다의 삶으로 안내해 주겠습니다. 가섭은 꽃을 들고 붓다에게로 가서 그것을 드렸습니다. 붓다는 미소 지었습니다. 그러자 가섭은 깨닫게 되었습니다. 그는 마하가섭이 되었습니다. 그때 이후 수세기 동안, 사람들은 이 모든 것이 무엇을 뜻하는지를 연구해왔습니다. 꽃을 건넴, 미소, 깨달음. 이것은 위대한 가르침입니다. 그대가 꽃을 꺾어서, 스승에게 드립니다. 스승은 미소를 짓습니다. 누구도 가섭이 스승의 미소로부터 깨달음을 얻게 된 이유를 정확히 설명하지 못했습니다. 그것을 알고자 한다면, 고요히 하고는 그냥 지켜보십시오. 가섭은 그곳으로 되돌아왔습니다. 그것은 너무나 쉽다는 것을 의미합니다. 꽃을 따서. 스승에게 드렸고, 스승은 미소를 지었고, 그대는 깨닫습니다. 스승이 웃는 이유를 묻지 마십시오. 질문하지 마십시오. 그러면 꽃처럼 그대는 피어날 것입니다. 많은 것이 스승을 웃게 하는 이유가 될 수 있습니다. 그러나 묻지 마십시오. 이것에는 깊은 의미가 있습니다. 그대는 그대 자신을 찾아내야만 합니다. 내가 그대에게 할 수 있는 질문은 다음과 같습니다.

꽃은 무엇입니까? 어떻게 꽃을 드려야 합니까? 웃음의 의미는 무엇입니까? 누구에게 그대는 꽃을 드렸습니까? 꽃이 의미하는 바는 무엇입니까?

■ 스승님의 아주 가까이에. 스승님의 발아래에 머물고 싶습니다.

왜 저의 발아래입니까? 왜 더 가까운 곳이 아닙니까? 무엇이 더 가까운지를 압니까? 저는 저의 가슴 안에 그대가 머무르기를 바랍니다. 이것이 가장 훌륭한 장소입니다. 그것은 어떤 거리도 없습니다. 여기에는 태양도 달도 별도 빛나지 않습니다. 이곳이 제가 거주하고 있는 장소입니다. 일단 그대가 여기에 이른다면 되돌아가는 길은 없습니다. 지상에 다시 나타나게 하는 바사나를 잃습니다. 그대는 저와 하나가 되기 때문입니다. 그대는 세상의 모든 것을 즐겨왔습니다. 이제는 그냥 고요에 머물음으로써, 그대 자신의 평화와 사랑을 만끽하십시오.

■ 제 자신을 신뢰하기 위해 왜 제가 스승님께로 와야 합니까?

그대가 제게로 오지 않으면 그대는 늘 의심을 가지게 될 것입니다. 그대가 스승에게로 올 때, 그대는 스승이 그대의 의심을 없애줄 것이라는 믿음을 갖습니다. 그때 그대의 꿈은 끝날 것입니다. 그런 이유로 어떤 의심도 갖지 말아야 합니다. 그대의 의심은 구름과 같습니다. 얼마 동안이나 구름이 태양 앞에 머무를 수 있겠습니까? 그것들은 곧 사라질 것입니다. 그러면 그대는 빛이 오는 태양을 신뢰할 수 있을 것입니다.

ॐ

■ 평화를 찾을 수 있도록 제가 다가가서 스승님의 눈을 들여다보아도 되겠습니까?

사람의 눈 속을 들여다보면 평화와 안녕을 찾을 수 있을 것이라고 누가 말해주었습니까? 그 말에는 진실이 담겨져 있습니다. 마음이 고요한 사람의 눈을 들여다보면 그때 그대는 그대의 참나 안에 있는 평화를 또한 발견할 수 있을 것입니다. 마음이 고요한 사람의 눈이나 그의 가슴을 들여다보십시오. 그러면 그대의 마음도 고요해 질 것입니다. 눈 속을 들여다보거나 가슴 안을 들여다보거나 같은 것입니다. 그대는 평화를 발견할 것입니다. 그러한 눈에 이끌려서 어떤 다른 것을 보는 것을 잊게 될 것입니다.

바깥에 있는 어떤 대상이 아니라 그대의 눈 뒤에 있는 자신의 눈 안을 보십시오. 그러면 고요하게 되는 법을 알게 될 것입니다.

■ 저는 스승님의 그릇으로 음식을 먹고, 스승님의 신발로 걷고, 스승님의 입으로 말하고 싶습니다. 저는 스승님의 소유입니다. 스승님을 사랑합니다.

저의 그릇으로 음식을 먹는다는 것은 제가 얘기하는 말을 먹는다는 의미입니다. 저의 말을 소화해야 합니다. 제가 그대는 자유롭다고 한다면, 그대는 그대의 가슴 속에서 제가 주는 이 음식을 소화해야 합니다. 저의 신발로 걷는다는 것은, 제가 행하는 것처럼 행한다는 뜻입니다. 그것이 신발로 걷는 것입니다. 저의 입으로써 말한다는 것은 저와 동일시하는 것입니다. 그때, 그대의 입과 혀는 저의 것이며, 제가 하는 말을 그대도 할 수 있습니다. 이것은 그대가 할 수 있는 일입니다.

■ 저에게 "나는 누구인가?"를 보여주실 수 있겠습니까?

저는 사자입니다. 보이지 않습니까? 그대는 양입니다. (웃음) 배고픈 사자 앞에 한 마리 양이 있습니다. 이 둘 중 하나가 사라지는 데 시간이 얼마나 걸리겠습니까? 이 양은 한순간에 사자가 될 것입니다! 이것이 저의 존재입니다. 양은 없습니다. 양의 울음소리는 그칠 것입니다. "나는 사자다!"라는 포효만이 남을 것입니다. 질문은 양에게서 오며, 이 질문이 양의 울음소리입니다.

양이 사자를 직면토록 하십시오. 그것이 전부입니다. 그 일은 끝이 날 것입니다. 양의 울음소리는 마음입니다. 사자는 그대의 가슴입니다. 그러므로 양을 사자 앞으로 밀어 넣으십시오. 그러면 모든 것이 끝날 것입니다. 이렇게 하는데 시간은 걸리지 않습니다.

■ 라마나 마하리쉬는 구루로부터의 입문과 우빠데사가 자유를 얻는 데 필요하다고 했습니다.

그것은 절대적으로 필요합니다. 다른 스승은 그대에게 해야 할 것을 줄 것입니다. 자유를 얻은 진정한 구루는 이 자유를 전달하는 법을 압니다. 그러므로 아무런 방법도 수행도 없는 곳으로 그대를 입문시킵니다. "그대는 이미 자유롭다."라는 말만을 해줄 구루를 찾았다면 그대는 운이 좋은 사람입니다.

■ 스승님을 뵙기 위하여 이곳에 오는 것이, 돌아가신 저의 스승을 배신하고 있다는 느낌이 들도록 합니다.

스승은 결코 죽지 않습니다. 묘지에 머물지 마십시오.

■ 빠빠지, 몇 주가 지나면 저는 서구로 되돌아가야 합니다. 그래도 괜찮겠습니까?

괜찮습니다. 동양도 서양도 없습니다. 동서양은 지도 위에만 존재합니다. 스승에게는 동양도 서양도 없습니다. 그대가 가는 곳마다 스승이 존재합니다. 그대는 이것을 느낄 것입니다. 그대가 복종한다면, 매 걸음마다 그대를 인도하는 것은 스승의 책임입니다.

■ 서구로 돌아가면 옛 습관으로 되돌아 갈 것 같습니다. 이것은 단지 마음의 속임수에 불과합니까? 스승의 현존이 어떻게 자유에 도움이 됩니까?

서구로 돌아가면, 왜 그대가 혼란스러워 질 것이라고 생각합니까? 그대가 왔을 때는 혼란이 있었습니다. 그러나 평화를 아는 지금 그대는 자신의 본모습 그대로 평화를 지닐 것입니다. 누구도 이 평화를 깨뜨릴 수 없습니다. 이것, 저것을 욕망함으로써 그대 자신이 평화를 깨뜨리고 있습니다. 그러니 이것을 지금 하십시오. 그러면 그대의 평화는 흐트러지지 않을 것입니다. 그대는 삿상 안에 항상 머무르게 될 것입니다.

소수의 운이 있는 사람만이 수많은 삶 중 한 삶에서 삿상을 경험하게 될 것입니다. 틀림없이 그대는 수백만 년 동안 삿상을 열망해왔을 것입니다. 이번 생애에 그대는 따빠스를 했고 고행을 해왔습니다. 이제 그대는 평화를 얻게 될 것입니다. 그대는 적당한 나이에 이곳에 왔습니다. 그대는 삿상에 참석한 사람들 중 젊은 편입니다. 이것은 흔치 않은 일입니다.

수피 성자들은 삿상과 자유를 향한 열망이 함께 하는 것을 귀한 일이라 했습니다. 그대는 자유로움이 필요하지만 이것은 워싱턴에서는 통하지 않을 것입니다. 이것을 위해서는 삿상에 머물러야 합니다. 수피 성자들은 "여자와 술 둘 다가 함께 한다면, 얼마나 행운이겠는가!"라고 말합니다. 그대는 이 책을 읽었을 것입니다. 읽지 못했다면, 그 훌륭한 『루바이얏』을 쓴 위대 한 수피 성자 오마르 까얌의 글을 읽어 보십시오. '한 손에 술병과 무릎에 앉힌 여자와의 입맞춤', 이 둘은, 두 방법은 흔치 않습니다. (웃음)

■ 집에 돌아갈 때 저는 아루나짤라에 가지 않으려 합니다. 왜냐하면 아루나짤라가 이곳이며, 스승님께서 아루나짤라의 구현이기 때문입니다. 자

신의 불꽃을 불여준 이와 함께 머물러야 한다고 들었습니다.

명상을 위해서는 히말라야에 있는 동굴로 가야 한다고 믿는 사람이 있습니다. 하지만 이 동굴은 동물을 위한 것이지, 사람을 위한 것이 아닙니다. 동굴에 갈 필요는 없습니다. 그대가 구하고자 하는 것은 어디에서나 가능하기 때문입니다. 하즈랏 간지에서도 맨해튼에서도 숲에서도 찾는 것을 얻을 수 있습니다. 그대가 찾는 것은 그대 안에 있습니다. 그러므로 있는 자리에 그냥 머물러야 한다는 훌륭한 판단이 서야 합니다.

ॐ

■ 라마나 마하리쉬는 예수와 같은 방식으로 여전히 살아 계십니까?

그분은 여전히 살아 계십니다. 이것은 믿음이 아닌 사실입니다. 아무 것도 창조되지 않았으며, 아무 것도 사라지지 않습니다. 모든 것이 늘 그곳에 있습니다. 오직 열린 눈만이 이것을 볼 수 있습니다. 모든 존재는 여전히 여기에 있습니다. 그것들은 사라질 수 없습니다. 그것들이 어디로 가겠습니까? 그것들은 여기에 머물고 있습니다. 전 우주의 모든 존재는 다른 곳이 아닌, 그대의 가슴 안에 존재합니다.

모든 것이 가슴 안에 존재하며, 머물고 있습니다. 그대의 가슴 너머에는 아무 것도 없습니다. 처음부터 끝까지, 산에서 별까지 우주의 모든 것은 그대의 가슴 안에 있는 작은 조각에 불과합니다. 그대는 또한 여기에 있습니다. 모든 것은 항상 존재합니다. 이것이 지식의 끝입니다. 창조도. 보존도, 파괴도 없습니다. 그것은 있는 그대로 존재합니다. 앞으로도 있는 그대로의 그것으로 존재할 것입니다. 심지어 창조주 이전부터 존재해왔습니다. 창조주는 이 가슴의 에센스로부터 태어났습니다.

■ 오늘 오후에 저는 아루나짤라로 가는 기차를 탈 것입니다. 스승님의 축복을 받고 싶습니다.

알겠습니다. 이곳을 떠나 유일하게 가볼 만한 곳은 아루나짤라입니다. 아루나짤라는 움직이지 않는 산을 뜻합니다. 움직이지 않는 산을 발견해야 합니다. 이것을 아루나짤라라 부릅니다. 움직이지 않는 이 산은 참나의 빛입니다. 그대는 참나의 빛을 그 산에서 볼 것입니다. 한 발자국, 두 발자국 서서히 다가가십시오. 그러면 그 빛을 보게 될 것입니다. 아루나짤라가 그대를 부르고 있습니다. 그대는 이 아루나짤라가 그대를 부르고 있음을 깨닫게 될 것입니다. 이것은 참나의 빛입니다. 그대는 이 빛을 찾아 거기로 가야 합니다. 아루나짤라는 고요히 앉기에 가장 적합한 곳입니다. 아루나짤라의 부름을 받았다면, 그대는 부름의 임무를 다 해야 합니다.

■ 많은 사람이 당신으로부터 이 빛을 발견합니다.

그대는 그 빛을 그것을 말하는 스승들에게로 돌릴 수도 있습니다만 스승은 그대가 이미 평화에 있다는 사실만을 전해줄 뿐입니다. 평화를 전하는데 공헌한 스승은 가르침 그 자체와 다르지 않습니다.

■ 만약 성자로부터 퍼져 나오는 은총이 주위의 사람들에게 큰 변화를 가져온다면, 그것은 성자 자신에게도 변화를 주리라 생각됩니다. 그런데 왜 병이라는 것이 존재합니까?

몸 그 자체가 병입니다. 이 방사는 몸에서 몸으로 전달되는 것이 아니라, 어떤 다른 곳에서 오는 것입니다. 그것은 몸과 몸의 관계가 아닙니다.

태양이 거울이나 호수 위에 떨어지면, 그것이 반사되지만, 돌에 떨어지면 그것은 반사되지 않습니다. 이처럼 진리 속에 살고 있는 사람의 몸은 마치 벽으로부터 튕겨 나오는 공처럼 빛을 그저 발합니다. 이 빛은 어두운 마음을 비추어 자유롭게 하고는 되돌아옵니다. 왜냐하면 빛을 내는 사람도 오직 한 사람이며 비추어지는 사람도 오직 한 사람이기 때문입니다. 둘이 아닙니다. 이것이 그대의 질문에 대한 답입니다.

■ 빠빠지, 제가 떠나기 전에 오늘 스승님과 많은 시간을 함께 하고 싶습니다.

시간. 100만년을 머물지라도, 그대는 그것을 만들 수 없습니다. 수많은 삶 속에서 벌써 많은 시간을 보냈지만 여전히 그대는 평화를 보지 못하고 있습니다. 저는 많은 시간을 바라지 않습니다. 그대의 삶 중 오직 한순간만을 원할 뿐입니다. 그대가 생각을 하지 않거나 혹은 아무 데로도 가지 않는 그저 한 순간을 제가 원하는 전부입니다. 이제 그대는 이 한순간이 그대에게 속한다는 것을 저에게 확신시켜야 합니다. 그 시간이 대상들, 감각들, 마음 혹은 지성에 속하지 않도록 하십시오. 그 시간이 그러한 것에 속하지 않는다면, 이 "나"에게 어떤 일이 일어납니까? 이것이 저의 질문입니다. 침묵. 웃음, 한 마디 말 중 어떤 식으로든 그대는 답할 수 있습니다. 이 순간에서 나가지 마십시오.

■ 저는 스승님과 스승님의 가르침을 사랑합니다.

그대 말의 속뜻을 알고 있습니다. 저에게서 그리고 저의 가르침에서 받았던 실망으로 그대가 상처받고 있다는 것을 압니다. 그대의 말 속에 그대의 마음이 있습니다. 그러므로 말에서 그대는 침묵해야 합니다. 그때 그대의 혀와 생각 사이에는 아무런 차이가 없을 것입니다. 많은 사람이 "스승님을 사랑합니다."라고 말하지만 이것은 사실이 아닙니다. 그들의 마음이 혀와 달라서 사람들은 자신을 속이고 있을 따름입니다. 내면의 신도 그것에 대해 행복해하지 않습니다. 그러므로 마음속의 것을 행하십시오. 안과 바깥에 모두 사실인 것을 말하십시오. 아무런 차이가 없어야 합니다. 그때서야 그대는 행복할 것입니다. 이것이 지혜, 깨달음입니다. 그대는 늘 같아야 합니다. 그대는 느끼는 대로 말해야 합니다.

ॐ

(빠빠지는 미국에서 온 긴 편지를 읽는다. 이것은 어떤 이의 자유롭기 위한 오랜 투쟁, 자유를 위해 환경을 변화시키려는 그의 시도에 관한 것이다.)

방금 읽은 이 편지에 대해서 말하자면, 이 사람 내에는 자유롭고자 하는 안으로부터의 갈망이 있지만, 환경이 이를 가로막고 있음을 알 수 있습니다. 그는 함께 지내면서 가르침을 받을 진정한 구루에게 가본 적이 없습니다. 모든 다른 것을 다 해보았습니다. 이제 그는 사막, 수도승, 수녀원에 마냥 집착하고 있습니다. 그대는 원하는 어느 곳에서나 살 수 있습니다. 산과 생선가게에 왜 차이를 둡니까? 왜 차이가 있어야 합니까? 차이가 있는 곳에는, 그대를 속이는 마음이 있습니다. 그대는 하즈라뜨 간지 한 가운데에서도 고요할 수 있으며, 히말라야 동굴에서 고요하지 못할 수도 있습니다. 그러므로 차이를 잊으십시오.

당신의 일생 중 알고 있으며 그리고 평화와 사랑을 건네 줄 수 있는 사람One과 함께 하는 것이 더 좋습니다. 이 스승은 삶의 바다를 건너 게 해주는 뗏목입니다. 스승이 없으면, 그것은 쉽지 않습니다. 산이나 집에서의 명상으로 시간을 낭비하지 마십시오. 그 대신 스승에게 가십시오. 그분은 뗏목이 하는 것처럼 그대를 돌볼 것입니다. 뗏목만이 그대를 건네주지 그대의 명상이나 노력이 건네주지는 않습니다. 이 뗏목이 스승입니다. 이것을 알고, 시간을 낭비하지 마십시오. 자기 자신을 알고 있는 그리고 그대가 모르고 있는 것을 그대에게 말해줄 수 있는 사람을 찾으십시오.

지금이 그렇게 할 올바른 시간입니다. 시간을 낭비하지 마십시오. 이곳에서 저는 명상도, 수행도 가르치지 않습니다.

그냥 한 순간 동안 오로지 고요하십시오 마음속에 어떤 생각도 일으키지 마십시오.

이 한순간에 깨닫지 못했다면, 제 앞으로 와서 이 공식이 그대에게 효과가 없었다고 말을 하십시오. 저와 마주하여 그대는 고요하지 않았으며 그래서 자신의 사랑과 평화를 아직 보지 못했다고 말하십시오. 그러한 시도는, 오늘, 내일 혹은 그 다음 날, 누구에게나 열려 있습니다.

ॐ

■ 스승님께서 라마나님을 만나셨을 때, 시간이 많이 걸리지 않았다고 들었습니다. 마하리쉬님의 한 번의 응시로 스승님이 해방되었다는 것이 사실입니까? 그렇다면 구루의 변형의 힘의 본질은 무엇입니까?

마하리쉬는 눈을 뜬 채, 아무도 바라보지 않고 자신의 홀에 늘 앉아 있었습니다. 그의 눈은 비어 있었습니다. 저는 그 앞에 앉아 있곤 했습니다. 그가 다른 사람을 보지 않고 저만을 지켜본다고 저는 생각했습니다. 차트윅, 데바라지 라오도 있었지만, 그는 저만을 바라보았습니다. 이 응시는 은총입니다. 그것은 진정으로 구루의 은총을 바라는 사람에게 내려집니다. 한 번의 응시로 충분하다고 우빠니샤드에도 기록되어 있습니다. 구루의 한 번의 응시, 한 번의 접촉, 한 마디 말로 충분합니다. 찬팅, 명상, 수행이 필요치 않습니다. 그러나 그대는 진정 성스러운 사람이어야만 합니다. 그때서야 이 응시가 그대의 눈 뒤에 내릴 것입니다. 그때 그대의 온 몸은 침묵 속에서, 사랑 속에서 빛날 것입니다. 저는 그 응시를 세상의 위대한 성자나 현자의 눈과도 비교할 수 없습니다. 그것은 참나에서 참나로의 응시입니다. 그러므로 현자가 그대를 바라본다면, 그대의 이 세상에의 방문의 목적은 성취되었다고 생각합니다. 까비르는 이것을 다음과 같이 말했습니다.

"인간의 형상으로 세상에 태어난 것은 축복받을 만한 일입니다." 그러므로 죽기 전에 이번 생에서 진리를 깨우치겠다고 결심하십시오. 왜 이번 생입니까? 왜 오늘이 아닙니까? 왜 오늘입니까? 왜 지금이 아닙니까? 그렇게 하지 않으면 이 새가 그대의 몸에서 날아가 버릴 때 후회할 것입니다.

■ 저는 마닐리에서 지내는 것을 좋아합니다. 그러나 그 산은 스승님과 더불어 있는 것과는 비교될 수 없습니다. 탐구의 깊이와 헌신의 힘은 스승님 가까이서 더욱 커집니다. 많은 경전에는 신, 구루, 참나는 같다고 쓰여 있습니다. 축복된 이 셋의 비밀을 드러내주시겠습니까?

신, 구루, 참나는 모두 같다고 베다에 쓰여 있는 것을 알지만, 구루가 신이나 참나보다 더 높은 위치에 있다고 믿습니다. 구루를 통해서만 신과 참나를 알 수 있기 때문입니다.

왕의 이발사였던 어떤 사람에 관한 이야기를 해주겠습니다. 이 남자는 매일 아침 여덟시에 왕에게 마사지와 면도를 해주기 위해 그에게로 가곤 했습니다. 어느 날 아침 그가 왕궁으로 떠나려는데 그의 구루가 집으로 찾아왔습니다. 그래서 그는 구루를 목욕시키고, 아침을 준비하고, 그를 위한 점심도 준비했습니다. 왕에게로 가야한다는 사실을 까맣게 잊고는 오직 그의 구루가 아주 편안해지도록 잘 보살펴드려야 한다는 사실만을 생각하고 있었습니다. 그는 말했습니다. "구루지, 저는 지금 왕에게로 가서 다리를 마시지해 드려야 합니다. 왕이 관절염에 걸려 있기 때문입니다. 두 시간 동안 마사지해 드리지 않으면 왕은 궁전으로 갈 수도 없습니다. 제가 너무 늦었습니다. 그래서 왕은 아마도 저를 곱게 보시지 않을 것입니다. 사실, 제가 되돌아오지 못할 수도 있습니다. 왜냐하면 왕이 저를 교수형에 처할 수도 있기 때문입니다.'

구루는 말했습니다. "지금 가거라. 그러나 오늘 저녁 내게 차를 대접하러 오너라."

그래서 그는 왕궁으로 향했습니다. 이발사가 왕궁의 문을 통과할 때 원로 의원들이 그에게 함박웃음을 지었습니다. 그가 왕 앞에 나타나자, 왕은 이발사 앞에 엎드려 절을 했습니다! "왕이시여, 저에게 절하지 마십시오. 이것은 벌주는 것보다 더합니다. 폐하께서는 저를 죽일 수도 있습니다. 그러니 폐하께서 제게 절하는 치욕은 참을 수 없습니다.'

왕이 말하였습니다. "그대가 오늘 아침에 한 마사지는 너무나 훌륭했다. 수십 년 만에 처음으로 나는 도움이 없이도 걸을 수 있었다! 나의 다리가 나았다! 그대에게 그 보상으로 다이아몬드 목걸이를 주려고 했지만 그대가 사라졌다."

이발사는 왕에게 절을 하면서 말하였습니다. "왕이시여! 저는 오랜 세월 동안 폐하를 섬겨 왔습니다. 그러나 이제 돌아올 수 없습니다. 이제는 제 구루에게 봉사할 것입니다." 그래서 그는 남은 생을 스승과 더불어 머물렀습니다.

그래서 나는 구루를 첫째로 치고, 그 다음에 참나, 신의 순서로 놓습니다. 이것을 그대는 여기에서 배울 것입니다.

■ 최근에 비행기에서 뛰어내리는 꿈을 꾸었습니다. 그러나 저는 낙하산을 펴는 것을 잊었습니다. 이것이 구루와 관계됨을 압니다. 그것이 의미하는 바가 무엇입니까?

그것이 이 이야기가 말하고자 하는 것입니다! 문제가 생길 때마다 낙하산을 사용해야 한다는 것을 의미합니다. 낙하산을 손에 잡아서 위험과 두려움을 모면하십시오. 이 낙하산은 스승에 대한 그대의 믿음입니다. 그대의 스승이 그대를 구할 것임으로, 그대는 떨어질 필요가 없습니다. 비행기 조종법을 아는 조종사를 완전히 신뢰하십시오.

ॐ

■ 스승님께서는 스승도, 가르침도, 제자도 없다고 말씀하십니다. 내일 저는 프랑스로 갑니다. 스승도 없고, 럭나우에 되돌아오지도 않은 채, 오직 제 내면의 목소리를 따름으로써 해방을 발견할 수 있습니까? 깨달음을 얻은 분의 은총이 필요합니까?

스승과 스승의 은총이 없이는 깨달을 수 없습니다. 자유로워질 수 없습니다. 오직 정확한 각도에 선 밝은 눈을 가진 사람만이 그대에게 초승달을 보여줄 수 있습니다. 눈이 비뚤어졌고 잘못된 자리에 서서 틀린 각도로 바라보고 있는 사람들은 초승달을 발견할 수 없을 것입니다. 그래서 도움이 되지 않을 것입니다.

맑은 눈의 유일한 이 One가 자신의 손가락과 나무에 앉은 새의 머리에 그대의 시선을 맞출 수 있도록 할 것입니다. 손가락과 새를 넘어서 보면, 달이 보입니다. 그러나 손가락이나 새의 머리를 붙잡고 있다면 달을 볼 수 있겠습니까?

모든 지시물들은 달과는 상관이 없습니다. 그러므로 맑은 눈의 유일한 이가 그대에게 지시물을 버리라고 말할 것입니다. 스승의 형상에 집착하지 마십시오. 집착한다면 도움을 얻지 못할 것입니다.

대부분의 스승은 제자의 손가락을 붙잡고 있습니다. 그리고 제자와 스승 모두 이것에 만족해합니다. 자아가 커질수록 손가락이 숭배되고 초승달은 잊혀 집니다. 오직 사심이 없는 사람만이 저 너머로 가라고 일러주면서 자신을 단지 지시자, 보잘 것 없는 전달자라고 일컫습니다. 겸손한 메신저이므로 매 달리지 말라고 말합니다. 사람을 돕는 맑은 눈의 사심이 없는 이를 찾아낸다는 것은 힘든 일입니다.

■ 만약 헌신자가 자신의 구루를 향한 강한 사랑을 품고 있다면, 자신의 구루를 보려는 이 사랑과 욕망이 그 구루의 다른 탄생을 일으킨다고 스승님께서도 말씀하셨습니다. 그것이 사실입니까?

그것은 가능하지 않습니다. 구루는 헌신자를 깨닫게 하는 자입니다. 수많은 이름난 '성자들'은 마술사가 아닙니다.

헌신자가 원하지 않을지라도 구루는 헌신자들에게 빛을 보여주고 평화를 주는 자입니다.

다른 이들은 아쉬람을 짓거나 돈을 버는 것이 관심사인 상업적 스승입니다. 욕망을 가지지 않고 있는 것이 좋습니다. 욕망이 없는 사람의 평화는 세상의 누구와도 견줄 수 없습니다. 구루의 형상에 집착하지 마십시오. 지나가는 것은 영원하지 않습니다. 모든 형상은 지나갈 것입니다. 진정한 정수는 형상이 없습니다. 형상에 집착한다면 그대는 실수를 저지르고 있습니다. 그대에게 빛을 주는 것은 형상이 아닌, 자신의 가슴 깊은 곳에 있는 그 무엇입니다. 그것이 그대의 구루입니다. 그 구루는 인간만이 아니라, 동물과 식물에 이르는 모든 존재의 가슴 속에 거주합니다. 안에 있는 그대 자신의 정수를 볼 때, 그대는 이 사실을 깨달을 것입니다. 그때는 식물과 동물이 저에게 말 하듯이 그대에게도 말을 건넬 것입니다.

■ 만약 스승도 제자도 없다면 왜 스승님에게서 도움을 받는 사람이 그렇게도 많습니까? 이 은총에 대해서 말씀해 주시겠습니까? 은총으로부터 제가 이익을 얻을 수 있겠습니까?

스승도, 제자도, 주는 자도, 받는 자도 없다고 말할 때는, 육체적인 의미의 사람이 없다는 뜻입니다. 주는 사람도 육체적이지 않으며, 받는 사람도 육체적이지 않습니다. 이것이 제가 말하고자 하는 의미입니다. 주는 자는 사람이 아닙니다. 육체적 몸은 영원하지 않습니다. 육체는 나타났다가는 사라질 것입니다. 육체가 그대에게 무슨 가르침을 줄 수 있겠습니까? 마음과 감각이 무엇을 가르칠 수 있습니까? 그것들은 영원하지 않으며 늘 변합니다.

가르침은 영원 the Eternal 의해서만 주어질 수 있습니다. 영원에 의하여 받을 수 있습니다. 영원은 영원에게 줄 것이 아무 것도 없습니다. 그러므로 거기에는 제자도, 스승도 없습니다. 그대는 육체, 정서 및 마음이 아니라 이미 그것That입니다. 이런 것들을 떠나보내고 무엇이 남는지를 그것이 무엇을 필요로 하는지를 알아내십시오.

　이것을 찾아내기 위한 너무나 많은 과정을 스승은 주었습니다. 그러나 어느 것도 가치 있는 것이 아닙니다. 새롭게 얻은 것은 언젠가는 잃기 마련이기 때문입니다. 모든 소유는 일시적입니다. 모든 것들은 왔다가 가기 때문입니다.

　그러므로 그대가 얻을 필요가 없는 것을 보십시오. 이미 거기에 있는 것을 보십시오. 그대가 이미 가지고 있는 이것을 누가 그대에게 줄 수 있습니까? 스승도 가르침도 필요 없다고 제가 말하는 이유는 이 때문입니다. 어떤 사람은 이것을 믿지 않습니다. 그러나 이것은 사실입니다. 그대는 다른 사람이나 그대 자신의 자기에게 의존할 수 없습니다. 의존은 평화, 사랑이 아닙니다. 어떤 것에도 의존하지 않는 것이 행복입니다.

　무엇이 평화인지를, 무엇이 외부로부터의 도움이 필요치 않는 지를 찾아내십시오. 이것은 시간 속의 수행에 의해 알려지는 것이 아닙니다. 이것은 시간 속에 있지 않는데, 어떻게 시간 속에서 발견될 것입니까? 시간 그 자체는 행복이 아닙니다. 시간이 있는 곳에는 마음도 있습니다. 마음, 시간, 생각 간에는 차이가 없습니다. 그러므로 그대가 평화 속에 머무르고자 한다면 시간을 생각하지 마십시오. 그 어느 것에 대해서도 생각하지 마십시오. 왜냐하면 생각은 항상 과거의 것이기 때문입니다.

　평화는 과거에 속하지 않습니다. 평화는 이 순간의 현존입니다.

　생각은 과거입니다. 마음은 과거입니다. 생각, 마음, 과거를 이용하지 않을 때, 그것이 그대의 지혜, 빛, 평화의 순간입니다. 그것은 획득하거나 도달하는 것이 아닙니다. 그것은 이미 여기Here에 있습니다. 이미 여기에 있는 것을 가지는데 어떤 경험이 필요치 않습니다. 그대는 단지 "평화는 이미 여기에 있습니다. 그대는 나로부터 그것을 가질 수 없습니다."라고 말해줄 사람이 필요할 뿐입니다. 오직 보기 드문 사람만이 그것을 이해할 수 있습니다. 대부분의 사람은 평화를 감각의 즐거움이라 생각합니다. 평화는 그런 것이 아닙니다. 그것은 이성 간에 몸을 쓰다듬는 것으로 오는 것도 아닙니다. 그것은 일순간에 끝납니다. 어떤 것이 사라지지 않을 즐거움인지를 찾아내십시오. 대부분의 성자는 서구에서처럼 어떤 것을 하라고 할 것입니다. 서구에서는 그대는 반드시 교회에 가야하며, 그렇지 않으면 지옥에 갈 것이라고 말합니다. 모든 곳에서 그대에게 두려움을 안겨줍니다. 너무나 많은 요가, 세바, 명상을 세계의 아쉬람들은 스케줄로 잡고 있습니다. 그러나 여기 럭나우에서는 그대에게 무엇인가를 하라고 하지 않습니다. 그대는 충분히 했습니다. 그대는 무엇인가를 하며 수백만 년을 보냈습니다. 그대는 근로자가 아닙니다. 제가 자유를 얻기 위하여 이것 혹은 저것을 하라고 말한다면, 그것은 자유는 무엇인가를 함으로써 오는 것이라는 의미입니다. 자유는 활동이나 그대가 한 것으로부터 전적으로 독립적인 것입니다. 그러므로 만약 누군가가 저에게 온다면, 저는 그에게 무엇을 하라고 말하지 않습니다.

그냥 여기에서 저와 함께 머무르십시오. 그대의 자유는 저의 일입니다. 그대는 아무 것도 하지 마십시오. 그냥 고요히 머무르십시오. 어떤 생각도 일으키지 마십시오.

이 정도의 휴식을 저는 그대에게 줍니다. 다른 모든 사람이 생각하고 있을지라도, 그대는 생각하지 않아야 합니다. 저는 그대에게 생각하지 않아야 한다고 말합니다. 제가 그대를 대신하여 생각할 것입니다! 만약 일초 동안만이라도 생각하지 않는다면, 그대는 럭나우에 온 그대의 목적을 이루었음을 알게 될 것입니다. 만약 그대가 깨닫지 못한다면, 그 때 그대는 저의 멱살을 잡고 제가 거짓말을 하고 있다고 말하십시오! 그러나 그 말을 하기 전에, 손가락을 튕기는 순간에, 반초 동안에, 아니 반의 반초 동안만일지라도 침묵에 있으십시오. 이 4분의 1초 동안에 그대는 깨닫지 못했다고 저에게 말하십시오.

ॐ

■ 저는 오직 하나의 욕망만이 있습니다. 저는 정말로 제 구루와 함께 있기를 원합니다. 모든 다른 욕망들이 떨어져 나갔습니다. 저는 그분에게 완전히 복종합니다. 모든 사람이 당신과 여기에 앉아 있는 것처럼 그분과 그저 앉아있기를 원합니다. 이것은 괜찮습니까?

아닙니다!

■ 저는 그대가 이것을 말할 것이라는 것을 알았습니다!

그대의 이전의 구루가 그대에게 아니라고 말했습니까?

■ 하지 않았습니다.

제가 아니라고 말한 이유는 다음과 같습니다. 이름과 형상을 갖고 있는 어떤 사람과 함께 머물거나 의존하지 마십시오. 이러한 관점에서 저는 아니라고 말합니다.

아무런 이름과 형상이 없는 구루와 함께 머무르십시오. 형상이 없는, 그것과 함께 머무르십시오.

그러므로 그대가 여전히 저의 형상을 본다면 그 형상과 머무르지 마십시오. 저의 무형상과 함께 하십시오. 여기에 머무르는 사람들은 형상과 더불어서가 아니라, 무형상과 더불어 있습니다. 어떤 사람은 저의 형상을 축소시키는 데 시간이 걸릴 것입니다. (웃음) 그들은 기다려야 할 것입니다. 어떤 사람은 즉시 저의 무형상을 봅니다. 그것을 보지 못한 사람들은 그것을 보기 위한 준비가 되어 있지 않습니다. 그대가 준비 될 때, 은총이 그대를 여기로 데려 올 것입니다. 만약 그것이 일하지 않는다면, 그것은 그대에게 불명예입니다. (웃음) 만약 그것이 일하고 그리고 그대가 무형상을 안다면, 그때 그대의 일은 끝났습니다. 여기에 존재하십시오. 그대의 욕망을 완료시키십시오. 욕망 없음이 되십시오. 이 욕망 없음을 깨달음이라 부릅니다.

■ 어디에서 스승님을 발견할 수 있습니까?

좋은 질문입니다! "어디에서 스승을 발견할 수 있는가?" 아무도 볼 수 없습니다. 그러므로 그대가 보는 것은 사실이 아닙니다. 그러므로 눈이 보지 않는 어떤 곳에서 저를 찾으십시오. 아무 데도 보지 마십시오. 그리하면 그대는 저를 발견할 것입니다. 이해됩니까? 어떤 곳도 보지 마십시오. 그러면 그대는 형상 없음을 발견합니다.

■ 구루는 불과 같다는 티베트 격언이 있습니다. 불 가까이 가면 탈 것입니다. 그러나 충분히 가까이 가지 않으면 그대는 열을 느끼지 못할 것이라고 합니다.

이것은 진정 맞는 말입니다. 구루에게 가까이 갈 때 구루는 그대의 자아를 태웁니다. 그러나 그대가 멀리 있을 지라도 그대는 탈 것입니다. 시도해 보십시오. 홀의 뒤쪽으로 가보십시오. 그대는 거기에 또한 열을 발견할 것입니다! 여기에 앉으십시오. 그리고는 열을 느끼십시오.

■ 호흡하는 것처럼 자연스러운 희열이 있는 제 진정한 본성에 어떻게 계속 머무를 수 있습니까?

존재치 않는 베일이 걷혀질 때 그대는 희열과 사랑을 가질 것입니다. 베일은 결코 존재하지 않습니다. 그것은 단지 그대의 욕망일 뿐입니다. 그것이 그대의 진정한 본성을 숨깁니다.

그대는 어떤 사람과 살기를 원합니다. 그러나 그가 늙게 되면 젊은 사람과 살고자 합니다. 이것이 욕망이라는 악마들이 하는 일입니다. 그대는 사람에게서 평화를 얻을 수 없습니다. 신조차도 그대에게 평화를 줄 수 없습니다. 만약 그대가 산 같은 공덕을 쌓았다면, 그대는 스승과 접촉할 수 있을지도 모릅니다. 아마도 이 스승이 진정한 삿구루일 것입니다. 그때 삿구루의 은총으로 그대는 평화를 가질 것입니다. 그러나 대부분의 스승은 삿구루가 아닙니다.

누가 삿구루인지를 알 수 있는 그리고 그가 그대에게 자유를 줄 수 있음을 알 수 있는 식별력을 그대는 지녀야만 합니다.

그대가 어떤 스승과 살고 있을지라도 그대는 그가 누구인지를 알지 못할 수 있습니다. 왜냐하면 그대는 그의 습관에 빠져 있기 때문입니다. 그의 말하거나 걷는 방식조차도 그대로 하여금 진리에 눈멀게 할 수 있습니다.

ॐ

■ 저는 스승님의 아름다운 모습에 너무나 집착하고 있습니다. 저는 그것 속에 빠지기를 원합니다. 그러므로 제발 제 손을 잡아서 그렇게 되도록 해주십시오. 그러면 우리는 함께 걸을 수 있을 것입니다.

빠진다는 것은 바다나 강물 속으로 홀로 들어가는 것입니다. 그런데 "저의 손을 잡아주십시오, 저는 빠지고 싶습니다."라를 저는 이해하지 못하겠습니다! 이런 식으로는 빠질 수 없습니다. 왜냐하면 그대를 빠지지 못하도록 하는 누군가의 보호를 그대는 받고 있기 때문입니다. 그대가 아무런 보호를 받지 않고 있으면 스승은 그대를 모든 사람이 빠지는 삼사라의 바다의 건너편으로 건네 줄 것입니다. 여기저기에 약간의 사람들만이 스승의 보호를 구합니다. 까비르는 다음과 같이 말했습니다.

"사람들은 이 삼사라의 바다에서 씻겨 없어지고 있습니다. 모두가 지옥으로 가고 있습니다. 저는 누군가를 해안으로, 흐름의 바깥으로 데려오려 합니다. 그러나 많은 사람들이 보호를 거부합니다."

지금 저는 고결하고 현명한 까비르가 어떻게 다음과 같은 말을 할 수 있었는지 모르겠습니다. "사람이 이 보호를 받아들이지 않는다면 그의 엉덩이를 걷어차 그를 물살이 빠른 강 한 복판으로 던져 버릴 것입니다."

(웃음) 이 말을 하는데 그는 상당히 어려웠을 것입니다. 왜냐하면 그 이외에는 그는 아주 평화로운 사람이었던 까닭입니다. 제가 하는 것은 엉덩이를 걷어차는 것이 아니라, 빠져 떠내려가고 있는 사람과 함께 저 자신도 조금씩 떠내려가는 것입니다. 그대는 이런 것을 보았음에 틀림없습니다. "저의 아버지는 저의 어머니로 말미암아 떠내려갔습니다."라고 말합니다. 그래서 그들은 탄생합니다. 그러므로 저는 그들을 걷어차지 않고 가서 입 맞추어 줍니다. 그리고는 그들에게 우리가 빠져 떠내려가고 있으니 물결에서 나가자고 제안하고, 빠져나가기 좋은 곳을 알고 있다고 말합니다. 그 다음에 저는 그 사람을 안전한 장소인 바다의 바깥 해안으로 데려옵니다. 그러므로 만약 그대가 빠져 떠내려가고 있더라도 그대는 힘이 아닌 사랑에 의해 끌려져 나오는 것입니다.

■ 우리는 스승님의 신체적 현존 안에 있어서 너무나 행복합니다. 스승님께서 어떤 것을 말씀하지 않으셔도 사람들은 '그것을 가집니다.'

가르침이 있는 곳에는 매력도 있습니다. 그러므로 사람들은 가르침이 있는 사람에게로 갑니다. 그것That이 사람을 끌지, 형상은 아닙니다. 지혜를 가지고 있는 사람의 형상은 매력적입니다. 왜냐하면 그것은 자비가 있기 때문입니다. 그것은 자신이 지닌 것을 주고자 합니다. 그래서 사람들이 오며, 도움을 받습니다. 가난한 사람이 다른 사람들에게 무엇을 줄 수 있습니까? 하지만 왕은 진주와 보석을 한 움큼 줄 것입니다.

■ 스승님의 영적 의지는 무엇입니까? 스승님께서 더 이상 계시지 않을 때, 스승님께서는 어떤 포부가 이루어지기를 원하십니까?

제가 더 이상 여기에 존재하지 않을 날은 결코 오지 않을 것입니다. 그대는 3,500만년 동안 돌아가는 바퀴처럼 왔다 갔다 하며 돌아갈지 모릅니다. 그리고 그대는 제가 영원히 있어온 이 자리의 여기에 존재하고 있음을 알게 될 것입니다. 그것That이 제가 사는 곳입니다. 저는 어느 곳으로 가지 않을 것이며, 어느 곳으로도 되돌아오지 않을 것입니다.

저는 의지가 전혀 없습니다. 제가 여기에 있거나 또는 제가 여기에 없더라도 그것은 별다른 차이가 없습니다. 저는 누구에게도 어떤 것을 짐 지우지 않을 것입니다. 그러므로 저는 개인적인 의지나 야망이 전혀 없으며 충족시켜야 할 것도 없습니다. 저는 저의 살아생전에 말할 수 없었던 것을 대신 말해줄 다른 사람의 도움이 필요치 않습니다!

ॐ

■ 저는 지난 칠년 동안 인도에서 많은 스승과 함께 지냈습니다. 제가 스승을 떠난 것이 옳은 일입니까? 아니면 되돌아가야 합니까?

그대에게 마음의 평화를 주는 사람과 함께 머무르십시오. 그의 아쉬람이나 수염으로 그를 판단하지 마십시오. 그대가 그에게서 평화를 얻을 수 있는지 없는 지에 따라 판단하십시오. 만약 그대가 그와 함께 머문다면, 그대의 모든 의심과 장애를 없애도록 하십시오. 오직 평화를 목표로 삼으십시오. 안락한 환경을 목표로 삼을 필요는 없습니다. 그래서 많은 왕들이 비참했습니다. 많은 성자들은 왕의 구루였던 마부 레끼나처럼, 검소한 환경에서 소박하게 살았습니다. 이 소박한 마부와 함께 있음으로써, 왕은 궁전에서 얻을 수 없었던 것을 발견하였습니다. 그는 고요함에 머물면서 왕국을 다스렸습니다. 그러므로 그대에게 평화를 주는 사람과 머물면서 마음에 일어나는 변화를 살펴보십시오. 그대가 맨해튼에 있든 히말라야에 있든 그것은 중요한 것이 아닙니다. 걱정하지 마십시오. 평화 속에 머물면서 배우십시오. 그러면 그대가 좋아하는 곳 어디에나 갈 수 있습니다.

■ 온 삶 동안 저는 죽음을 무척 두려워했습니다. 그러나 이제 그 두려움이 사라졌습니다. 저는 어디에서도 두려움을 발견할 수 없습니다. 죽음을 두려워하였던 마음이 죽어버렸습니다.

죽음의 두려움을 피하는 법을 아는 사람은 극히 드뭅니다. 어떤 사람이 마음이 아주 순수하며 그리고 스승에게 복종한다면, 스승은 응시로, 접촉으로, 생각으로 이 두려움을 지울 것입니다. 때로는 걷어참으로도 할 것입니다! 이런 일은 제자는 얻으려 하지 않지만, 스승이 주고자 할 때 일어납니다. 그것은 고통스러운 방법으로 보입니다. 스승은 그대가 원하기 때문에만 주는 것만은 아닙니다. 그대에게 이익을 주기 위해서도 그렇게 합니다. 스승은 영원히 감사해야 할 보석을 그대에게 주기를 원합니다.

■ 진정으로 원하는 것을 가지려는, 자유를 가지려 하는 데서 오는 두려움을 극복할 수 있는 방법은 무엇입니까?

두려워서 그것을 잡기 위해 손을 뻗지 않는다면 제가 그대의 손을 잡아, 그 안에 다이아몬드를 강제로 넣을 것입니다. 그대의 편에서는 이곳에 오는 것입니다. 제가 해야 할 일은 그대가 원치 않더라도, 그대의 입안에 음식을 밀어 넣는 것입니다.

■ 저는 이제 막 라마나스라맘으로부터 여기에 도착했습니다. 슈리 라마나는 저에게 오랫동안 진정한 참나요, 제 가슴의 구현이었습니다. 그분의 은총으로 제가 바로 존재의 완전함과 다르지 않다는 것을 알게 되었습니다. 마치 제가 라마나의 눈을 통해 바라보는 것처럼 하면서 아쉬람을 걸었습니다.

그렇게 하는 것이 보는 방법입니다.

■ 스승님께서는 그분을 당신의 스승으로 모실 수 있는 축복을 받고 계십니다. 스승님께서 그분과 함께 하셨던 어떤 것을 제게 나누어 주셨으면 합니다.

그대의 말에는 자아가 묻어있지 않습니다. 스승에게 복종하는 사람은 이런 종류의 경험을 가집니다. 그때 그는 자신이 행위자가 아니라는 것을 압니다. 그는 어떤 것도 하지 않지만 안으로부터 오는 명령들을 갖습니다. 그리고 일은 이행되어집니다. 그는 생각조차도 하지 않습니다. 그대 대신에 참나가 생각할 것입니다.

■ 깨달음의 길이 힘들다고 말하는 라마승들과 함께 저는 시간을 보냈습니다. 그러나 이제는 조용할 때가, 그리고 덧없는 고통과 수행으로부터 자유로울 때가 왔습니다. 저는 가르치는 사람으로서 가져야하는 탐색과 고통을 끝냈습니다. 이제 스승의 발아래에 그저 앉고 싶습니다.

이런 감사를 먼저 그대 어머니에게 드려야 합니다. 오늘날 사랑을 얻기는 드문 일입니다. 그러나 어머니는 고통에 대처할 수 있게끔. 그대의 몸 안에 튼튼한 척추를 사랑으로 만드셨습니다. 이제 어머니의 사랑으로 인해, 그대는 여기 삿상에 있습니다. 그러므로 그대의 어머니께 감사드리십시오. 가르침에 대해서 말한다면, 그대가 저에게 가까이 있으면 그대의 책임은 끝납니다. 마치 강을 건너기 위한 임무와 노력이, 배에 타면 없어지는 것과 같은 이치입니다. 배 안에서 어떤 노력을 그대는 하겠습니까? 배의 한 끝에서 다른 끝으로 달리겠습니까? 그대가 배 안에서 달리든 조용히 앉아 있든, 그대를 다른 편 해안으로 건네주는 것은 그대가 아닌 배입니다. 아마 그대가 노력을 한다면, 배는 한쪽으로 기울 것입니다. 그러면 그대와 다른 여행객들, 심지어는 선원들조차도 위험에 처하게 될 것입니다. (웃음) 그러므로 여기에서는 침묵 하십시오. 여기에서는 찬팅도 명상도 하지 않습니다. 이것은 쉬운 것입니다. 이것이 삿상입니다.

그대 편에서는 스승에 대한 온전한 믿음을 가지십시오. 그리하면 스승은 그대가 정말로 원하는 것을, 그대에게 정말로 좋은 것을 건네줄 것입니다.

■ 스승님께서는 모든 이에게 대단한 신비로움이십니다. 이것이 맞습니까?

그렇다고 말을 한다면 그것은 신비가 아닙니다. 신비는 신비일 뿐입니다. 그러므로 그것은 받아들일 수도 거절될 수도 없습니다!

■ 지난 밤 꿈속에서, 님 까롤리 바바, 오쇼, 라마나, 그리고 스승님이 제 주위를 둘러싸고 계셨습니다. 수많은 영적 스승들의 가치에 대하여 말씀해주시겠습니까? 저는 그렇게 연결된 것을 큰 행운으로 느낍니다.

이 네 명의 스승은 방의 네 벽면과 같습니다. 이 스승 중 한 사람에게 집착 한다면, 그대의 얼굴은 그 벽으로 향합니다. 벽을 없애십시오. 그들은 가고 올 뿐입니다. 벽 이전에는 무엇이 있었으며 벽이 사라진 후에 무엇이 남습니까? 말하십시오!

■ 침묵입니다.

침묵을 얻기 위해 벽을 핥을 것입니까?

■ 아닙니다.

그러므로 벽을 핥을 필요는 없습니다. 침묵이 머물 것입니다. 침묵은 여기에 있었습니다. 그것은 여기에 있습니다. 그것은 여기에 있을 것입니다. 그 침묵은 일시적으로 존재하는 어떤 벽에도 의존하지 않습니다. 벽을 핥음으로 행복하게 될 것이라는 것은, 마음의 개념에서 나왔을 뿐입니다. 어떤 것도 핥지 마십시오. (웃음) 그대에게 평화를 줄 수 있는 유일한 '것' 은 무Nothingness입니다. 볼 수도, 만질 수도, 냄새 맡을 수도, 들을 수도 없는 것에 집착한 채 있으십시오. 그것이 모든 것입니다. 이것이 진리입니다!

ॐ

■ 보이고, 보이지 않는 모든 것을 통하여 저는 스승님을 사랑합니다. 스승님께서는 저의 바로 가슴이시기 때문입니다. 제가 이름이 없는 존재이기는 합니다. 그러나 아루나짤라로 떠나기 전에 스승님에 의해 이름 지어지기를 바랍니다.

그대에게 아루나짤라 산만큼 마음의 평화를 줄 곳은 이 지상의 어느 곳에도 없습니다. 그것은 제 스승의 구루였습니다. 아루나는 빛을 의미하며, 아짤라는 움직이지 않는 것을 뜻한다. 그러므로 아루나짤라는 '움직이지 않는 빛'입니다. 이곳을 축하하기 위하여 디빰이라는 축제가 열립니다. 이때 사람들은 1,000킬로의 버터기름으로 큰 불을 피웁니다. 이것은 그대가 그곳에 도착할 때도 여전히 타고 있을 것입니다.

그래서 저는 그대에게 아루나라는 이름을 줍니다. 그대는 빛입니다. 저는 얼굴을 보고 이름을 지어줍니다. 얼굴은 마음의 상태를 가리키기 때문입니다. 마음을 숨길 수는 없습니다. 왜냐하면 마음이 얼굴에 나타나기 때문입니다. 그러므로 그대는 그대 가슴의 이름을 얻은 것입니다.

성자가 살았던 아루나짤라와 같은 성스러운 땅 위를 걸으면, 그대는 그분이 그곳에 살아 계셨을 때와 같은 느낌을 갖게 될 것입니다. 별 차이가 없을 것입니다. 항상 이점을 기억하십시오. 그대는 그곳의 흙을 지니고 다닐 수 있습니다. 그것은 그렇게 성스러운 것입니다. 그대의 방에 그 흙을 둘 수도 있습니다. 그러면 어떤 만뜨라 암송도, 심지어 명상조차도 할 필요가 없을 것입니다.

■ 스승님께서는 때때로 가족, 심지어 신을 포함한 모든 것을 잊거나 거부해야 한다고 말씀하십니다!

그렇습니다. 이것이 최고의 진리입니다. 그러나 그대는 '거부'가 의미하는 바를 오해하고 있습니다.

실재는 두 실재가 있는 것이 아니라 하나입니다. 그대가 실재이거나 아니면 '다른 것'이 실재입니다. 그러나 '다른 것'은 그대를 바탕으로 하고 있습니다. 그러므로 그대가 유일한 실재입니다. 이런 이유로 그대는 신조차도 거부해야 합니다. 그 의미는 그대와 신과의 분리를 거부하라는 것입니다. '다른 것'을 거부하라는 의미는 그대와 '다른 것'과의 분리를 거부하라는 의미입니다.

최고의 경험은 모든 것이 사라지고, 신조차도 사라질 때입니다. 이 일이 일어날 때까지 그대는 계속해서 탄생할 것입니다. 그러므로 모든 것을 잊으십시오. 잊는 일조차도 잊으십시오. 왜냐하면 잊음과 기억은 마음에 속하기 때문입니다. 마음 없이는 그대는 신도 구루도 나라도 부모도 볼 수 없습니다. 몸, 마음, 성격과 동일시하지 마십시오. 그러면 잊음이나 기억도 없을 것입니다. 먼저 그대 자신을 잊으십시오. 그것은 몸과의 동일시를 그만두라는 의미입니다. 그대는 사라지지 않는 에센스입니다. 그것을 찾으십시오!

■ 저는 신과 나라와 가족을 잊을 수는 있습니다. 그러나 저는 구루는 잊을 수 없습니다! 제가 정말 구루를 잊어야만 합니까?

아무런 "해야 함!"이라는 것은 없습니다. 저는 그대에게 무엇인가를 "해야만 한다."고 말하지 않습니다. 모든 것은 저절로 사라집니다. 단지 그대가 누구인지를 알아야 합니다. 그러면 구루가 누구인지를 알게 될 것입니다. 아마 제자와 구루는 같을 것입니다. 분리된 성격이 있다는 개념을 갖지 마십시오. 그렇게 하고 여기에 남아 있는 것을 말해 보십시오. 남아 있는 것은 그대가 말할 수 없습니다. 희열조차도 적절한 표현은 아닙니다. 그것을 맛본 사람은 그것에 대해 말할 수 없고, 그것에 대해 말하는 사람은 그것을 맛보지 않았습니다. 그것이 존재입니다. 그것은 맛보는 자로부터 독립되어 있습니다. 진정한 존재에 대한 이런 의식을 지닌 사람은 드뭅니다. 그러므로 잠시 동안이라도 어떤 욕망이나 관계를 가지지 마십시오. 그리하면 그것은 그 스스로에 그 스스로에게 그 스스로의 모습을 드러낼 것입니다. 그러나 누구에게 드러냅니까?

사랑, 진리, 자유는 성스러운 사람을 높입니다. 그러므로 그대는 먼저 성스러운 사람이 되어야만 합니다. 그러면 그대는 구하지 않아도 모든 것을 얻게 될 것입니다.

■ 몸을 버리신 후 스승님은 어디로 갈 것입니까? 언젠가 이 지구로 되돌아오실 것입니까?

제가 되돌아온다면, 저는 가야만 합니다. 그리고 제가 간다면, 저는 되돌아와야만 합니다. 그러므로 진리는 제가 오지도 가지도 않는다는 것입니다. 이것이 진리입니다.

누가 갑니까? 그대는 몸을 말하고 있지 그대 자신의 참나에 대해서 말하지 않고 있습니다. 참나는 오지도 가지도 않습니다. 왜 참나가 어디론 가로 가야합니까? 참나가 여기에서 어딘 가로 가서 무엇을 할 것입니까? 참나는 사업가가 아닙니다! 모든 것이 참나 안에 있습니다. 왜 그대는 가야만 합니까? 왕에게는 "나는 집이나 아파트나 땅을 사고 싶다."라는 욕망이 없습니다. 왜냐하면 온 왕국이 그의 소유이기 때문입니다. 왕은 재산을 가져야겠다는 욕망이 없습니다. 모든 것이 왕에게 속하기 때문입니다! 그러므로 그대가 왕이 되면, 그대는 어느 곳으로 가고자 하는 욕망을 가지지 않게 될 것입니다. 한 번의 손뼉으로 모든 것이 충족될 것입니다.

■ 스승님의 가르침의 핵심은 무엇입니까?

어느 가르침으로도 얻어질 수 없는 그것That을 저는 가르칩니다. 저의 가르침은 가르쳐질 수 없습니다. 저는 모든 가르침이 일어나는 에센스를 위한 아무런 가르침을 가지지 않고 있습니다. 이 에센스는 가르침도 가르침 아님도 필요치 않습니다. 왜냐하면 그것은 모든 것을 초월해 있기 때문입니다. 모든 말은 그것으로부터 일어납니다.

■ 존재의 근원으로부터 입니까?

그곳으로부터 모든 것이 나옵니다. 말도 그렇습니다.

■ 스승님, 저는 삿구루를 알고 싶습니다. 저는 자유롭고 싶습니다.

삿구루는 내면에 있습니다. 마하리쉬도 다음과 같은 말을 했습니다. "삿구루는 그대 자신의 가슴의 안에 있습니다."
그대는 이것이 필요합니다. 만약 그대가 정직하고, 성실하고, 진지하고, 한 곳으로 모아진 마음을 갖고 있다면, 그대가 그것 자체라는 것을 이해하게 될 것입니다. 그대는 여기 그 자체입니다. 그대는 어떤 노력도 필요치 않습니다. 단지 그대가 여기 라는 것을 확신하십시오. 모든 욕망을 버리십시오. 노력을 만들지 마십시오. 그리하면 그대는 홀로 있게 될 것입니다. 그때 무엇인가가 빛나면서 그대를 완전히 감쌀 것입니다.

part 4

은총

    참나의 은총은 자유를 향한 갈망을 일으킵니다. 신의 은총은 그대를 구루에게로 데려 갑니다. 구루의 은총은 모든 의심을 제거하고 오직 자유만을 남깁니다.

    "나는 자유롭고 싶다."가 첫 번째 은총입니다. 그것은 그대를 부르는 자유 그 자체입니다. 이 욕망은 그것이 일어난 곳인 참나에게로 그대를 데려갈 것입니다. 모든 다른 욕망은 이 불에서 탈 것입니다.

    모든 스승과 참나의 은총은 그대를 자유로 데려갔습니다. 이것에 대해서는, 즉 자유에 대해서는 아무런 의심을 가지지 마십시오.

    은총은 스승과 자격이 있는 제자와의 관계입니다. 어떤 다른 곳에서는 가능하지 않습니다. 비천한 청소부였던 깔얀의 이야기에서처럼 은총은 자격이 있는 제자에게만 옵니다. 왜냐하면 진리는 성스러운 사람을 더 높이기 때문입니다. 만약 그대가 성스럽다면 스승은 그대를 받아들이고 그대에게 그의 은총을 줍니다.

자유를 향한 이 선택을 만드는 것은 그대가 아닙니다. 그대를 자유, 삿구루에게로 가야만 하게 만드는 것은 은총입니다. 그대로 하여금 그대가 필요한 것인 탐구와 헌신을 주고 그대가 필요하지 않는 것 즉 생각과 욕망을 제거하는 것은 은총입니다. 은총이 없이는 그대는 삼사라의 바다를 건널 수 없습니다. 은총이 없이는 깨달음은 없습니다. 평화와 사랑은 금욕, 고행 혹은 명상으로 얻어지는 것이 아닙니다. 그러나 스승이 행복하다면, 그분은 자비롭게도 그대에게 은총이라는 쁘라사다를 줄 것입니다. 그러면 그대의 여정은 끝날 것입니다. 그것은 선물입니다. 그것은 요구하거나 명령할 수 있는 것이 아닙니다. 신들은 당신이 바라는 것을 이루어줄 수 있고, 당신에게 천국을 줄 수도 있습니다. 그러나 그들은 그대에게 은총을 줄 수는 없습니다. 그러므로 은총이 무엇인지 무엇이 망신인지 조심하여 아십시오. 비록 왕이 자신의 아내에게 그의 왕국을 줄 수는 있습니다. 그러나 그것은 은총이 아닙니다. 어떤 이익에서 하기 때문에, 그것은 은총이 아닙니다. 이런 의미에서, 세상으로부터 갖는 모든 것은 은총이 아닙니다.

■ 제 삶의 매순간에 참나의 은총을 느끼고 싶습니다,

그대가 요가를 하든지 무엇을 하든지 간에 그대는 이 욕망을 유지할 수 있습니다. 그것은 그대의 생활을 방해하지 않을 것입니다. 그대가 여기서 배운 것이 그대와 더불어 갈 것입니다. 그리고 그대가 어디로 갈지라도 그대 안에 살 것입니다. 그대가 럭나우나, 히말라야 산맥의 어느 동굴이나, 혹은 샌프란시스코의 슈퍼마켓에 있든, 그것은 아무런 상관이 없습니다. 아무런 차이가 없다는 것을 그대가 발견하게 될 때, 그대는 환영의 바다를 건넜습니다. 여기서부터 시작하십시오. 그대가 원하는 어떤 곳에나 가고, 그대가 좋아하는 아무 곳에나 머무르십시오.

■ 스승님을 향한 너무나 많은 사랑을 제가 느낍니다. 이 사랑이 저의 참나를 향한 사랑임을 저는 압니다. 스승님을 통하여 빛나는 은총과 지혜에 대하여 감사를 드립니다.

그대는 아름답습니다. 저는 그대를 사랑합니다. 다음의 말 즉 "누군가가 저를 사랑하면 그들은 와서 제 가슴에 앉습니다."가 제가 말할 수 있는 전부입니다. 저를 사랑하는 사람은 제 가슴속에 앉게 됩니다. 그래서 저와 가까워집니다. 그들은 이것 이외에는 그 어떤 것도 할 필요가 없습니다. 이 사랑은 두려움이 없고 그리고 없어지지 않습니다.

■ 스승님의 은총이 일어날 필요가 있는 모든 것을 하고 있다는 것을 저는 크게 믿습니다. 이 은총 때문에 그러한 믿음이 깊어지고 있음을 저는 느낍니다. 이러한 은총이 더 강해지거나 다가가기 쉽도록 물리적으로 스승님과 더욱 가까워질 수 있습니까?

은총의 경우, 그대가 스승과 신체적으로 더 가까이 있거나 그렇지 않거나 하더라도 그것은 어떤 차이를 만들지 않습니다. 그러나 스승의 신체적 현존이 가능하다면, 그것은 우선권이 주어져야만 합니다. 이 세기의 반 정도 기간 동안 대부분의 현자들과 성자들이 신체적인 모습으로 더 이상 있지 않습니다. 그러므로 만일 현존이 가능하다면, 그것을 최대한으로 활용하십시오. 스승이 이 세상에 현존하는 동안 마음에 일어나는 의심을 스승에게 물으면 답이 주어집니다. 그러면 그것은 사라집니다. 나중에, 스승이 물리적으로 현존하지 않으면 진리를 믿기는 어려워집니다. 왜냐하면 이 의심들은 쉽게 사라지지 않기 때문입니다.

스승의 신체적 현존을 최대한 활용하십시오.

스승이 있든 없든 은총에서는 아무런 문제가 없습니다. 사람들은 붓다를 만난 적이 없더라도 이로움을 받고 있습니다. 가섭과 아난다가 붓다를 만났던 것처럼, 사람들도 붓다를 만났다면 즐거웠을 것입니다.

붓다가 빠라 니르바나 날, 즉 임종이 가까웠을 때, 누군가가 붓다를 보려고 다가갔습니다. 그는 스승이 곧 니르바나에 들 것이라는 말을 들었습니다. 그러나 붓다는 그를 보았습니다. 자신의 모든 의심을 한 순간에 사라지게 하였습니다. 그리고 나서 붓다는 숨을 영원히 잃었습니다. 붓다의 현존은 500명이 넘는 사람들을 깨닫게 했습니다. 붓다의 처음의 설법으로 많은 사람들이 깨달음을 얻었습니다. 오늘날까지 수백만의 사람이 이로움을 얻고 있습니다. 그대가 스승과 함께 있는 경우를 가지게 된다면, 그것을 놓치지 마십시오.

■ 이 시공간이 환영이고 은총이 실재라는 것을 저는 압니다. 은총은 시공을 초월한다는 것이 이해됩니다.

이 말은 정답입니다. 시공간은 없습니다. 다만 마음이 소멸될 때 그것은 사라질 마음의 환영일 뿐입니다. 그때 그대가 모든 것을 이루었으며 더 이상 해야 할 것이 없다는 것을 확실히 해야 합니다. 이것이 이 인간의 탄생에서 얻을 가치가 있는 유일의 것입니다.

■ 그러나 제가 스승님에게 가까이 있을 때 강한 변화를 느낍니다. 그래서 은총의 본질이 무엇인지를 묻고 있습니다..

은총은 깨달음이고 탄생과 죽음의 윤회를 멈추는 것입니다.
그대는 이것을 전적으로 믿어야 합니다. 그대는 태어난 존재가 아님을 알아야 합니다. 이 현재의 탄생이 환영임을 더 알아야 합니다. 그때 그대는 태양, 별, 달들이 있는 세상의 모든 것이 환영임을 확신할 수 있습니다. 그것들은 우리가 생각하고 그리고 그것들이 실제라고 생각할 때 그것들은 실제합니다. 우리가 생각하지 않을 때 아무 것도 보이지 않습니다. 그대가 여기에 있어 행복합니다. 그리고 그대의 질문에 답하는 것이 행복합니다.

■ 복종하는 과정에서 은총의 역할은 무엇입니까?

은총과 함께 해야만 그대는 삿구루에게, 그대 자신의 참나에게 복종할 수 있습니다. 그대의 노력으로는 복종할 수 없습니다. 그러므로 그대의 스승을 기쁘게 하여, 그가 행복하여 그대에게 은총을 주도록 해야만 합니다. 이 은총과 함께 한다면 그대는 모든 것을 스승에게 복종할 수 있습니다. 오직 이것이 복종입니다. 스스로 노력을 하고 자기 개인의 마음을 사용하는 것은 복종이 아닙니다. 어떤 것이 그대의 안으로부터 그대를 인도할 것이고 그대는 신성의 손에 잡힌 도구가 될 것입니다. 그가 일하게 하십시오. "당신의 의지가 이루어질 것입니다."라고 하십시오. 누구나 "나의 의지가 이루어지소서."라고 합니다. 사람들은 이것과 저것을 원합니다. 그러나 이것은 한 90년 동안 지속될 것입니다. 이것이 궁극적인 가르침입니다. 그대가 복종할 때 은총이 옵니다. 이것이 은총입니다. 다른 방법은 없습니다.

■ 지금 제가 있는 방법으로 평화롭고 행복할 자격이 있습니까?

최대한 누리면서 이러한 질문을 하는 사람은 거의 없습니다. 이것은 아마도 인도인의 방식일 것입니다. 서양 사람들은 너무 거만해서 "내가 그럴 자격이 있습니까?"라는 이 문구를 결코 사용하지 않습니다. 그래서 많은 서구인들은 그 대신에 "저는 이미 그것을 압니다. 혹은 "제 질문에 대한 당신의 대답이 무엇일 것이라는 것을 저는 압니다."라고 말합니다. 저는 매일 이 말을 듣습니다. 이것은 자만입니다. 그러나 구루의 말을 들은 뒤에 그의 발에 인사를 하는 소수의 사람이 있습니다. 람의 은총을 받을 가치가 결코 없다고 주장하는 하누만과 같은 사람입니다. 하누만은 평화를 다시 찾기 위하여, 시따를 다시 데려오기 위하여, 그녀를 그녀의 남편에게로 복귀시키기 위하여 악마 라바나의 렁까를 불태우기 위하여 바다를 건넜습니다. 그때 람은 그에게 다음과 같이 말했습니다. "그래, 하누만 잘 했어! 너는 대단하네. 누가 바다를 건너가 그 일을 할 수 있겠나. 그대는 얼마나 용감한 사람인가."

하누만이 이 말을 들었을 때, 그는 두 손을 모으고, 라마에게 인사를 드린 후, 그의 주위를 세 바퀴 돌았습니다. 그러고 난 뒤 오직 한 마디만 하였습니다. "구루끄리빠" "구루의 은총"이라는 의미입니다. "제가 누구입니까? 저는 그냥 원숭이입니다. 제가 어떻게 이 악마와 싸우기 위하여 바다를 건널 수 있겠습니까? 제가 바다를 건너가 당신의 시따에게 당신은 곧 아요디아에 데려가질 것이라고 말했던 것은 오직 당신의 은총에 의해서입니다.

ॐ

■ 은총과 샥띠빠뜨와의 차이는 무엇입니까?

샥띠빠뜨는 어떤 힘을 가지고 있는 사람이 그대에게 그 힘을 전달하는 것입니다. 그들이 그대에게 그 힘을 전달하기 때문에 그대는 어떤 것도 수행할 필요가 없습니다.

■ 저는 어떤 구루로부터 샥띠빠뜨를 받았습니다. 그것은 저를 아주 고요하게 해주었습니다. 마치 세 대의 마리화나를 피운 듯 아주 취하게 만들었습니다.

그러면 하즈라뜨 간지에 있는 간디 아쉬람 뒤에 1루삐에 약간의 마약을 줄 수 있는 구루에게 왜 가지 않았습니까? 이것은 3시간 동안 고조성태에 있게 합니다. 그대는 더 할 수도 있습니다. 이런 식의 진리에 대한 지식이 없는 힘의 샥띠빠뜨는 구루 제자간의 관계에서 주는 사람에 더욱 의존적이게 할 것입니다. 어떤 것에 의존하게 하는 습관을 만들지 마십시오. 그대는 아무런 할 것이 없습니다. 그래서 그대는 아무 것도 가지지 않을 것입니다. 여기에는 전달 즉 샥띠빠뜨는 없습니다. 그러나 일어나는 모든 것은 그대 안입니다.

아무도 그대에게 마음의 평화를 줄 수 없습니다. 그것은 안에 있습니다. 가까이 있음이 그대에게 속하고 있는 평화를 줄 것입니다.

저는 아무 것도 전달하지 않습니다. 저는 샥띠빠뜨를 주지 않습니다. 제가 하는 모든 것은 어떤 다른 것에 대한 그대의 의존을 없애는 것입니다. 만약 그대가 아무 것에게도 의존하지 않는다면, 무엇이 일어날 것인지를 저에게 말하십시오. 그대는 아무 것도 잃지 않습니다. 그냥 신에게나 방법에게나 어느 누군가에 대한 그대의 의존을 버리십시오. 그것은 빛날 것입니다. 그것은 그것 자신을 드러낼 것입니다. 그것을 그대는 잃을 수 없습니다. 이것이 여기서 주어지는 명료함입니다.

그대의 마음으로부터 그대가 어떤 누군가로부터 평화를 얻을 것이라는 혼란과 개념을 버리십시오. 그대에게 주어진 것은 분명코 잃을 것입니다. 그러므로 아무런 의존을 하지 마십시오. 그대가 아무 것에도 의존하지 않을 때, 그것은 어떤 방법이 없이 그것 자신을 드러낼 것입니다. 구루들에게 의존하지 마십시오.

■ 무엇이 구루의 은총입니까?

그대로 하여금 여기로 오게 한 것은 은총입니다. 안에 있는 신이 그대를 그대의 욕망을 충족시켜 줄 수 있는 어떤 장소로 데려갈 것입니다. 이것이 은총입니다 그대가 자유를 원하기 때문에, 은총이 그대를 여기로 데려왔습니다.

■ 무엇이 구루의 은총을 가지지 못하게 합니까? 어떤 사람의 가슴과 삶은 너무나 은총으로 가득하며 어떤 사람은 행운이 없는 것 같습니다.

은총이 있는 것을 가로막는 것은 자유의 길을 걷는 사람에게 성공을 막는 것과 같은 것입니다. 그들은 어떤 다른 곳을 바라보고 있습니다. 그들은 평화를 위한 탐색에 복종하지 않습니다! 비록 그들이 삿상에 있을지라도 그들은 여전히 어떤 다른 곳을 바라보지 안쪽으로 보지 않습니다. 그대의 마음이 있는 곳에 그대가 있습니다. 그것은 오는 밤의 스포츠 시합이 열리는 곳에 마음이 가 있는 교실 안에 있는 학생과 같습니다. 그대의 마음이 가 있는 곳에 그대는 있습니다. 그러므로 만약 그대가 삿상에서 그대의 마음이 그대의 참나에 복종하기를 유지한다면, 그것은 시간이 들지 않습니다.

■ 저는 진리에 대하여 마지막으로 들을 필요가 있다는 것을 알기 때문에 저는 여기에 왔습니다. 저는 당신에 대하여 말하는 당신의 메신저 중 한 분을 만났습니다.

시간이 맞을 때, 그대는 그대를 스승에게로 데려다 줄 누군가를 만날 것입니다. 그대의 영혼을 누군가에게 팔지 않았기에 그대는 운이 좋습니다. 너무나 많은 소위 말하는 '스승'이 그들 자신의 참나조차도 찾지를 못하였습니다. 이러한 사람은 그들 자신의 진리로부터 벗어나 있습니다, 신성은 식별을, 어떤 사람이 좋은지 그렇지 않은지를 아는 식별의 능력을 그대에게 선물하였습니다. 이 은총에 대한 산스끄리뜨는 까르마입니다. 이것이 그대의 이름이 될 것입니다.

ॐ

■ 스승님의 은총에 감사드립니다. 수요일 저는 럭나우에서 제 시간의 대부분을 보내는 대신에, 제 일을 하기 위해서 미국으로 떠납니다,,,,,

누가 그대가 미국으로 가는 것이 더 좋다고 결정했습니까? 그리고 누가 그대를 삿상의 여기에 데려오기를 결정했습니까? 그때 그대가 일을 해야만 했었지만, 그러나 그대를 여기로 데려온 것은 누구였습니까? 그대를 여기로 데려온 누구와 돌아가서 그대의 일을 하기를 원하는 누구 간에 어떤 차이가 있습니까?

■ 어떤 차이가 있다고 저는 생각하지 않습니다.

(화를 내면서) 아닙니다! 많은 차이가 있습니다! 차이는 그대는 그대의 일에 바빴고 그리고 누군가의 은총 때문에, 그리고 이전의 생이나 아니

면 이번 생에 얻은 그대 자신의 미덕 때문에 이 누군가가 그대로 하여금 그대의 모든 활동으로부터 벗어나 여기에 오자고 결정했습니다. 그래서 그대는 여기에 오게 되었습니다. 이제 그대는 그대에게 되돌아가자고 하는 그 누군가가 같은 누구인지 그것이 자아인지 결정해야 합니다. "저는 저의 아이에게로 되돌아가야 합니다."라고 말할 때, 그때 그것은 이기적인 누군가이며, 모든 사람이 그들이 해야만 하는 것을 결정하는 하나One는 아닙니다. 그대가 가는 것이 좋은지 럭나우에 머무는 것이 더 좋은 지 어떻게 압니까? 누가 그대의 아이를 정말로 돌본다고 생각합니까? 누가 "그대의" 활동을 하도록 힘과 지성을 줍니까?

대부분의 사람이 "저는 지금 갈 것입니다."라고 말합니다. 그들의 몸이 떠날 때, 몸을 럭나우로부터 미국으로 움직이게 하는 것은 누구입니까? 그것을 하는 것은 몸입니까 마음입니까? 무엇이 마음, 몸과 감각을 활동하게 합니까? 그 하나One는 누구입니까? 우리는 모릅니다. 그래서 우리는 지고한 힘에게 복종해야 합니다. 우리가 가야만 한다면 우리는 가야하고, 만약 우리가 머물러야 한다면 우리는 머물러야 합니다. 아무런 차이가 없습니다. 그러나 우리는 결정할 수 없습니다. 대부분의 시간에 사람들이 결정할 때, 그들은 이 결정을 충족시키지 못합니다.

몇 해 전에 저는 영국에 옷 공장을 가지고 있는 자신의 동생과 하리드와르에 있는 저를 방문하고자 했던 친구가 있었습니다. 마지막 순간에 이 동생은 그는 너무나 바빠서 짧은 하리드와르의 여정을 할 수 없고 대신에 영국에 있는 자신의 일자리에 가기를 원한다고 말하였습니다. 그는 그가 인도에 다시 올 때 하리드와르에 있는 스승을 꼭 만날 것이라고 약속했습니다.

4일이 지난 후 저는 델리에 있는 제 친구로부터 전보를 받았을 때, 저는 하리드와르에 있었습니다. 그는 장례식이 행해지는 꾸샤 가뜨에서 만나 재를 강가에 뿌리자고 말했습니다. 그는 저를 거기에서 만났고 저에게 작은 보따리를 보여주면서 "이것이 다음번에 인도에 올 때 하리드와르로 갈 것이라고 말한 나의 동생이다."라고 말했습니다. (웃음) "이것은 재다. 그의 영혼을 축복해 달라. 그러고 난 뒤 우리는 그를 강가에 줄 것이다." 그는 심장병으로 영국에서 죽었습니다.

   그러므로 아무도 모릅니다. 그대는 시간을 가지고 있지 않습니다. 왜냐하면 그대는 다음 순간에 무엇이 일어날지를 모르기 때문입니다. 결정을 하는 안에 있는 지고한 힘에게 복종하는 것이 더 낫습니다. 그것이 결정하게 하십시오. 그러나 그대가 '저'는 가야만 한다고 말할 때, 이 '저'는 항상 거기에 있으며 그대의 모든 활동에서 기능하는 하나One와는 다릅니다. 그대가 지고한 힘에게 복종할 때, 그것은 그대를 아주 잘 돌볼 것입니다. 아무런 실수도 없을 것입니다. 그대의 일조차 영향을 받지 않을 것입니다. 그대는 "일을 하는 것은 그것입니다."라거나 혹은 "내가 그것을 합니다."라고 말할 수 있습니다. 그러므로 "그것"과 "나"를 결정해야만 합니다.

   그대는 그대의 자식을 돌볼 수 있습니다. 누가 그렇지 않다고 말하겠습니까? 어떤 사람은 여기서 떠나야 한다고 말립니다만, 그러나 공항에서 돌아옵니다. 그들은 이것을 두 번이나 세 번합니다. 그들을 여기로 데려와서 그들을 여기에 있도록 결정한 것은 하나One라는 의미입니다. 그래서 그들은 갈 수 없습니다.

■ 지난 며칠 동안 저를 미국으로 가기를 원하도록 만든 것은 변화에 대한 두려움을 느껴서 행위자가 필요하다는 것이었습니다.

그렇습니다. 그렇습니다. (웃음) 그것은 그대의 두려움입니다.

■ 그러나 저는 제가 있는 곳과는 상관이 없이 스승님과 매우 강하게 연결되어 있다는 것을 느낍니다.

그 말에는 두 가지의 의미가 담겨져 있습니다. 그대는 그것이 옳다고 생각합니다. 그러나 그것은 그렇지 않기 때문에, 두 가지의 의미가 담겨져 있습니다. 그대는 저의 신체적 현존에 있느냐 없느냐와 관련이 없이, 저와 함께 있는 것은 매우 높은 상태입니다. 이 상태에서는 그대는 결코 "그러나"를 사용하지 않을 것입니다.

■ 저에게 줄 특별한 충고가 있으십니까?

그대는 그대가 하고 있는 모든 활동에서 작용하고 있는 지고한 힘에게 복종해야 합니다. 그대가 아무런 행동을 하지 않을 때, 고요를 지키는 것은 그것That입니다. 그때 그대가 여기에 있거나 없거나 상관이 없이, 실수가 전혀 없을 것입니다. 감사합니다.

ॐ

■ 아뜨만이 나타났다는 것을 어떻게 알 수 있으며, 그리고 어떻게 아뜨만을 나타나게 할 수 있습니까?

우빠니샤드에도 기술되어 있듯이, 그것은 그대의 선택이 아닙니다.
"나는 내가 선택한 사람에게 나 자신을 드러낸다."
그것은 그대의 선택이 아닙니다. 그러나 그것은 아뜨만의 선택입니다. 그때 그것은 그것 자신을 그것 자신에게 드러냅니다.

■ 저는 그와 같이 스승님께서 저를 선택하시길 바랍니다.

그대는 했습니다! 만약 그대가 이웃의 말을 들었다면, 그대는 오지 않았을 것입니다. 제가 사람들을 부를 때 어떻게 세상의 사람들이 옵니까? 제가 그들을 불렀다는 것을 그들은 여기에 오고도 모르고 있습니다.

모든 사람들이 이것을 모릅니다. 모든 사람들은 나 안에 있습니다. 부르는 사람과 응답하는 사람은 하나입니다.

사람이 선택되어졌을 때, 이것을 반드시 알아야 합니다. 모든 사람들이 고통을 받으며 죽어가고 있습니다. 그러나 그대가 보호자를 믿는다면, 고통은 파괴될 것입니다.

만약 그대가 그것That과 동등하다면, 그대는 신성에 의하여 높임을 받을 것입니다.

그러므로 여기에서 조용히 앉으십시오. 그대는 이 가르침을 어느 곳에서도 찾을 수 없습니다. 그것은 만뜨라이거나 수행이 아닙니다. 그냥 고요히 앉으십시오. 생각을 휘젓지 마십시오. 노력을 만들지 마십시오.

■ 자유에는 아무런 방법이 없습니다.

아무런 테크닉이나 방법이 없습니다. 그저 고요히 하십시오. 방법은 과거에 속합니다. 그대를 마음으로 데려가는 방법은 그대가 들었던 어떤 것입니다. 그러므로 모든 방법을 잊으십시오.

■ 스승님의 은총으로 저는 보리수나무 잎이 제 머리 위에 떨어졌다는 것을 압니다. 스승님께서 저에게 주신 것에 대하여 너무나 감사합니다.

이것이 보리수나무의 은총입니다. 이 잎은 붓다의 머리 위에 떨어졌습니다. 그래서 그는 깨달았습니다. 2600년이 지난 오늘, 사람들은 여전히 거기에 갑니다. 진실하고 오로지 지혜만을 구하는 사람들은 깨달을 것입니다.

■ 은총이 서구로 가는 저의 등을 따를 것입니까?

은총이 여기에도 있듯이 거기에도 있을 것입니다. 만약 그대가 그녀를 사랑한다면, 그녀는 그대를 떠나지 않을 것입니다. 그녀는 온 세상에서 가장 아름다운 분입니다. 왜냐하면 그녀 외에는 어느 누구도 행복을 주지 않기 때문입니다.

옴 - 구루끄리빠 - 옴

part 5

삿상; 진리와의 만남

    삿상은 삿, 즉 진리와의 만남입니다. 사랑을 파괴되지 않을 그것That 과만 관계를 지켜나가는 것이 삿상입니다. 진리와 있는 것, 현자와 함께 있는 것이 삿상입니다. 그것은 과거도, 미래도, 이것도. 저것도 아닌 그대 자신의 본성이며 아름다움의 정원일 뿐입니다. 삿상에 오는 사람은 행복합니다. 신들조차도 이곳에 참석하기 위하여 인간의 형상을 취할 것입니다.

    구루의 현존이 삿상입니다. 삿상에서 구루가 하는 일은 부분들이란 없음을 보여줍니다. 탐구하지 않으면, 그대는 부분으로 존재합니다. 그대는 파괴되어질 수 있는 것이 됩니다.

    인간의 몸으로 삿상에 있는 것은 너무나 귀하며 희귀한 일입니다. "이것은 무엇이고 저것은 무엇입니까?"라고 물어서 삿상을 낭비하지 마십시오 "저는 누구입니까?" 라고 겸손히 질문하십시오. 삿상에서 마음이 분산되지 않도록 하십시오. 기억이나 개념을 통해 과거와 끈을 맺는다면 그대는 삿상에 있지 않습니다. 시간은 개념이고, 삿상은 시간의 바깥에 있습니다. 로프도 개념도, 혼란이나 설명도 없는 곳에 머무르십시오. 이것이 실재입니다.

삿상은 혀가 없는 스승과 머리가 없는 학생과의 만남입니다. 그러므로 머리는 닫고, 그대의 가슴은 여십시오. 진리는 침묵에 있는 그대에게 그것 자신을 드러낼 것입니다. 그대의 열린 가슴으로 그것That에 주목하기만 하십시오.

자유를 향한 강한 갈망은 열린 가슴 안에서만 일어납니다. 이 갈망은 삿구루, 가르침의 씨가 뿌려질 땅의 비옥함입니다. 삿상은 이 열린 가슴 위에 떨어지는 빗방울입니다. 어두움 속에 있는 사람이나 빛 속에 있지 않는 사람이 아닌, 자유 근처에 있는 사람만이 가르침이 필요합니다.

삿상만이 그대를 고통 밖으로 나오게 할 것입니다. 삿상은 그대에게 항상 존재해왔던 침묵을 보여주기 때문입니다. 삿상은 그대의 참나로 거주하는 것이지 "나는 이런 저런 사람이다."로 거주하는 것이 아닙니다. 그대가 어떻게 묶이게 되었는지를 질문하는 것이 삿상입니다. 삿상은 굴레와 거만의 뿌리를 칩니다. 소수의 사람만이 만날 수 있는 마음의 죽음입니다. 평화는 기억이나 마음속에서는 살지 못합니다. 그것은 오직 여기, 여기에만 살아 있습니다. 그것이 그대의 본성입니다. 삿상은 그대에게 이것을 상기시켜줍니다. 분노, 슬픔, 혼란으로 불타고 있다면 삿상이라는 강으로 어서 달려가십시오.

길에는 갸나, 박띠, 요가의 세 길이 있습니다. 하지만 삿상에서는 갸나, 즉 비짜라만을 자신이 누구인가에 대한 지식만을 이야기합니다. 요가는 삿상에서 말해지지 않습니다. 신성에 대한 사랑인, 박띠에 대해서는 전혀 말해질 수 없습니다. 삿상에서는 의심을 제거해야만 합니다. 왜냐하면 그대를 자유에 있지 못하게 하는 것이 바로 의심이기 때문입니다. 가슴속에 살아 있는, 이 의심이라는 뱀은 삿상에서 죽어야 합니다.

삿상은 믿음, 개념, 의도, 열망, 환영을 포기하는 것입니다. 이것이 자유로 가는 비법입니다! 창조라는 개념은 뿌루샤로부터 생깁니다. 창조자는 그것의 모든 개념들에 따라 창조되었습니다. 이 개념들에 대한 집착이 우리의 실재가 됩니다. 삿상에서만이 이것이 제거됩니다. 이 고통을 없애려면 어떠한 희생을 치르더라도 삿상에 참석하십시오. 마음을 움직이지 않는 것이 이 삿상에 참석하는 것입니다.

삿상은 은거, 고요의 장소를 의미합니다. 그것은 그대의 가슴 안의 장소입니다. 벌거벗은 채로 이 삿상에 오십시오.

ॐ

■ 여기에서 지낸 지 며칠이 되지 않았습니다. 럭나우에서 스승님과 시간을 가장 잘 보낼 수 있는 방법은 무엇입니까? 이미 스승님의 현존이 저를 깊이 감동시켰습니다. 저는 세상에 있는 대상이나 경험을 더 이상 욕망하지 않습니다.

세상의 대상을 향한 그대의 욕망을 멈추는 것만으로 충분합니다. 감각 중 하나 만으로도 그대는 세상에서 길을 잃을 수 있습니다. 물고기는 미각 때문에 죽습니다. 사슴은 어떤 소리를 들으려는 바람으로 죽습니다. 코끼리는 촉각 때문에 잡혀 죽습니다. 사냥꾼은 웅덩이를 만든 뒤, 그 위를 대나무로 덮고서 그 위에다 암 코끼리의 상을 놓아둡니다. 그러면 수코끼리가 이 상을 만지러 왔다가 웅덩이에 빠져 잡힙니다. 나방은 시각으로 인해 불꽃을 향하여 나아가다 죽음을 당합니다.

하지만 감각에 끌리는 어려움은 극복될 수 있습니다. 왜냐하면 인간은 식별력이 있습니다. 자신이 행하는 행위의 결과를 예측할 수 있기 때문입니다. 그때 그들은 고통 대신에 평화로 향하는 길을 선택할 수 있습니다. 수천 년 동안 사람들이 평화를 얻기 위해 했던 방법은 구루에게 가는 것이었습니다. 거기에서 한 순간의 삿상 동안에 질문을 던짐으로 모든 의심이 해소됩니다. 그러면 오직 목샴만이 남습니다.

■ 질문하지 않아도 괜찮은 일입니까? 질문하지 않을 때, 잃는 것은 무엇입니까?

아닙니다. 질문하지 않는 것은 괜찮은 일이 아닙니다!. 그대는 질문해야만 합니다. 질문하지 않으면 그대는 자유를 잃고 있습니다. 만약 그대가 질문을 하지 않는다면, 그대는 자유를 놓칠 것입니다. 돼지, 개, 당나귀는 질문하지 않음으로 모든 것을 놓치고 있습니다. 모든 인간은 행복해지기 위해서 질문해야만 합니다.

그 질문이란 무엇입니까? "나는 누구인가?" 입니다. 이 질문을 하지 않는다면, 그대는 제가 언급했던 부류에 속합니다! 이것이 마지막 질문입니다. 오직 드문 사람만이 이 질문을 할 것입니다. 그 밖의 사람들은 구루에게 묻지 않습니다. 질문을 하십시오. 그리고는 스스로 그 질문에 대한 답을 찾으십시오.

■ 며칠 전 밤에 삿상에 있는 꿈을 꾸었습니다. 꿈속의 삿상에서 저는 이 질문을 하였습니다.

놀라운 일입니다. 많은 사람들은 깨어 있는 상태에서, 그리고 꿈의 상태에서 삿상을 경험합니다. 다음엔 수면 상태에서 삿상을 경험하게 될 것입니다. 그것은 영원한 삿상이 일 것입니다. 꿈속에서의 삿상은 좋은 것입니다. 왜냐하면 그대의 꿈은 깨어있는 상태에서 지녔던 생각이기 때문입니다. 이것은 그대가 깨어 있는 상태를 잘 보내왔음을 보여주고 있습니다.

■ 벌거벗은 채 삿상에 가는 꿈을 꾸었습니다!

삿상은 에덴동산입니다. 그곳에서는 벌거벗어야 합니다. 그대는 벌거벗음으로부터도 자유로워져야 합니다. 벌거벗음조차 없애십시오. 자아를 제거하십시오. 옷도, 벌거벗음도 없는 것이 정말로 훌륭한 삿상이 될 것입니다. 그때서야 그대는 저의 말을 깨우칠 것입니다.

■ 저는 스승님의 얼굴이 없는 입맞춤을 느꼈습니다. 전에 있었던 미지의 것에 대한 두려움이 이제는 자유에의 초대가 되었습니다.

훌륭합니다. 이것이 삿상에 참여한 결과입니다! 매우 훌륭한 경험입니다. 이 가르침은 어떤 책에도 가능하지 않습니다. 삿상에 있을 때는 얼굴이 없어야 합니다. 그때서야 머리 없는 스승이 그대를 가르칠 것입니다. 그대가 얼굴이 없기 때문입니다. 머리를 가진 스승을 쳐다보지 않는 것이 좋습니다. 머리는 자아를 뜻합니다. 스승에게도 제자에게도 자아가 없을 때 삿상은 작용합니다.

■ 여기에서 머물기를 원하기에, 저는 떠나고자 하는 계획을 취소할까 합니다.

계획을 취소하십시오. 그리고 아무 것도 생각하지 마십시오. 그냥 여기에 머무르십시오. 어디로 갈 필요는 없습니다. 왜냐하면 여기에서 모든 것을 얻을 수 있기 때문입니다. 어디를 가더라도, 그대가 필요로 한 것을 얻게 될 곳은, 여기가 될 것입니다. 그러니 이것에 대해 생각하지 마십시오. 여기에 있으십시오. 여기에 홀로 있어야만 한다는 것을 이해하십시오. 이것은 신비로운 작용입니다.

■ 저는 임신 중입니다. 충고해 주실 말씀이 있으십니까? 제가 침묵 속에 머물러 있어야합니까?

침묵을 지키지 마십시오. 뱃속의 아이에게 말을 건네십시오. 아이가 세상에 나올 때, 삿상에 익숙해지도록 아이와 함께 삿상을 시작하십시오. 그대의 태어나지 않는 아이에게 말을 하십시오.

■ 스승님께서는 가장 큰 보물을 제게 주셨습니다. 깊이 감사드립니다.

많은 사람들이 아주 힘든 일을 하고 있습니다. 그러나 그들은 이 모든 일 밑에 놓여 있는 보물을 알지 못합니다. 그들에게 필요한 것은 그대의 일 바로 밑에 금이 있다고 그들에게 말해 줄 믿을 만한 사람입니다. 그것이 제가 그대에게 하고 있는 것입니다. 이것을 믿는 사람들은 수행과 모든 힘든 일을 버리는 동시에 측량할 수 있는 것 너머의 부자가 됩니다. 금이라는 부가 매일 없어지고 있습니다. 인도는 꼬히누르 다이아몬드조차 영국에 잃었습니다. 크리슈나와 빤다바들조차도 이 다이아몬드를 가진 적이 있었습니다. 값으로 매길 수 없는 이 보물은 지금은 없습니다.

어떤 대상을 얻으면 그대는 그것을 잃을 수 있습니다. 하지만 그것 THAT은 결코 잃을 수 없습니다.

■ 그날 밤 집을 화재로 잃는 꿈을 또한 꾸었습니다. 그러나 불을 꺼려 소방수를 부르자 스승님께서 소방수로 오셨음을 알았습니다. 불타고 있는 집을 바라보기만 하시면서 스승님께서는 모든 것이 더 타도록 하셨습니다!

이 꿈의 의미를 이야기로 들려주겠습니다. 오두막에 어떤 사두가 살고 있었습니다. 그는 불을 지펴 음식을 해먹었습니다. 잠시 집을 비우고 돌아와 보니 많은 사람들이 화염에 휩싸인 자신의 오두막에 물을 끼얹는 것과 얼마 없는 소지품을 꺼내고 있는 것을 보았습니다. 그는 그 소지품을 다시 불 속으로 던져버렸습니다. 곧 비가 오기 시작했고, 비로 인해 화재가 진정되고 있었습니다. 그러자 이번에는 근처 강에서 물을 길어와 오두막에 물을 붓기 시작하였습니다. 주위 사람들이 처음에는 소지품을 불에 던지고 이제는 불을 끄는 이유를 물었습니다. 그가 말했습니다.

"일생에 한 번, 불이 그대의 집을 태워버립니다. 저는 이것에 흐뭇해졌습니다. 이 불이 계속 타도록 모든 것을 불 속에 던져 넣었습니다. 이제 비가 내리고 있습니다. 저는 이 비와 친해지려고 물을 가져오고 있습니다."

모든 것을 불 속으로 던지십시오. 과거에의 집착을 포함한 모든 것이 불에 타도록 하십시오. 현재와 미래에 대한 집착마저도 불타도록 하십시오. 모든 것이 타고난 후에, 은총의 비가 그대 위로 떨어질 것이다. 어떤 것도 구하려하지 마십시오. 그러면 은총이 다가와 그대를 도울 것입니다. 현재도 미래도 은총이 그대를 돌 볼 것입니다. 그대는 무엇을 생각할 필요도 없으며 행할 필요도 없습니다. 오로지 고요에 머무르십시오. 그리고 그것이 어떻게 작용하는 지 보십시오. 집착의 덤불을 태우십시오. 그러면 은총을 볼 것입니다.

그러므로 이것은 재미나는 일입니다. 극소수의 사람만이 이 비밀을 이해할 것입니다. 화염을 가능한 한 뜨겁게 하십시오. 비가 오면, 오도록 두십시오. 자유를 향한 바람이 바로 이 화염입니다. 그리고 은총은 참나로부터 오는 비입니다.

ॐ

■ 저는 무지의 바다 위에서 표류하고 있습니다. 해안으로 저를 안내해 주실 수 있겠습니까? 자유롭기를 갈망합니다. 이것이 여기로 가져온 저의 유일한 바람입니다.

모든 이가 무지합니다. 그러나 그것을 아는 이는 없습니다. 사람들은 자신이 한 일을 자랑합니다. 이것이 세상입니다. 그러나 그대는 자신이 무지하다는 사실을 알게 되었고, 제게로 왔습니다. 그것으로 충분합니다! 삿상은 이 세상이라는 바다를 건너게 해줄 뗏목입니다. 그대는 아무것도 할 필요가 없습니다. 이 바다에 대해 말조차 하지 마십시오. 바다에는 그대를 삼켜버릴 악어가 있기 때문입니다. 악어는 수많은 사람들을 삼켰습니다. 현재도 매일 삼키고 있습니다. 그러나 아무도 뗏목이 있다는 사실을 모릅니다. 뗏목에 오른 후 침묵을 지키기만 하십시오. 배에는 뱃사공이 있습니다. 그는 그대를 책임질 의무가 있습니다. 그대는 안전하게 해안에 내려질 것입니다.

실제로는 삼사라라는 바다는 존재하지 않습니다. 이 삼사라의 바다는 그대의 욕망일 뿐입니다. 욕망이 사라질 때 지금까지 존재했던 것이 없어집니다. 바다가 악어와 상어로 가득 차 있는 두려운 대상이라는 것을 이해한다면 이것으로 충분합니다. 이 악어들은 대상. 사람, 쾌락에 대한 욕망입니다! 욕망을 잊기만 한다면 그대는 안전합니다.

이것은 그대와 같은 젊은이에게 하는 좋은 충고입니다. 그대가 이곳에 와서 기쁩니다. 이곳에 오기에 적당한 나이입니다. 신을 알려면 40대는 되어야 한다고 소크라테스도 말했습니다. 라마크리슈나도 같은 말을 했습니다. 젊은 나이 때 스승을 찾아와야 한다고 하였습니다. 마드라스에 있는 마리나 해변에서 저는 매우 흥미로운 관찰을 통해 이 내용을 알게 되었습니다.

저는 바닷가에서 토요일과 그날 밤을 명상으로 보내곤 했습니다. 아침에는 두 개의 보트에 나눠 탄 어부들이 바다 속으로 그물을 던져 원을 만든 후, 그물을 다시 위로 끌어올리는 과정을 바라보았습니다. 그것을 관찰하면서 라마크리슈나의 말처럼 사람의 부류를 상징하는 네 유형의 물고기가 있음을 알게 된 것입니다.

어떤 물고기는 그물을 재빨리 보고, 건드리지 않으려 결정한 후 그물을 피해버립니다. 그들은 그물 안에 들어가지도 않습니다. 이것이 첫 번째 유형의 사람입니다. 수까데브가 바로 이 예입니다.

두 번째 유형의 물고기는 그물의 안쪽과 바깥쪽의 차이를 모르며, 그래서 어느 쪽이든 개의치 않습니다. 라마 띠르따가 그 예입니다. 그는 세상을 즐겼습니다. 가정도 있었습니다. 라호르에서 수학교수로 있었습니다. 그러나 32세 때 모든 것을 버리고 히말라야로 들어갔습니다. 그리고는 두 번 다시 옛날에 살던 곳으로 되돌아오지 않았습니다. 이 두 번째 유형의 물고기도 그물을 피했습니다. 이들은 아주 젊은 나이에 그물을 피한 이들이다.

세 번째 유형은 그물에 갇혔다가, 쉰 혹은 예순 살에 그 그물을 뛰쳐나옵니다. 그러나 그물에서 뛰쳐나올 때, 그들의 많은 수가 공중에서 날던 갈매기와 가마우지들에 의해 잡혔습니다. 오직 몇 마리만이 바다 속으로 안전하게 되돌아갔습니다.

그리고 네 번째 유형의 물고기는 자신의 안전을 위하여 입으로 그물을 꽉 물고 있습니다. (웃음) 바로 이 물고기를 어부는 해안으로 가져옵니다. 그들은 뛰쳐나오려는 시도조차 하지 않고 그물에 매달려 있었습니다. 이 물고기들이 매일 저녁식탁에 바쳐지는 것입니다!

어부가 아내의 도움을 받아 이 물고기를 바구니에 담는 것을 저는 보았습니다. 행복과 감사를 느끼며, 그들은 자신들이 생활할 수 있도록 해준 관대한 바다에 대한 감사의 표현으로 물고기 몇 마리를 바다 속으로 던졌습니다. 그러므로 특별한 은총에 의해 이 물고기들 또한 그물로부터 벗어났습니다. 어부가 두 번째로 물고기를 바다 속에 던지려하자 부인이 남편의 손을 잡으면 서 "충분해요."라고 말합니다. (웃음) 그러므로 어떤 사람은 어린 시절에 그물을 피하고, 어떤 사람은 젊은 나이에, 또 어떤 사람은 저처럼 나이가 들어서야 그물을 피하게 됩니다! 그물을 물지 않았기에 저는 그물을 피할 수 있었습니다. 그러므로 나이가 들었다고 걱정하지 마십시오. 그대가 바다로 다시 던져질 수 있다는 확신을 가지십시오. 그대도 알다시피 어부는 매우 관대한 사람입니다.

■ 책, 사진, 물건들이 왜 이곳에서 판매됩니까? 이것은 샷상의 순수성을 벗어나는 것처럼 보입니다.

하즈랏 간즈 거리로 간다고 합시다. 그대는 원하는 물건이 있는 상점에 갈 것입니다. 구두를 원한다면 양복점이 아닌 구두 가게로 갈 것입니다. 이와 마찬가지로 샷상에서 그대가 관심을 여기저기로 분산시킨다면, 그것은 샷상을 위해 오지 않았다는 뜻입니다. 그대는 '다른 것'을 판단하려고 걸어 들어옵니다. 자유를 얻기 위하여 왔다면, 물건이나 사람은 보지 않을 것입니다.

그것은 사무실에 있는 사람이 자기 집에 불이 났다는 전화를 받는 것과 같습니다. 그는 즉시 나섭니다. 가는 중에 점심 먹으러 가자고 권하는 친구를 만나지만, 이에 응하지 않습니다. 집이 불타고 있기 때문입니다. 대신 그 사람은 곧장 집으로 달려가 자신이 할 수 있는 일을 찾아 할 것입니다.

그러므로 그대의 집이 '자유롭기를 원하는' 화염으로 타고 있다면, 그대는 어떤 판단이나 관계에도 응하지 않을 것입니다. 곧장 가서, 자신의 집을 살필 것입니다. 그러나 집에 불이 나지 않았다면 업무시간 이후에도 계속 사무실에 있고 원하는 곳에 갈 수도 있습니다.

불난 집처럼 되어야만 합니다. 보통의 집이라면 별 문제가 없습니다. 왜냐하면 그대는 늘 새 집을 지을 수 있기 때문입니다. 그러나 만약 '이 집'에 불이 붙었다면 가능한 한 빨리 불을 진압해야 합니다. 다음 번 환생이 언제 올지 모르기 때문입니다. "나는 자유롭기를 원한다."라는 것은 바로 이 불타고 있는 집을 의미합니다.

■ 자유롭고 싶어 곧 저는 집으로 갈 것입니다. 그러나 현명한 자가 되지 못하고 집에 가는 것 같아 걱정스럽습니다.

죽지 않는 것과 태어나지 않는 것을 찾아야만 합니다. 이것은 삿상에서 발견될 것입니다. 이것은 죽음의 손이 닿지 않는 그대 가슴 속의 동굴에 숨어 있습니다. 이것은 힘의 근원입니다. 이것으로 인해 그대는 만지고, 보고, 냄새 맡고, 듣고, 맛봅니다. 스승이 그것은 그대의 가슴 속에 있다고 전해 줄 것입니다. 그러므로 안을 들여다보십시오. 그러면 그대는 그것을 찾을 것이고 그것이 될 것입니다! 그때서야 그대는 이 고통의 땅에 더 이상 오지 않을 것입니다.

■ 저는 그것을 보고 모든 것과 하나가 되고 싶습니다. 그러나 분리와 판단의 습관은 깨뜨리기가 매우 어렵습니다.

삿상에서 그대의 희망은 저절로 이루어질 것입니다. 삿상 외의 다른 방법은 없습니다. 자유롭고자 하는 열망만이 필요합니다. 가장 큰 장애는 그대가 다른 것에 초점을 맞추고 있다는 것입니다. 오직 자신이 원하는 것에 집중해야만 합니다.

ॐ

■ 저는 특별한 질문이 없습니다만 아직까지 집에 이르지 못했다고 느낍니다.

아직 집에 이르지 못했다면서, 질문이 없다는 말을 어떻게 할 수 있습니까? 그대는 생선을 파는 시장에서 길을 잃었습니다. 안내를 받아서 그대의 집이 어디쯤에 있는 지 물어야 합니다. 모든 이가 길을 잃었지만. 그들은 생선시장에서 즐거워하고 있습니다. 그들은 생선시장에서 지내다가 그곳에서 죽을 것입니다!

질문하는 것이 더 좋습니다. 흉한 생선시장이 싫다면, 아는 사람에게, 그대를 생선시장에서 벗어나게 해 줄 사람에게 질문을 하십시오. 만약 그대가 여기에 있음을 알고 있다면, 그때는 어느 곳이라도, 생선시장에조차 갈 수 있습니다. 그럼에도 그대는 집에 있는 것입니다.

■ 삿상에 앉아 있는 것만으로 충분하다고 마음은 말합니다만 저는 스승님과 더 나은 관계를 맺고 싶습니다. 어떻게 하면 스승님의 현존을 더 많이 느낄 수 있습니까?

앉아 있는 것이 쉬운 일이 아니지만, 마음에게 여기에 고요히 앉아 있도록 해달라고 말하십시오. 마음은 고요해지기를 원치 않을 지도 모릅니다. 그러나 그대는 마음과의 전쟁에서 승리해야 합니다. 앉아서 마음이 하는 것, 그것의 경향을 지켜보고, 마음이 어디에서 생기고 어디로 가는지 관찰하십시오. 그러면 마음이 그대가 고요히 앉아있도록 허락하지 않는 것을 알게 될 것입니다. 마음이란 과거의 일, 과거의 사람, 과거의 대상, 과거의 생각에 집착하기 때문입니다. 이 집착이 그대가 고요히 앉아 있는 것을 막습니다. 그러나 그대가 한 순간이라도 앉아 있을 수 있다면, 그것은 아주 소중한 일입니다. 그대에게 다음의 것을 권하십시오.

마음이 원숭이처럼 뛰쳐나갈 때마다 마음을 다시 데려오십시오. 그것은 다시 나갈 것입니다. 그러면 또 데려 오십시오. 그것은 또 다시 나갈 것입니다. 그러면 또 다시 데려 오십시오. 게임을 하십시오. 결국 마음은 나가기를 그만 둘 것입니다.

그대는 캘리포니아에서 이렇게 하지 않았습니다. 이렇게 했었더라면, 여기에 올 이유도 없었을 것이기 때문입니다. 고요히 앉아서 그대의 마음이 달아나지 않도록 하십시오. 마음이 달아난다면, 다시 데려 오십시오.

과거에 대한 마음의 집착을 버리십시오. 그러면 마음은 마음이 아닙니다. 마음은 집착이기 때문입니다. 그러므로 집착을 버리십시오. 그러면 평화와 사랑의 빛을 보게 될 것입니다.

이것을 하십시오. 어려움이 있다면 그대가 한 것이 무엇이며 결과가 어떠했는지 이야기해 보십시오. 해야 할 것을 실천했습니까? 안경을 바라보듯 마음을 바라보기만 하십시오. 마음이 안을 보고 있을 때, 거기에는 관찰되는 대상은 없습니다. 그것은 그것자체로 머물 것입니다. 그대가 여기에 머무르고 있습니다. 이것을 고통으로 이끄는 낡은 습관을 고칠 수 있는 기회로 삼으십시오. 그러고 나서 되돌아간다면, 친구가 그대를 알아보지 못할 것입니다.

■ 네팔로 떠나기 전 스승님을 홀로 뵙고 싶습니다.

그대는 나를 홀로 보도록 초청되었습니다. 홀로 내게로 오십시오. (웃음) 누구도 데려오지 마십시오. 옷도, 몸도, 마음도 가져오지 마십시오. 그때서야 저를 홀로 볼 수 있습니다. 늘 이런 식으로 제게 올 수 있습니다.

ॐ

■ 한 달 동안 삿상에 참석해 오고 있습니다. 제 모든 질문에 대한 답을 얻었습니다. 그러나 여전히 저는 어두움 속에 있습니다. 고요히 있을 수 없을 듯합니다. 결코 조용히 머무를 수 없을 것 같습니다.

그대의 나라에서는 "저는 결코 고요해질 수 없을 것입니다."라고 말할 수 있었을지도 모릅니다. 이것은 자신의 조국에서 가져온 만들어 놓은 조건화일 뿐입니다. 과거를 잊고 삿상에 머무르십시오. 그리고 어떤 것도 찾아 헤매지 마십시오. 그대의 욕망이 거대하면 찾는 것은 저절로 올 것입니다. 그대를 여기에 오게 한 공덕이 힘을 발할 것입니다. 그러니 단지 고요히 앉아 아무것도 하지 마십시오.

■ 고요히 앉아있을 수는 있습니다만 무거운 짐을 진 채 이곳에 왔습니다. 아직도 짐을 지고 있는 듯합니다.

머리에 놓인 짐을 없애야 합니다. 그대가 머리 위에 200파운드의 짐을 두고 있어서, 그대는 마음에 있는 모든 개념을 없애준다는 스승을 찾아갔다고 가정해봅시다. 이것은 무게를 더할 뿐입니다. 다음 번 스승은 다른 것을 하라고 말합니다. 그리고 그것은 또 하나의 짐이 됩니다. 이곳에서 저는 무엇을 하라고 하지 않습니다. 수행도, 명상도 하라고 하지 않습니다. 다만 그대의 머리를 흔들어줄 뿐입니다. 그러면 그대의 짐은 없어집니다. "나는 자유롭다."고 말하는 것은 그대의 머리를 흔들어 논쟁과 다른 것으로부터 자유로워지게 합니다. 그때서야 그대는 가벼워진 머리와 마음으로 갈 수 있을 것입니다.

삿상에 있을 수 있다는 것은 우리의 크나큰 행운입니다. 이곳에서는 마음이 아닌 가슴에서 저절로 이해가 일어납니다. 진리를 깨닫기 위해서 믿음, 열린 마음, 이곳에 머무르는 것 외에 더 필요한 것이 있습니까?

그것으로 충분합니다. 다른 어떤 것도 필요치 않습니다.

■ 스승님께서는 사바 슛다shava shuddha를 하고 계십니다. 스승님은 저를 정화시켜주시며, 저의 짐을 없애주십니다.

이 과정은 무엇입니까? 그대는 이 사바 즉 시체를 어떻게 정화합니까?

■ 시체는 아무것도 할 수 없습니다.

그와 같이 일은 진행됩니다. (그는 깔리가 쉬바 위에 있는 그림을 가리킨다) 쉬바도 깔리의 발밑의 사바입니다. 쉬바조차도 사바일 뿐입니다. 스승의 발밑에 있지 않다면, 그대의 모든 지식은 소용이 없습니다. 이것이 이 그림의 의미입니다. 스승의 발아래 놓이는 것이 정화를 일으킵니다.

■ 이곳 사람들의 얼굴표정이 너무나 다릅니다. 이 차이점은 무엇입니까?

이곳에서는 누구나 젊어집니다. 보통 걱정은 세상에서 모든 사람을 먹습니다. 이 뱀에 물리지 않고 있는 누가 있습니까? 하지만 걱정이 없다면, 사람들은 늘 젊음을 유지할 것입니다. 죽음조차도 그들을 건드릴 수 없습니다. 마음에 걱정을 담아두지 마십시오. 이것이 비법입니다. 걱정은 치명적인 뱀입니다. 코브라에 물렸다면 살아 날 수 있습니다. 그러나 걱정에 물렸다면 살아날 가능성이 없습니다. 걱정은 그를 계속해서 죽일 것입니다. 삿상에 앉아 걱정 없이 지낼 때, 사람들은 훨씬 젊어 보입니다.

■ 아일랜드에 계시는 부모님께서는 저를 걱정하시며, 여기서 제가 하는 것에 대해 알고 싶어 하십니다. 그분들의 궁금증을 풀어드리고 싶습니다만 여기에서 생기는 일을 설명 드리기가 어렵습니다.

그분들의 동의 없이 이곳에 온 것처럼 보입니다. 그래서 부모님에 대한 걱정이 그대의 또 다른 짐이 되었습니다! 그대는 자신을 위해 잘 해오고 있을 뿐 아니라, 그대를 통해서 그대의 부모님들 또한 이득을 얻을 것입니다. 보살핌을 잘 받고 있으며, 별 문제가 없이 잘 지내고 있다고 그분들을 안심시켜 드리십시오. 어떤 부모들은 자식의 더 나은 교육을 위해 자식을 외국에 있는 대학에 유학 보냅니다. 이것은 온 가족의 안녕에 도움이 됩니다. 그러므로 현명한 부모들은 아이들이 공부를 위해 떠난다면, 걱정하지 않습니다. 미래에 자식은 이런 공부로 인해 좋은 직업을 얻을 것입니다. 하지만 럭나우에서 받는 이 교육은 그대에게 만족, 평화, 사랑을 전해줄 것입니다. 그대는 이것을 자신의 부모님에게 드릴 수 있습니다. 그러므로 어떠한 환경에서도 여기에 머무르십시오. 부모님이 이를 탐탁하게 여기지 않는다면, 그분들을 그대로 두십시오. 이런 일은 강하게 대처해야 합니다. 그대의 길을 가로막고 있는 사람을 즐겁게 하려 애쓰지 마십시오. 싸움에서 이길 때까지 전진해야 합니다. 이 투쟁은 황제조차도 패배시켰던 강적과의 싸움입니다. 이 적은 자아입니다. 자아는 약해 보이지만, 실은 아주 강합니다. 자아는 우주의 모든 사람을 패배시키고는 그들을 자신의 종으로 만들어버렸습니다. 극소수의 사람만이 생명을 건 이 전쟁에서 이길 것입니다.

저는 가정을 버리라고 권하지 않습니다. 그러나 그대는 자유롭고자 하는 그대의 욕망을 이루어야 합니다. 럭나우에 있는 동안, 자유롭고자 하는 이 욕망만을 지니십시오. 그때서야 자유로운 사람이 되어 자신의 가족을 돕고자 하는 욕망을 포함한, 어떤 욕망으로도 되돌아갈 수 있습니다.

■ 제가 여기에 있다는 것이 너무나 기쁩니다. 여태까지 할 수 있었던 것 중 최고라고 생각합니다.

삿상에 참석하는 것은 할 수 있는 최고의 것입니다. 해야 할 최상의 것입니다. 그대는 온 세상을 보아왔습니다. 그러나 그대의 참나를 먼저 보아야만 다른 것을 볼 수 있을 것입니다. 그대가 누구인지를 먼저 보십시오. 그 다음 필요하다면 세상의 다른 것을 보십시오.

그대가 자신의 참나를 본다면 신에게 기댈 필요조차 없습니다.

어떤 여성이 25년을 찾아 헤맨 후. 최근에야 여기로 왔습니다. 많은 스와미와 구루가 그 여성을 수행하게 하고 자신들과 신들의 그림을 건네주었습니다. 그러나 어떤 것도 그녀에게 평화를 주지 못했습니다. 그때 그녀는 여기로 왔습니다. 아무런 질문도 하지 않고, 어떤 것을 '얻지' 않고도 그녀는 자신이 그렇게 오랫동안 찾아 헤맸던 신이라는 것을 깨달았습니다.

ॐ

■ 여행을 하면서 다른 곳과 스승들을 방문하고자 오늘 저녁 이곳을 떠납니다. 그러나 스승님의 안내를 받고 싶습니다.

그대는 안내를 바라지만, 삿상에 머물면서 삿상의 말을 듣고 싶어 하지 않습니다. 떠날 계획을 할 뿐이므로 계속 찾아다니는 것이 나을 것입니다. 80년 후에는 피곤을 느낄 것입니다. 그러니 2075년에 다시 돌아오는 것이 어떻습니까? 그대가 다시 돌아올 때까지, 저 모든 장소와 블랙홀을 찾아다니기만 하십시오.

■ 저를 흔들어 깨어나게 해 주십시오. 찾고자 하는 것을 찾고 싶습니다.

흔들리고 있음으로 그대가 여기에 있습니다. 그대에게 다른 것은 필요치 않습니다. 삿상에 참석하려면 흔들려야 합니다. 그런 후에 아무 것도 하지 않아야 합니다. 그대는 옛날 환경에서 흔들렸습니다. 이제는 무엇인가를 뒤쫓고 있습니다. 나는 그대가 그것을 가질 것이라고 약속합니다.

■ 자유에 대하여 말씀을 좀 해 주시겠습니까?

먼저 자유로워지십시오. 그러고 나서 세상에 나서면, 결코 비참해지지 않을 것입니다. 첫 번째 것이 우선되어야 합니다. 그대는 나이가 든 것처럼 보입니다. 자유롭지 못했기 때문입니다. 우선 자유롭게 되면, 젊음을 유지하고 활기에 넘치게 됩니다. 아무도 그대에게 싫증나지 않을 것입니다. 그대도 다른 사람에게 싫증나지 않을 것입니다. 그대가 안에 있는 아름다움을 보았기 때문입니다. 그대는 지금 여기에 있습니다. 과거는 과거일 뿐입니다. 그대는 아름다움의 들판의 여기에 있습니다. 왜냐하면 자유가 인생에서 성취되어야 할 가장 아름다운 것이라는 점을 알았기 때문입니다. 과거는 과거입니다. 과거에 대해 마음을 쓰지 마십시오. 이제 여기 삿상에 머무르십시오. 그러면 몸 안의 모든 세포가 새로워짐을 느낄 것입니다. 그대 가슴 안과 바깥에서도 또한 아름다움을 보게 될 것입니다. 그대가 여기에 있어서 즐겁습니다. 좀 더 머물기를 바랍니다.

ॐ

■ 제 여자 친구는 저에게 유럽으로 와서 인간관계 카운슬링을 받자고 합니다. 우리는 서로에게 헌신적입니다. 그녀의 제안에 대해 스승님의 조언을 듣고 싶습니다.

그런 워크숍을 개최하는 사람들 자체가 고민에 빠져있습니다. 그들이 어떻게 당신을 도와줄 수 있습니까? 그녀에게 인도로 와서 삿상의 여기에 있자고 하십시오. 삿상은 가장 훌륭한 워크숍입니다.

■ 우리와 함께 여기 있어주신 이 귀한 선물에 대하여 감사를 드립니다. 삿상과 다른 것들이 저의 꿈속에 강렬히 나타나곤 합니다.

그 꿈은 단순한 꿈이 아닌, 현실보다 더 실제적인 꿈입니다. 심각하며, 진지하고, 또한 정직하게 무엇인가를 쫓는다면, 꿈조차 실제가 됩니다. 그대는 깨어있는 동안에 늘 가졌던 것을 꿈꾸게 될 것입니다. 어쩌면 이런 현상은 깨어 있는 상태가 꿈으로 투사된 것이라 할 수 있습니다. 그러나 그대에게 일어나고 있는 것은 꿈이 아닌 비전입니다. 이것은 깨어 있는 상태에서 가졌던 경험보다 더 좋은 것입니다. 이것은 자신의 참나를 깨닫겠다는 깊은 의지를 보여줍니다. 이런 사실을 알기도 하고 알지 못하기도 하는 이곳 사람들처럼 말입니다. 어느 날 그대는 누가 그대를 여기로 데려 왔는지 알게 될 것입니다. 자신의 안내자이며 자신을 삿상에 데려와 앉힌 이를 알게 될 것입니다. 그대는 이것을 알게 될 것입니다.

■ 삿상과 심리치료 사이에는 어떤 차이가 있습니까?

심리치료는 돈을 벌어들이는 기계라 할 수 있습니다. 삿상은 자유를 줄 뿐이며 돈을 버는 것이 아닙니다. 삿상은 단지 마음의 평화를 위한 것입니다. 마음을 혼란시키지 않습니다. 삿상은 사랑과 평화를 가져오지만, 심리치료는 혼란을 가져옵니다. 전형적인 심리치료사를 찾아간다면, 그들은 그대를 과거로 데려가 과거 속에 영원히 방치해 버립니다! 삿상에서는 묘지를 파헤치는 것은 하지 않습니다. 삿상에서는 우리가 누구인지를, 그리고 우리는 어떤 병도 전혀 없다는 것을 알게 됩니다. 대부분의 치료사는 한 시간 동안 그대 앞에 있다가 백 달러를 챙겨 떠나버리지만, 삿구루는 영원히 늘 그대와 함께 합니다. 이것이 차이점입니다.

ॐ

■ 저는 만족스럽지 못합니다. 그래서 자유롭지 못합니다.

이 불만족은 무엇입니까?

■ 생각, 의심입니다.

이 의심이 머무는 곳은 어디입니까? 머릿속에 있다면, 머리를 베어 버리십시오. 코 속에 있다면, 코를 잘라 버리십시오. 이것은 바라나시에 살았던 7살 소녀가 준 가르침입니다. 그녀의 이름은 까말리였습니다. 그의 아버지는 성자 까비르였습니다.

까비르는 삿상을 열고 있었고 많은 사람들이 참석했습니다. 까말리는 아버지께 물었습니다. "이렇게 많은 사람들이 이른 아침 네 시에 아버지를 보러 오는 까닭이 무엇이에요?"

"자유, 진리, 깨달음을 위해 온단다. 그런 이유가 아니라면, 너무도 추운 이런 겨울 새벽에 왜 찾아오겠니?"라고 아버지가 말했습니다.

"오백 명이나 되는 사람이 자유와 삿상을 위해 오는 거라고요? 믿지 못하겠는데요. 사람들은 다른 뭔가를 얻으려고 오는 것이 틀림이 없어요."

그렇게 말하고 난 뒤 까말리는 나가 놀았습니다. 다음 날 새벽 어린 소녀는 대문에서 삿상에 오는 사람들에게, 삿상에 들어가기 전 아버지께서 모두를 각각을 면담할 것이라고 전했습니다. 사람들이 머리를 통나무 위에 놓으면 자기가 그 머리를 베어 그것을 가져가서 아버지께 보여드리고, 그때 아버지의 허락을 받은 사람은 삿상에 들어가게 될 것이라고 말했습니다. 그리고는 손에 쥔 도끼는 날카롭기에 고통이 없이 바로 머리가 잘릴 것이라고 강조했습니다.

첫 번째 무리가 말했습니다. "우리는 소송 중에 있는데 네 아버지의 은총이 필요해서 왔단다. 그러나 너희 집 대문을 만졌으니 그분의 은총을 받은 것이다. 이젠 법정으로 가야할 것 같구나."

두 번째 무리가 말했습니다. "아들이 너무 아파하기에 그 애가 죽지 않게 네 아버지의 축복을 받기 위해서 왔단다."

다음 번 무리가 말했습니다. "삿상을 위해서가 아니라 우리 딸애 결혼식에 네 아버지의 축복이 필요해서 왔다. 너의 집 대문에 인사하고는 길을 떠나야겠다. 내일 삿상에 오겠다."

이 사람들뿐만 아니라 많은 사람들이 나름의 이유를 갖고 있었습니다.

두 시간 후, 그녀의 아버지는 빈 삿상 홀에서 나왔습니다. 여섯 시가 되었습니다. 도끼를 든 자기 딸 외에는 주위에 아무도 없었습니다.

"아버지! 자유를 위해 오는 사람은 없을 거라고 말했잖아요. 아버지는 오전 네 시에서 여덟시까지 삿상을 하시곤 또 다른 곳으로 가서 삿상을 하세요. 그리고 열흘 후에나 돌아오세요. 우리에게는 사랑을 주시지도 않아요. 왜 시간을 낭비하세요? 오늘 찾아온 모든 사람이 삿상이 아닌 다른 관심 때문에 온 것이었어요." 라고 까말리는 말했습니다.

그러므로 그대가 성자를 보려거든 자신의 머리를 잘라야 합니다. 그때서야 성자는 그대를 만날 것입니다. 의심은 머릿속에 있습니다. 머리를 없애면 의심은 사라집니다. 그때 그대는 자유로워집니다. 이것을 이해한다면 의심을 지니지 않을 것입니다. 아직도 의심이 생깁니까?

■ 그렇습니다.

그렇다면 밖으로 나가 머리를 베어버리십시오!

■ 그러나 빠빠지, 때로는…

'때로는'을 해석해 보십시오. '때로는'이라고 말함으로써, 무슨 말을 하려합니까? 어떤 교사가 이런 형편없는 문법을 가르쳤습니까? 이곳은 교사가 없는 다른 형태의 교실입니다. 스승에겐 학생에게 말할 혀가 없으며, 학생에겐 이해하기 위한 머리가 없습니다. 여기가 그런 교실입니다. 그러므로 그대에게 머리가 있다면, 머리를 베는 도살장으로 찾아가야 합니다.

그대도 알듯이, 자아는 머리입니다. 그것은 도살장으로 끌고 갈만 합니다. 도살장에 있는 이들이 그대를 잘 돌보아줄 것입니다. 저는 머리가 아닌 가슴이 필요합니다. 이곳에서는 머리가 필요 없지만 머리만을 필요로 하는 기관도 많습니다. 머리를 베어 없앤 다음 말하십시오. 그때서야 그대의 가슴은 처음으로 사랑의 언어를 말할 것입니다. 가슴이 말하도록 하십시오! 그대는 항상 머리로 말해오고 있습니다. 그러므로 까말리의 말처럼 머리를 베어버리십시오! 이 소녀는 삿상에 참석하는 법을 알았습니다. '나의', '너의', '그녀의'라는 말들은 삿상에서는 허용되지 않습니다. 그대는 진리를 직접 대면할 것입니다. 이것이 삿상의 의미입니다. 그대는 진리, 자유를 마주하고 있습니다. 누가 그대를 죽일 수 있습니까? 그런데도 그대는 그대의 참나를 두려워하며, 다른 자기들에게 의존하고 있습니다. 영원하지 않는 것에 관련되었기에 자신의 생명을 건질 수 없습니다. 그대는 수백만 번을 태어났고 죽었습니다. 그래서 죽음이 어떤 것인지를 잘 알고 있습니다. 지금은 사는 방법을 알아야 할 때입니다! 늘 희열을 느끼며 사는 것은 간단한 일인데도. 그대는 죽음을 원하고 있습니다. 그대는 이 아름다운 사랑과 아름다움의 정원을 도살장으로 전환시켜 왔습니다.

잠시 멈추고 그대가 누구인지를 보십시오. 참나가 그대에게 나타나서 안고 키스하는 시간을 그대는 주지 않았습니다. 수백만 년 동안 머리만을 쓰려했습니다. 이제 최소한 자신의 가슴에 시간을 주십시오. 고요하십시오. 고요하기만 하십시오. 고요하다면 자신의 참나가 다가와 그대를 껴안고 키스할 것입니다. 자신의 참나에게 시간을 허락하십시오.

ॐ

■ 스승님과 함께 하는 삿상은 저를 취하게 합니다. 늘 이곳에 존재하는 것을 다시 발견하고, 참나 안에서 영원한 휴식을 가지고 싶어 스승님께 왔습니다.

보통은 이런 취하게 하는 것을 사려고 많은 돈을 씁니다. 이곳에서 어떻게 하여 취하게 되었습니까?

■ 최고의 술, 스승님의 현존에 의해서입니다!

보통의 경우 취하게 하는 가장 좋은 것은 스카치입니다. 그러나 이 술은 세 시간만을 취하게 하며 돈을 탕진하게 합니다. 하지만 지금의 취하게 하는 것은 매순간 더 커지게 합니다. 이름이 있는 술을 찾으십시오. 이런 술은 평생 동안 갈 것입니다. 여기에서 얻은 취함은 없어지지 않을 것입니다! 이런 술을 마셔본 이들은 거의 없습니다. 보통의 사람들은 그 술값을 치를 수 없기 때문입니다. 너무 비쌉니다. 혹은 너무 싸다고 할 수도 있습니다. 오로지 고요하기만 하십시오. 그러면 이런 취함의 상태를 느낄 것입니다. 오로지 고요하십시오.

다른 사람에 의존하여 취하는 것은 자신을 속이고, 또 기만하는 것입니다. 자신의 참나에서만 기분 좋은 취함이 생깁니다. 어느 누구도 그대에게 행복과 평화를 주지 않을 것입니다. 스스로 발견하십시오. 혼란스러운 마음만이 행복은 다른 곳에 있다고 생각합니다. 한 순간 동안이라도 고요하다면 사랑, 아름다움이 일어날 것입니다. 그때 모든 것을 얻을 것입니다. 그대는 그것을 경험한듯 합니다. 그렇지 않다면, 지금의 그대처럼 빛날 수 없습니다. (웃음) 훌륭합니다. 그대를 만나 흐뭇합니다.

■ 다른 목적이 없이 평화롭게 스승님과 함께 이곳에 앉아 있는 것이 즐겁습니다.

목적이 없이 저 앞에 앉은 이들은 모든 것을 얻을 것입니다. 이것은 또한 신들이 약속한 것입니다. "헌신자가 내게로 와서 무엇인가를 요구하면, 나는 즉시 그 요구를 들어줄 것입니다. 아이이든, 오래 사는 것이든, 훌륭한 배우자이든지 간에 모두 들어줄 것입니다." 그러나 신도 사람처럼 두려움을 느낍니다. 신이 말합니다. "요구 없는 사람에게 두려움을 느낍니다. 그의 모든 요청을 들어주어야 하며, 그림자처럼 그를 따라다녀야 하기 때문입니다. 욕망이 없는 사람에게는 무엇이 필요한 순간 그 모든 것을 줍니다. 그러므로 내가 그에게 묶여 있습니다."

그러므로 모든 것은 아무런 욕망이 없이 삿상에 오는 사람과 함께 합니다. 그들은 요구하지 않지만, 모든 것이 주어집니다. 그대는 아무 것도 부족하지 않습니다. 여태 필요했던 것이 더 이상 필요치 않음을 안심하고 믿으십시오.

■ 빠빠지, 제게 새 이름을 주시겠습니까?

먼저 그대에게 새 이름의 의미를 말해주겠습니다. 컵 모양으로 두 손을 함께 모아 빈손으로 내밀 때, 다이아몬드가 저절로 그 손 안에 떨어질 것입니다. 이 다이몬드는 참나에 대한 지식이며 저절로 떨어집니다. 그러나 그대의 마음속에는 손으로 꼭 잡고 있는 혼란의 층이 쌓여 있습니다. 삿상에 온 사람은 자신의 마음을 욕망에서 철수시켜 참나에게로 되돌아가게 합니다. 이런 일은 삿상에서 자연스럽게 일어납니다. 그때 이 컵이 준비되고 다이아몬드는 그 안으로 떨어집니다. 참나가 그 안에 나타납니다. 참나는 자신에게 자신을 드러낼 뿐입니다. 컵 모양으로 두 손을 모아 열리게 한 자세가 안잘리 입니다. 그대의 새 이름은 안잘리입니다. 그대는 이 참나 지식을 붙들 수 있습니다. 그대의 가슴이 열려져 이 지식을 흡수하기 때문입니다.

다음은 우빠니샤드에 나오는 이야기입니다. 어떤 사람이 깨달음을 얻자 깨달음을 얻게 된 방법에 대해 질문 받았습니다. 그는 이렇게 말했다. "깨달음은 손안에 떨어지는 암라끼 나무와 같았소. 깨달음은 삿상이라는 암라끼 나무에서 그냥 떨어졌을 뿐이요. 나는 아무것도 하지 않았소." 이런 현상은 다른 나무가 아닌 암라끼 나무 아래에서만 일어납니다.

그대가 삿상 안에서 얻는 이름은 사랑과 아름다움의 이름이며, 이 이름을 쓰는 사람은 사랑, 아름다움, 은총 속에 빠지게 됩니다. 이 이름을 부르는 사람에게조차 득이 됩니다. 이름은 모든 사람이 즐길 수 있는 것이어야 합니다. 그대가 즐거움이라는 이름을 소리 낸다면 즐거워질 것입니다.

이름은 새로운 혈통을 표현합니다. 고통에서 고통이 생깁니다. 많은 이름 속에 고통이 있습니다. 그러나 이제 그대는 전혀 다른 분위기에 몸

담은 것이고, 그대의 이름은 새 분위기의 한 부분입니다. 그것은 과거에서 자유로워진 신선한 그대 삶의 한 부분입니다.

■ 빠빠지, 나무에 달린 잘 익은 과일이 되어, 깨달음을 얻은 존재에 의해 먹혀질 필요가 있습니까?

익은 과일도, 나무도, 숲도 존재하지 않습니다. 희망도 존재하지 않지만, 희망을 정말로 믿어야 합니다. 여태껏 아무것도 존재하지 않고 있습니다. 과일은 떨어지기 마련입니다. 그러므로 나뭇가지에 매달려 있지 마십시오. 떨어지는 습관을 버리십시오.

■ 저는 떨어진 과일과 같은 느낌을 많이 받곤 했습니다. 태어난 후의 17년은 지옥 같았습니다.

지옥에서 되돌아 온 이들은 거의 없습니다. 지옥에 갔던 어떤 사람을 압니다. 그는 죄라고는 짓지 않은 선량한 사람이었습니다. 다만 창을 든 채 침략군에 대항하다 사고로 도마뱀의 눈을 찌르게 되었던 일이 한번 있었을 뿐이었습니다. 그것을 제외하고는 그의 기록에 아무런 죄가 없는 매우 선량한 사람이었습니다. 그래서 그는 죽은 뒤에 재판관에게 불리어가 천상에서 100만년을 즐기라는 판결을 받았습니다. 그러나 그가 상처를 입힌 도마뱀은 앞을 못 본채 여생을 살아야만 했습니다. 이에 대한 벌은 그가 천국으로 가는 길에 얼마동안 지옥을 거쳐야 했습니다.
그래서 지옥을 통과하게 되었을 때 지옥에 있는 사람들이 모두 웃으면서 춤추는 이유를 문지기에게 물어보았습니다. 문지기가 말했다. "한 번의 죄로 인해 이들은 불에 던져진 겁니다. 딱 한번 타서 물건을 재로 만드는 지상의 불과는 달리 이 불은 특별합니다. 불에 타 죽고 난 뒤에도 이들은 즉시 태어 나 또 다시 불속으로 내던져집니다. 이것을 100만 년 동안 계속합니다. 이것이 지옥입니다! 그대가 여기에 있기 때문에 이들은 기쁜 것입니다. 그대와 같은 좋은 사람이 존재하므로, 지옥의 누구나 행복하여 웃고 춤춥니다."

그 선량한 사람이 말했습니다. "그렇다면 저는 천국으로 가고 싶지 않습니다. 지옥에 있겠습니다. 제가 있어 모두가 행복하다면, 여기에 머물겠습니다!"

그래서 문지기들은 가서 재판관에게 어떻게 했으면 좋겠는지 물었습니다. 본인이 진정으로 원한다면, 지옥에 머물러도 좋다고 재판관도 승낙했습니다. 그러나 누구에게도 그 사실은 털어놓지 말라고 당부했습니다.

같은 시간에 천국의 사람들은 점차 문제에 빠지게 되었습니다. 비록 천국생활을 즐기고는 있었지만, 대상만을 즐기고 있었기 때문입니다. 어떻게 해서 그들은 지옥에서 삿상이 있다는 말을 들었습니다. 그래서 지금까지 하나씩 하나씩 삿상으로 가서 이제는 약 230명의 사람이 거기에 있습니다. (웃음) 그러므로 지금은 누구도 소위 말하는 천국으로 가지 않고 여기 지옥으로 옵니다!

■ 축복이 많아서 마더 미이라, 암마찌, 달라이 라마, 틱낫한 같은 분들을 만났습니다. 이 세상에 당신이 계신다는 것에 대해 깊이 감사드리며, 스

승님의 발아래 인사를 드립니다.

그들이 축복해 주었기 때문에 그대는 여기에 있습니다. 신과 너무나 많은 성자, 현자들의 축복으로, 그대가 삿상으로 올 수 있습니다. 이 삿상에서 그대는 그대의 참나를 알 수 있을 것입니다. 인내하십시오. 그리고 목표를 이룰 때까지 달아나지 마십시오.

ॐ

■ 붓다는 저의 첫 번째 구루였습니다. 제 가슴과 그분의 연결은 강합니다. 그러므로 제가 그분을 이전에 알았던 것 같습니다. 스승님 또한 전에 뵈었던 것처럼 느껴집니다.

그대는 예전에 붓다를 틀림없이 알았을 것입니다. 또 우리는 전에 모두를 여러 번 알았습니다. 이번이 첫 만남이 아닙니다. 1994년 4월 1일, 오전 11시 30분경쯤이라고 적어놓을 수 있습니다. 같은 시간에 우리는 다시 만날 것입니다. 이 특별한 날에 수백만 번을 계속 만나고 있습니다. 그러나 대부분의 사람은 이것을 기억하지 못합니다. 이것을 기억해내는 이는 거의 없습니다. 이들 중에서도 계속 반복되는 이 과정을 끝내려고 결심하지 않으면 이것이 끊임없이 계속될 것이라는 점을 깨닫는 이는 거의 없습니다.

붓다조차도 다른 곳에서 다른 모습으로 자신의 삶이 수백 만 번 나타나는 것을 목격했습니다. 그러나 붓다는 반복되는 삶을 알았습니다.

자신이 사끼아 왕국의 왕자이며 이름은 아미따브 고땀이라는 것을 들었을 때, 이것이 자신의 마지막 삶이 되리라는 것을 알았습니다.

우리 모두는 많은 환생 속에서 함께 해왔음으로 여기에 모여 있습니다. 우리가 여기서 만난 목적은, 붓다처럼 다시 환생하지 않기 위해서입니다. 붓다가 한 일이란 너무나 간단합니다. 그는 보리수나무 아래 그냥 앉아서 침묵했습니다. 그러자 모든 것이 끝나버렸습니다. 붓다는 해냈습니다. 우리 또한 할 수 있습니다.

한 이야기가 생각남으로 간단히 말해 주겠습니다. 7000여 년 전에 있었던 라마야나 이야기입니다. 이것은 라마로 환생한 신의 이야기입니다.

현자와 악마인 수라들 간의 전쟁이 계속되고 있었습니다. 악마들은 라마의 아내를 유괴했습니다. 곧 라마는 악마를 죽이고 자신의 아내를 되찾았습니다.

이제 옥좌에 앉을 시간이 되었고, 즉위식이 거행되어야 했습니다. 그래서 왕 라마는 자신의 구루에게 와서 필요한 뿌자를 해달라는 전갈을 보냈습니다. 스승님의 축복을 받으며 왕좌에 앉기 위해서였습니다.

라마는 동생 락슈만을 가장 빠른 말을 태워 보냈습니다. 그리고 자신의 반지를 구루에게 드리고. 오셔서 의식을 진행해 달라고 부탁드리라 했습니다. 그래서 동생 락슈만은 구루의 숲속 아쉬람으로 가서 말했습니다. "저는 라마의 동생 락슈만입니다. 우리는 안전하게 남쪽에서 돌아왔습니다. 다음 주에 라마왕의 즉위식이 있는데 라마께서 반지를 주시면서 의식을 거행해 달라고 부탁했습니다."

왕의 반지는 그에 견줄만한 것이 없을 정도로 귀한 것이었습니다. 반지에는 다른 곳에서 찾아볼 수 없는 진귀한 다이아몬드들이 박혀 있었습니다. 락슈만은 반지를 구루에게 드렸습니다. 그러자 구루는 말했다. "지금 식사 준비에 바쁘니 내 오두막으로 가서 도기 항아리 속에 반지를 넣으시오."

락슈만은 말에서 내려 오두막 안으로 들어갔습니다. 반지를 항아리 속에 떨어뜨리자 예상치 않았던 소리가 항아리에서 들렸습니다. 항아리가 무엇을 담는 것인지 궁금했습니다. 왕의 귀한 반지를 소박한 도기 항아리에 넣는 것이 마음에 걸렸습니다.

항아리를 거꾸로 뒤집자 왕의 반지와 비슷한 반지들이 수없이 쏟아져 나왔습니다. 그는 생각했습니다. "어떻게 이럴 수가 있는가? 금방 항아리 속으로 던져 넣은 반지를 찾아낼 수 없는 것은 고사하고, 헤아려 볼 수 없을 정도로 반지가 많구나."

그는 밖으로 나가 물었습니다. "누가 이 반지들을 항아리 안에 넣었는지 말씀해주십시오?"

엄하고 진지하게 바시슈따가 말했습니다. "락슈만, 그대가 그렇게 했네. 그대가 넣었어!"

"어떻게 그런 일이 가능합니까? 저는 이곳에 처음으로 왔습니다!" 그는 소리쳤습니다.

"아니야. 그대는 여러 번 왔었고 그때마다 말을 탄 채 의식에 참석해 달라고 부탁했어. 매번 나는 반지를 항아리에 넣으라고 했지. 그대가 말에서 내려와 자신의 자만심을 없애지 않으면, 이 일은 계속될 것이다. 자, 이곳에 머물러라. 가르침을 받으면 그대가 다시 나타나는 일은 없을 것이다." 바시슈따가 대답했습니다.

자만을 없애고 이름이나 형상과의 동일시를 중단하지 않으면, 우리는 이처럼 계속 나타날 것입니다. 이름과 형상이 없으면, 그대는 이번 삶뿐만 아니라 이전 삶에도 오지 않았음을 알게 될 것입니다. 여기에 이 가르침의 아름다움이 있습니다.

진리는 여태 그 어느 것도 결코 존재하지 않았다는 것입니다.

■ 공덕과 까르마에 대한 너무나 많은 불교 사상을 갖고서, 보드 가야로부터 금방 도착했습니다. 여태 아무 것도 존재하지 않았다면 공덕과 까르마는 아무 의미도 없으며 자유와도 무관하게 보입니다.

그것은 의미가 없는 것이 아닙니다. 사실은 큰 의미를 지니고 있습니다. 훌륭한 까르마를 행하지 않았더라면 여기나 보드 가야로 결코 갈 수 없었을 것입니다. 소수의 사람만이 삿상에 올 수 있는 공덕을 갖고 있습니다. 여기에 오려면 산더미 같은 공덕이 필요합니다. 이 공덕으로 인해 그대가 여기로 오게 되었습니다.

붓다가 그랬듯이, 그대가 자유로워질 시기는 이미 정해져 있습니다. 그대가 행했던 공덕이 강하다면, 자유를 거절해도 자유는 그대에게 오고 말 것입니다. 그대가 자유롭도록 되어 있다면, 그대가 아무리 노력한다 해도 여기를 떠날 수 없는 상황이 벌어질 것입니다!

■ 빠빠지, 아난다가 한때 붓다에게 말했습니다. "고결한 우정은 성스러운 삶의 절반을 차지합니다." 그러자 붓다는 대답했습니다. "고매한 만남, 고매한 동반자, 고결한 우정은 성스러운 삶의 모든 것입니다." 빠빠

지, 이곳에서의 스승님과의 만남은 이전의 39년의 경험이 아무 것도 아닌 것처럼 저를 부유하게 만들고 있습니다. 시원한 산에서 편히 지내듯 여기에 계셔주신 것에 대해 감사드립니다.

까비르는 스승과의 고결한 만남에 대해 말한 적이 있습니다. 기억이 오래 되어 머물지 않으려 하니, 기억을 더듬어야겠습니다.
"한 순간 동안만이라도 성자와 만난다면 전생에서 범했던 죄는 깨끗이 없어질 것입니다. 그리고 그대는 다시 태어나지 않을 것입니다."

ॐ

■ 저저 늙어 죽고 싶지는 않습니다. 이것에서 자유로워지고 싶습니다.

삿상은 얼굴의 주름을 펴주는 미용실과 같습니다. 삿상이 그대의 얼굴을 보여주기 때문입니다. 여기에서 치러야할 돈은 950루삐가 아닙니다. 그것은 생각을 멈추는 것입니다. 누구라도 이 값은 지불할 수 있습니다. 생각을 멈춘다면, 자신이 얼마나 아름답게 될 수 있을 것인지에 대해 말해 보십시오.

그때가 오면, 결심을 굳게 하고 이를 물고 두 손을 쥔 채로 자신의 호수인 마나스로브 속으로 뛰어 들어가십시오.

■ 럭나우에 오니 이곳에 오기 전만큼은 행복하지 않습니다. 이 아름다운 상가에 있음을 즐기고는 있습니다. 제게 어떤 일이 일어나고 있습니까?

럭나우 이전의 행복은 그대에게 행복을 준 어떤 사람, 사람들 혹은 대상들을 바탕으로 한, 마음을 속이는 행복이었을 것입니다. 바로 그대의 개념에서 나온 행복이었을 것입니다. 그것은 행복이 아닙니다! 진정한 행복은 묘사될 수 없습니다. 그대가 행복 또는 행복의 근원을 기술할 수 있다면, 그것은 무엇인가를 갖고자 하는 마음의 도피에 불과합니다. 행복은 어떤 사람으로부터, 심지어 성자나 현자로부터 얻어지는 것이 아닙니다. 행복은 안으로부터 옵니다. 행복은 얘기되거나 자각되지 않습니다. 그대는 삿상에서 행복을 얻는 것은 아닙니다. 왜냐하면 행복은 그대 안에 늘 존재하고 있기 때문입니다.

삿상에 오면 고요히 하여 어떤 것도 생각지 말라는 말을 듣습니다. 그것은 몸, 마음, 자아, 감각의 활동을 포함한 모든 것을 생각하지 않는 것입니다. 그때 그대는 고요한 상태에서 평화에 있을 수 있습니다. 이곳에서는 고요히 하여 마음에서 생각이 일어나는 것을 막는 것을 배웁니다. 그때 그대는 형용할 수 없는 행복감을 느끼게 될 것입니다. 그대의 얼굴에는 그대의 내면에 있는 이 행복이 비칠 것입니다. 얼굴은 그대가 행복을 느낄 때, 완전히 변할 것입니다. 그리고 그대의 얼굴을 바라보는 이는 누구나 행복해질 것입니다.

솟아나는 슬픔은 좋은 신호입니다. 슬픔은 가슴 깊은 곳에서 사라지지 않고 남아있었습니다. 그리고 여러 삶을 거치는 동안 더 많은 슬픔이 그 위로 쌓이고 쌓였습니다. 이 슬픔은 몸과 하나가 되었습니다. 그래서 몸과 분리되지 않습니다. 마치 물 컵 밑에 쌓이는 먼지처럼, 슬픔은 자신의 잘못된 행동과 활동으로 인해 가슴속에 계속 축적됩니다. 지금 그대가 느끼는 슬픔은 삿상이 그것을 휘저어 표면으로 떠오르게 한 결과입니다. 슬픔은 표면으로 올라왔을 때 제거될 수 있습니다. 모든 이의 마음이 삿상에서 고조되어, 오랜 세월동안 깨닫지 못했던 것들이 표출됩니다. 그러나 슬픔은 삿상에 머물 수 없음으로 용해됩니다. 그대를 여기로 데려온 것은 사실 고통과 슬픔임으로 고통과 슬픔을 감사하게 받아들여야 합니다.

자신의 참나를 알고 나면, 이 모든 슬픔은 더 이상 문제가 되지 않습니다. 자신은 운이 없다고 느낄 수도 있습니다. 그러나 실제로 그대는 대단한 운을 지니고 있습니다. 곧 그대는 과거의 영향을 받지 않을 것입니다. 지금까지 지녔던 짐도 개의치 않을 것입니다. 그대는 지금만을 알 것입니다!

■ 생각, 판단, 느낌이 저를 강하게 사로잡고 있어서, 안으로는 제가 누구인지 알고는 있지만, 제 자신이 운이 있다고는 생각하기 어렵습니다.

그대가 냇물의 중간에 있다는 말입니까? 수영할 줄 모른다면, 왜 물 속으로 들어갔습니까? 수영할 수 있는 사람만이 강물 속으로 들어가서 수영을 즐길 수 있습니다. 수영하는 방법을 모른다면 강물 속으로 들어가지 말라는 충고를 받습니다. 먼저 수영하는 법을 배우십시오. 그러면 어떤 강도 무섭지 않을 것입니다.

수영하는 법을 아는 사람과 함께 지냄으로써 수영을 익히십시오. 그 사람이 그대를 잡아주는 동안, 그대는 서서히 수영을 배울 것입니다. 그 때 그대는 손을 움직일 것이고, 그런 방법으로 가라앉지 않게 될 것입니다. 손을 움직이는 것이 수영입니다. 이것이 바로 참나의 노력입니다. 그때서야 그대는 수영을 합니다. 그대가 스스로 노력하지 않는다면, 가라앉을 것입니다. 그러나 강의 깊이를 이용하고, 몸의 균형을 유지함으로써 신체의 부분을 움직이지 않은 채 물 위로 뜰 수 있습니다. 그러므로 수영하는 방법을 모르는 어리석은 사람과 교제하지 말고 현명한 사람과 교제하도록 하십시오. 그대는 지금 여기에 있습니다. 천천히 노력이 없이 수영하는 방법을 배우게 될 것입니다.

■ 최근 서구로 돌아갔을 때는, 어디를 가든지 귀족처럼 대접을 받았지만, 여기 럭나우에서 저는 특별한 대접을 받지 못합니다.

사실입니다. 이곳에서 그대는 특별한 대접을 받지 못합니다. 왜냐하면 모든 사람이 그대와 같기 때문입니다. 그러나 여기를 벗어나면 그대는 여왕처럼 대접을 받을 것입니다. 스웨덴에서는 그대와 같은 얼굴을 보지 못했기 때문입니다. 여기에 있는 모든 여인들은 여왕입니다. 그러나 그대가 이곳을 벗어날 때만 이 사실을 깨닫게 될 것입니다.

그것은 대학에서 공부하는 교사들과 같습니다. 대학에서 교사들은 모두 같으며 누구도 특별나지 않습니다. 그러나 교사들이 대학을 벗어나 교실 안에 들어서면, 학생은 교사에게 많은 존경심을 갖습니다.

여왕이 되려면, 아름다워지려면, 그대의 안에 있는 참나를 바라보십시오. 바깥을 본다면 그대는 아름답지 않을 것입니다. 아름다워지기 위해서는 안을 바라보아야 합니다. 그러면 이 안의 아름다움이 그대의 털구멍을 통하여 퍼져 나와 그대 근처의 모든 이들을 끌어당길 것입니다.

■ 스승님을 다시 뵙고 스승님의 현존 안에 있게 되어 마음이 들뜹니다.

저는 그대를 보지만, 그대는 저를 보지 않습니다. 이것이 무슨 일입니까? 보통은 제가 그대를 본다면 그대 또한 저를 보아야 합니다. 하지만 그대는 진정한 저를 보지 않습니다. 그대는 저의 얼굴만을 볼 뿐입니다. 얼굴이 아닌, 보여 질 수 없는 것을 보십시오. 그때서야 그대는 저를 진정으로 보며 저 또한 그대를 진정으로 보게 될 것입니다.

자신의 참나에 입을 맞추십시오. 그리고 이 입맞춤이 어떤 맛이 나는지 말해 보십시오. 이 입맞춤을 설명하기 위해서 그대는 입을 맞춥니다. 그것은 마음의 개념을 넘어선 것이기에 설명될 수 없습니다. 참나에의 입맞춤은 마음이 없는 상태입니다. 그 맛은 무욕입니다. 그러므로 욕망이 없이, 이 맛을 지니십시오. 이것이 그것이 다가오는 방법입니다. 욕망이 없을 때, 행복이 옵니다. 바로 지금에 이것을 행하십시오. 그러면 이것이 바로 행복입니다.

■ 스승님께서 우리에게 주신 것에 대해 말하기가 너무 어렵습니다.

때때로 이것에 대한 말이 잘못 사용되고 있습니다. 그래서 그 사람을 그냥 손상시키고 있습니다. 다이아몬드의 가치를 아는 사람에게 다이아몬드에 대하여 말해야 됩니다. 어리석은 사람에게 말해서는 안 됩니다.

■ 제가 얘기할 수 있는 것 중의 하나는 크리켓입니다. 스승님께서 크리켓을 좋아 하신다고 알고 있습니다. 크리켓에 관한 삿상을 주실 수 있

습니까?

그렇습니다. 그것은 오고는 갑니다! 어떤 릴라가 일어나더라도, 그것을 즐기기만 하십시오. 그러면 그것은 릴라가 됩니다. 만약 릴라에 휘말리게 되면 그대는 길을 잃게 될 것입니다.

■ 빠빠지, 제가 이곳에 있는 이유가 샥띠빠뜨를 위한 것입니까? 의심을 없애기 위한 것입니까? 아니면 제 영적 기호를 만족시키기 위한 것입니까?

우선 그대가 여기에 있는 것은 의심을 없애기 위해서입니다. 의심이 사라지면 참나가 자신의 힘을 그대에게 전달해 줄 것입니다. 이것을 샥띠빠뜨라 합니다. 그대는 영적 기호를 만족시키기 위해 이곳에 있는 것은 아닙니다. 그러니 영혼 자체로 살아가십시오. 오직 영혼 그 자체로서 존재하십시오.

■ 더 이상의 질문이 없습니다.

두 유형의 사람이 질문이 없습니다. 한 유형은 현명하기에 질문이 없습니다. 즉 집에 있는 사람은 길을 잃지 않는 법입니다. 다른 한 유형의 사람은 질문해야 할 것이 있다는 것을 모르는 유형입니다. 그러므로 어떤 이는 빛과 지혜로 인해 질문이 없지만, 어떤 이는 해야 할 질문을 모르고 있기에 질문이 없습니다.

그러므로 질문이 생기면 낙담하거나 낙심하지 마십시오. 왜냐하면 질문은 좋은 징조이기 때문입니다. 마음의 표면 아래에 있는 진흙이 휘저어질 때 그것은 질문의 형태로 나타납니다. 그러므로 질문을 해야 합니다. 질문하는 것을 부끄러워해서는 안 됩니다. 의심이 제거될 때 자신의 마음이라는 거울에 비친 참나의 그림자를 보게 될 것입니다. 그때 그대는 이것 때문에 여기에 왔음을 알게 될 것입니다. 표면이 혼란될 때는 이것을 알 수 없습니다.

스승에게 갈 때는 질문을 해야 합니다. 왜냐하면 이 질문을 푼 사람이 아무도 없기 때문입니다. 세상에 태어난 사람은 "행복하게 되는 방법이 무엇입니까?"에 대한 질문을 지닙니다. 왕에서부터 농부에 이르기까지 누구도 행복하지 않습니다. 스승에게 다음과 같이 질문하십시오. "어떻게 하면 쉴 수 있습니까? 어떻게 하면 평화로울 수 있습니까? 어떻게 하면 제 자신의 참나와 다른 사람 모두를 사랑할 수 있습니까?" 이처럼, 저는 그대에게 "평화에 이를 수 있는 방법이 무엇입니까?"라는 질문을 하라고 청합니다.

ॐ

■ 전통적인 방식을 따라 스승님의 발을 제 머리 위에 올려놓을 수 있는지에 대해 전에 여쭤보았을 때, 스승님께서는 거절하셨습니다.

저는 이런 식의 전통을 따르지 않습니다. 이런 종류의 전통을 믿지도 않습니다. 그것은 자아를 지운다는 상징적인 의미가 담겨 있을 것입니다. 그러나 발과 머리는 자아와는 관련이 없습니다. 발과 머리는 신체일 뿐입니다. 이런 방법은 평화와 사랑이 신체적인 것으로부터 오는 것이라는 뜻입니다. 그러나 그것은 사실이 아닙니다.

전통적 의식을 기대하는 것은 그대의 자아입니다. 그렇게 한다면, 자아는 결코 굴복하지 않을 것입니다. 저의 발을 그대의 머리에 올린다면 자신의 자아가 용해될 것이라고 그대는 생각합니다! 그런 것이 아닙니다! 왜 시간을 허비합니까? 왜 머리 위에 발을 올려달라고 부탁합니까? 왜 바로 안으로 들어가지 않습니까? 기다리지 마십시오!

■ 안으로 달려 들어가면 매우 행복할 것입니다.

아닙니다. 안으로 들어가면 행복하게 될 것이라 말하지 마십시오. 그냥 행동으로 옮기십시오! (웃음) 아무런 자아가 없으면. 행복이 올 것입니다. 행복하기 위한 계획을 세우는 것은 미래의 것입니다. 이 "~할 것이다."라는 것은 미래입니다. 이것이 오랜 세월동안 그대를 괴롭혀 왔습니다. 머리카락이 아직 검을 때인 젊은 시기에 달려 들어가십시오. 머리카락이 희어질 때까지 기다리지 마십시오!

■ 제가 느끼는 이 바람과 동경은 무엇이며, 어떻게 이 바람에 제 자신을 줄 수 있습니까? 남편이 저를 떠난 것이 고통스러우며, 제 딸이 잘 있는지 걱정이 됩니다.

그대는 집을 떠나 인도에 왔습니다. 그러나 모든 관계를 뒤로 밀쳐두지 않는다면, 그대의 마음은 혼란될 것입니다. 그러면 여기에 머무는 것이 그대에게는 도움이 되지 않을 것입니다. 그대의 반은 이곳에, 반은 집에 머무른다면, 고요에 도달하는데 많은 시간이 들 것입니다. 언젠가는 남편과 아이들과의 관계를 떠나야만 한다는 것을 이해해야 합니다. 남편이 그대를 떠났다면, 감사하고 행복해야 합니다. 왜냐하면 그대는 모든 관계는 시작이 있고 끝이 난다는 것을 경험했기 때문입니다. 이제 다른 관계로 인해 어리석어지지 않을 것입니다. 이제 그대는 관계를 초월하여 모든 것이 하나인 곳으로 가는 것이 더 쉬울 것입니다.

■ 제 묵상 contemplation 을 명상으로 나아가도록 하는데 도움이 되는 가장 좋은 책이 어느 것인지 추천해 주시겠습니까!

좋은 질문입니다. 명상을 위한 좋은 책을 지닐 수 있도록, 한 가지 예를 들겠습니다.

왕에게 가서 지난밤에 남은 상한 음식을 조금만 달라고 청한 사람이 있었습니다. 왕은 그 자리에서 그에게 다이아몬드를 내주었습니다. 왕에게는 상한 음식이란 없습니다. 신선한 음식만이 바쳐지는 까닭입니다. 다이아몬드에서 나오는 돈으로 평생 신선한 음식을 먹을 수 있도록 왕은 이 가난한 사람에게 다이아몬드를 주었습니다. 다른 사람이 아닌 그대가 이 질문을 했습니다! 책을 통해 그대는 명상법을 배우고자 합니다. 그러나 우선 삿상의 여기 지금에 무엇이 일어나는 지를 말하십시오! 고요에 머물기 위해 명상하려고 책을 읽을 필요는 없습니다!

■ 그렇습니다. 빠빠지, 스승님 앞에 앉아서 이 아난다의 공간에 여태 아무것도 일어나지 않았음을 알아야 할 때입니다.

그대는 아난다인 자신의 친구를 발견했습니다. 영원히 그대와 더불어 살아오고 있는 이 친구를 결코 묘사할 수 없을 것입니다. 깨어있는 상태에서만 누가 그대 옆에 잠자고 있는지를 알게 됩니다. 그 친구를 보고 있지 않았지만 그가 수 세대 동안 그대의 친구였음을 이제야 그대는 깨우칩니다. 그대는 다른 곳을 보고 있었습니다. 이것은 모든 사람과의 문제를 일으킵니다. 사람들은 자신의 안에 있는 참나를 들여다보지 않고, 다른 곳, 다른 사람을 찾을 뿐입니다. 그러므로 아난다 같은 절친한 친구를 사귀지 못합니다.

■ 여름이 얼마나 더운지에 대해 많은 이들이 하는 말을 듣습니다만 아무도 더운 계절의 삿상이 얼마나 달콤하고 매혹적인지에 대해서는 말하지 않습니다.

어떤 사람은 여기에 머무는 것을 좋아할 것입니다. 왜냐하면 삿상 안에 있을 때는 바깥에서 일어나는 일을 보지 않기 때문입니다. 저 또한 6월에 아루나짤라가 있는 남인도의 띠루반나말라이에서 여름을 지낸 적이 있었습니다. 섭씨 46°C 정도의 매우 더운 날씨였습니다. 대부분은 꼬띠와 같은 고산 지대로 빨리 떠났습니다. 부자들은 모두 고산지대로 가고, 남아 있는 소수의 사람들은 너무 가난해서 떠나갈 수 없음으로 마하리쉬와 함께 남아 있다고 메이져 챠드윅이 마하리쉬에게 말했던 것으로 기억됩니다. 마하리쉬가 말했습니다. "저 역시 가난한 사람이어서 고산 지대로 갈 수 없습니다. 저는 그대에게 다음과 같이 말하고 싶습니다. 스승과 함께 삿상 안에 머무는 것이 고행, 즉 따빠스 그 자체입니다."

part 6

안에 있는 자유의 신호와 징후

구루의 은총으로 어떤 사람이 삿상에 데려와지기 전에, 자유를 향하여 점점 더 성숙해지고 환영의 베일을 점점 더 얇아지게 만드는 신호나 특징이 수없이 많이 나타납니다. 이것은 그 사람들의 삶에 작용하는 구루의 축복입니다.

가장 중요한 자질은 고결함과 자유를 향한 타오르는 욕망입니다. 그 다음은 실재와 비실재, 영원한 것과 일시적인 것, 평화와 고통 간을 구분하는 능력인 비베까입니다. 이것은 감각 대상의 변화무쌍한 비실제적인 세상에 대한 냉정dispassion과 포기를 의미하는 바이라기야vairagya입니다.

다른 신호로서는 겸손, 고요, 올바른 삶, 건강한 몸, 탐구, 헌신, 비폭력입니다. 이러한 신호는 모두 "참나를 참나에게 드러내는 참나의 내재성"이라는 하나의 여러 측면들을 지니고 있습니다.

이러한 징후는 그 스스로 일어납니다. 이러한 징후에 얼이 빠지거나 집중하지 마십시오. 참나에게만 끊임없이 집중하십시오.

ॐ

1) 자유를 향한 갈망

삼사라의 바다를 건너게 해주는 뗏목은 자유롭고자 하는 강한 결심입니다. 이 강렬한 욕망은 절대적으로 필요합니다. 이 욕망의 강렬함이 그 자체로 삿구루입니다. 즉 가슴의 고통이 참나를 부르는 것입니다.

항상 참나를 바라십시오. 가장 바라는 것을 그대는 항상 얻기 때문입니다. 자유를 향한 타오르는 욕망으로 충분합니다. 이것은 축복을 낳습니다.

목샤(해방)를 바라는 것은 목샤입니다. 이제 그대의 관계는 자유와 함께 하기 때문입니다. 이제 '나'와 자유를 구분하여 '나'가 자유와 얼마나 떨어져 있는지 발견하십시오. 갈 수 있는 장소가 더 이상 없을 때, 어디론가 갈 수 있는 '나'가 없고, 남겨진 여행자도 없습니다. 그때 이 자유에 바위와 같은 믿음을 가지십시오. 그래서 생각과 의심의 파문과 바람이 그것을 움직이지 못합니다.

자유를 향한 욕망이 지속된다면, 마음의 모든 습관과 산만함이 떨어져 나갈 것입니다. 그대가 생각하는 것이 그대 자신이기에 항상 자유만을 생각하십시오. 그러면 그대는 자유가 될 것입니다. 치아의 고통이 지속적인 것처럼 참나를 항상 생각하십시오.

자유에 대한 욕망은 의심이라는 모래성을 쓸어가 버릴 높은 파도입니다. 이러한 욕망이 없다면, 인간은 꼬리 없는 동물에 불과합니다.

ॐ

■ 저는 이 모든 것으로부터 자유로워지고자 하는 불타는 욕망을 가지고 있습니다.

자유를 향한 불타는 욕망이 있다면 그것으로 충분합니다. 그러한 욕망은 그대, 그대의 마음, 그대의 자아, 그대의 육체를 포함하여 온 우주를 모두 태워버릴 것입니다. 그것을 타게 하십시오. 남아 있는 것은 무엇이나 이 불 속에 넣어버리십시오.

불 속에 들어가면 무엇이나 불이 되고, 자유에 대한 생각조차도 이 불에 들어가 연소되어 버리고 난 뒤 그것That이 됩니다! 그것은 너무나 쉽습니다. 그러나 극소수의 사람이 자유롭고자 불타고 있습니다. 대부분의 사람들은 감각의 대상을 원합니다. 그래서 그들은 그들 자신의 의지로 이 우주 안으로 들어옵니다.

그대의 의지를 이 불 속에 태워버리십시오. 그러면 그것은 그대를 아무데로도 데려갈 수 없습니다. 영원과 사랑과 평화의 이 불 속에 그대의 자기를 태워버리십시오. 이 불을 무서워하지 마십시오. 이 불은 사랑 그 자체입니다. 자유를 향한 이 욕망은 사랑의 불입니다!

대부분의 사람들은 이 불을 무서워합니다. 자유를 향한 이 사랑을 보여주는 사람은 거의 없지만, 이 불 속에 자기 스스로를 태운 사람은 여전히 살아 있습니다. 붓다는 2600년 전에 그것을 했습니다. 자유에 대한 이 생각은 붓다의 부친이 준비한 아름다운 소녀들에 둘러싸인 향락의 정원에 붓다가 머물 당시 찾아왔습니다.

붓다의 별자리에는 그가 금욕의 왕이 될 것이라고 나와 있었습니다. 그래서 그의 부친은 세상의 향락이라는 감옥에 그를 가두었습니다. 그러나 사랑이라는 이 불이 그의 안에 타고 있었습니다. 그래서 그는 여전히 살아 있습니다. 우리는 조부모님은 기억하지 못하지만 이 평화의 왕자는 온 세상의 사람들의 가슴에 아직 살아있습니다.

이처럼 그대는 그것을 해야만 합니다. 그 역시 인간이었습니다. 그가 그것을 했다면, 우리도 역시 그것을 할 수 있습니다. 모든 사람은 붓다가 될 수 있습니다. 필요한 유일의 것은 자유를 향한 불입니다. 그대가 정적 stillness이며 그대 또한 그 깨달은 하나That Enlightened One라는 점을 인식하는 것입니다.

■ 저는 이 평온의 연못 속에 깊이 잠겨 그 물을 마시고 싶습니다. 저를 스승님과의 사랑 안으로 녹여 주십시오. 저는 가장 자리에 있습니다.

그들의 자아가 사랑의 불에 의하여 재로 변형시키는 영원한 물을 보면서, 이 가장 자리에 서 있는 사람은 거의 없습니다. 그대는 수백만의 사람을 뒤에 남겨두었습니다. 이제 그대의 안으로 뛰어들 수 있는 좋은 때이지만, 그러나 그대는 그 깊이를 두려워하고 있습니다. 저는 그대의 뒤에 서서 그대가 느끼는 뛰어 듦에 대한 두려움과 뛰어 듦의 욕망

사이의 줄다리기를 지켜보고 있습니다. 다이빙 보드가 좁고 그대가 나가지 못하게 제가 막고 있어서 그 자리를 떠날 수 없습니다. 그래서 그대가 뛰어들고 싶어 하지 않는다면 저는 그대를 밀어 버릴 것입니다. (웃음) 그러나 제가 그대를 이제는 되돌아오지 않도록 할 것이기에 뛰어드는 것이 나을 것입니다. 그대는 그대가 영원의 바다라는 것을 알 것입니다. 그리고 물 안으로 던져진 얼음 조각처럼 이 바다 안에서 자신을 잃을 것입니다.

해변과 강가의 둑에 살았던 뱅갈 지방의 라마크리슈나 빠라마함사가 남긴 말은 다음과 같습니다. "자유를 얻으려면, 당신 자신의 깊이를 가늠하기 위해서는, 소금 인형이 되어 저 강가 안으로 뛰어드십시오. 그러면 당신은 인형이란 점을 잊고 강가가 될 것입니다." 이것은 절대적 하나 Oneness인 영원의 물입니다. 거기에는 아무도 없으므로, 그대는 그것의 둑으로 되돌아오는 것이 절대 허락되지 않을 것입니다!

■ 제 진실한 본성에 녹아서 결코 다시 되돌아오고 싶지 않습니다.

결정을 잘 하였습니다. 무엇인가 대단한 것을 예상하게 될 것입니다. 여기에 며칠 더 머물도록 하십시오. 머무르십시오. 시간이 많이 걸리지는 않을 것입니다. 그대의 결정이 매우 강합니다. 그래서 그대는 즉각적인 결과를 얻을 것입니다. 가슴을 잃지 마십시오.

나무 아래 앉아서 다음과 같은 말을 하였던 마뜨왈라라는 사람이 있었습니다. "깨달음을 얻지 않으면, 나는 일어나지 않을 것이다." 그래서 그는 앉아서 항상 명상을 하였습니다. 먹기 위하여 일어나는 것조차도 하지 않았습니다. 그때 어느 누군가가 그에게 와서 무엇을 하고 있는지 물었습니다.

"저는 명상을 하고 있습니다."라고 마뜨왈라가 대답했습니다.

"무엇을 위해서 입니까?"라고 낯선 사람이 물었습니다.

"그냥 행복하기 위해서입니다."라고 그가 대답했습니다.

낯선 사람이 말했습니다. "이 보리수나무에 잎이 몇 개인지 아십니까? 자유롭기 위하여 환생을 얼마나 많이 해야 하는지 아십니까?

"문제가 되지 않습니다." 그 확고한 명상가가 대답했습니다. "보리수나무에 수천 개의 잎이 있을지 모르겠습니다만 저는 명상을 할 것입니다." 그래서 이러한 결심을 하고서, 그는 명상을 계속했습니다. "저는 환생에 대해 신경을 쓰지 않습니다. 저는 그냥 앉을 것입니다."

조금 뒤에 다른 성자가 와서 물었습니다. "무엇을 하고 있습니까?"

다시 마뜨왈라는 대답했습니다. "명상을 합니다."

"왜 합니까?"라고 그 성자가 물었습니다.

"모든 사람이 고통을 당하고 있습니다. 고통을 벗어버리기 위하여 제 스승님께서 명상을 하라고 했습니다." 그는 대답했습니다.

그 성자는 말했습니다. "내가 그대에게 말 할게요. 선생님은 이 보리수나무에서 마지막 잎 하나가 떨어질 때까지 여기서 명상을 해야 합니다. 그 하나의 잎이 떨어질 때, 그대는 깨달음을 얻을 것입니다."

그때 마뜨왈라는 대담하게 소리를 쳤습니다. "저는 나뭇잎이 떨어지기를 기다릴 수 없습니다. 나뭇잎이 떨어지는 것과 저의 빛 및 지혜와 무슨 관계가 있습니까?" 그는 일어나 춤을 추기 시작하였습니다. 그는 깨달았습니다!

이 이야기의 의미는 그대는 일 년을 기다릴 필요가 없다는 것입니다., 그것은 월들과 아무런 관련이 없습니다. 그대는 이미 3500만년을 보냈습니다. 이 나무는 항상 더 많은 잎들로 자랄 것이라는 점입니다. 하나의 잎이 떨어진다면 다른 잎들이 자랄 것입니다. 그래서 얼마나 오랫동안 기다릴 것입니까? 왜 그대는 바로 일어나 "나는 자유롭다!"고 말하지 않습니까? 결국 그대가 자유로울 때, 그대는 그대의 삶을 즐길 것입니다. 왜 그대는 그것을 지금 즐길 수 없습니까? 대부분의 사람들은 두려워합니다. 그래서 "나는 죽어가고 있다."고 말하지 길거리에서 "나는 자유롭다."고 외치지 않습니다. 그러므로 그대가 진정한 마뜨왈라라면 길거리에 나가서 나는 자유롭다고 외치십시오!

ॐ

■ 저의 자아는 매우 강합니다. 그것을 깨뜨리는데 도와주시지 않겠습니까? 저는 자유를 경험하기를 원합니다. 저는 분노와 두려움 없이 있습니다.

그대의 자아를 보여주면 저의 강함과 그대 자아의 강함을 비교할 수 있습니다. 그대는 그녀를 보았습니까?

■ 저는 그것을 지금 느끼고 있습니다.

그대는 이 여자 친구를 보았습니까? 그녀는 좋은 친구입니다. 그녀로 하여금 그녀의 강함을 그대에게 보여 달라고 하십시오. 그때 그녀가 코끼리처럼 강하기 때문에 그대는 달아날 것입니다. 그러므로 그대는 사랑으로 그것을 길들여야 합니다. 만약 그대가 그녀를 사랑으로 길 들인다면, 그녀는 그대에게 고통을 주지 않을 것입니다. 그녀를 홀로 있게 두십시오.

가지고 있지 않는 무엇인가를 그대가 원할 때, 자아는 그대를 괴롭게 할 것입니다. "나는 자유를 원한다."라는 정도까지는 그대는 자아를 가져야 합니다. 이 자아를 계속 나아가게 하십시오. 이것을 원하는 것 또한 자아입니다. 자유를 내일 원하지 말고 오늘, 오늘이 아니고 지금 자유를 원하십시오. 그때 그대는 저에게 자아를 보여줄 수 있을 것입니다. 그때 이 강함이 그대를 도울 것입니다. 이것은 또한 자아입니다. 무엇인가를 원하는 것은 자아입니다. 그대의 자아의 강함을 자유를 원함으로 이용하십시오. 다른 욕망이 동시에 그대에게 닿을 수 없습니다. 자유를 욕망함으로 자아의 강함을 사용하십시오. 그것을 지금 말하십시오!

■ 저는 자유롭기를 원합니다.

이것처럼 매일매일 그대는 "그것을 가질 것이다."라고 말하십시오. 붓다는 그것을 가졌습니다. 그러므로 그대 또한 그것을 가질 수 있습니다. "그는 인간이었다. 나도 또한 인간이다. 그는 그것을 가질 수 있었는데, 왜 내가 그것을 가질 수 없겠는가?"라는 이 말을 하십시오. 그는 나무 아래에 앉아서 그가 자유롭지 않는 한 일어나지 않았습니다. 이것이 결심입니다. 그래서 그는 그것을 가졌습니다.

우유부단은 작용하지 않을 것입니다. 그러므로 그대는 결정해야만 합니다. 많은 삶들을 가졌습니다. 그러는 동안 많은 종들로 그대는 윤회했습니다. 지금이 가장 좋은 때입니다. 그대의 결심은 좋습니다. 그대는 삿상에 왔습니다. 앉을 자리가 있으며 어떤 수행이나 노력이 없이 자유로울 수 있습니다. 아무런 생각이 없이, 그저 고요하십시오. 여기서는 그대가 해야 할 아무런 수련이 주어지지 않습니다. 그저 고요를 지키십시오. 그대의 마음으로부터 한 생각도 일으키지 마십시오. 얼마나 쉬운지요. 그대는 젊습니다. 그대는 그것을 할 수 있습니다!

온 세상에 자유를 원하는 사람은 적습니다. 자유에 불타는 사람은 더욱 적습니다. 일점지향으로 노력하는 사람들은 더욱 적습니다. 감각으로 돌아오지 않는 사람은 더 더욱 적습니다. 칼날 같은 길을 가는 사람은 더욱 더 적습니다. 이 가장 자리에서 떨어지지 않는 사람은 더욱 더 적습니다. 참나를 얻는 사람은 더욱 더 적습니다. 노력하십시오. 노력하십시오. 그대가 여기에 있는 것은 너무나 희귀합니다. 그대를 여기로 데려온 산더미 같은 공덕을 그대는 가졌습니다. 그것을 낭비하지 마십시오. 노력하십시오!

하나가 되기 위한 이 욕망이 극히 강할 때, 그대는 무엇을 느낍니까? 그대가 수영하는 방법을 모른 채 깊은 강에 뛰어들었을 때, 무슨 일이 일어납니까?

■ *빠져 죽을 것입니다.*

그렇습니다. 물방울이 표면에 나타나 깨질 것입니다. 그러므로 그대가 그대의 참나에 대한 사랑이 극단적일 때 "이따금", 이러한 일이 일어 납니다. 물방울이 올라올 때 제게 편지를 보낼 수 있습니까? 그대가 참나 그 자체 안으로 뛰어들 때 그대는 연필과 종이가 필요하지 않으므로 그대는 그것을 집어 들지 않을 것입니다. 그대는 다른 아무 것도 필요하지 않을 것입니다. 둑에 서 있는 아직 뛰어들지 않은 사람과 대화할 필요는 없습니다. 그대가 말하는 '때로는'은 강으로 가라앉는 시간보다 짧을 수 없습니다!

그대가 뛰어들 때, 오직 물만이 있습니다. 깊은 곳에는 아무런 공기가 없습니다. 자아는 거기에 살아 있을 수 없습니다. 그러나 그것은 매우 깊기 때문에, 거기에는 오직 그것That만이, 오직 참나만이 존재합니다. 오직 사랑만이 거기에 존재합니다.

여기에서 그대는 어느 것도 가지지 못합니다. 그러나 그대는 그대가 사랑하는 누군가에게 모든 것을 줄 수 있습니다! 그때 모든 것이 사라질 것입니다. 그대가 이것을 실제로 경험했다면, 아무 것도 그대를 혼란스럽게 하지 않을 것입니다. 그러나 그대의 마음에 혼란스러움이 있다면, 그대는 빛을 볼 수 없습니다. 이 혼란은 그대가 잊어버릴 수 없는 어떤 것에 대한 집착일 것입니다.

■ 저는 이 집착 때문에 아프며 제 자신을 사랑에 주고 싶습니다. 제 유일한 욕망은 지금 해방입니다. 저는 지반 묵띠를 얻고 싶습니다.

이 욕망은 그대가 가지고 있는 경험을 얻기 위한 방법입니다. 살아 있는 동안의 자유인, 지반 묵띠는 그대가 원하는 전부입니다. 묵띠, 목샴, 해방에는 2가지 종류가 있습니다. 하나는 그대가 살아 있을 때의 묵띠인 지반 묵띠입니다. 다른 하나는 그대가 죽은 후의 묵띠인 비데하 묵띠입니다. 누군가가 살아 있는 동안에 지반 묵띠가 되지 못하면, 죽으면 비데하 묵띠가 될 수 있습니다. 여기서, 우리가 하는 것은 비데하 묵띠도, 지반 묵띠도 아닙니다. 여기서 우리는 네스카페와 같이 인스턴트 커피 같은, 인스턴트 묵띠인 지금만을 이야기하고 있습니다. 스승은 네스카페와 같은 깨달음을 그대에게 줄 것입니다.

이제 그대가 강해져야만 합니다. 그리고 스승 곁에 있음으로 해서 어떤 어려움이 일어날 때 그대는 조언을 구해야 합니다. 여기 지금에서 그대의 일을 마치십시오. 달아나지 마십시오.

ॐ

■ 루미가 지은 수피 시를 공유하고 싶습니다.

"오라, 그대가 누구이든지 간에 오라.
방랑자, 숭배자, 배움의 애호가, 그 누구든 상관이 없다.
우리의 것은 낙담이 오는 캐러밴이 아니다. 오라.
그대가 그대의 맹세를 1000번 어겼다고 해도,
오라, 오라, 다시 오라."

■ 빠빠지, 노력 없이 마음이 평온해지는 것은 사랑과 은총입니까? 제 의지의 전부를 욕망으로 바꿀 수 있습니까?

모든 것을 욕망으로 바꾸어야 합니다. 그대의 욕망은 너무나 강하여 그대는 누가 욕망하고 있는지 무엇을 욕망하고 있는지를 망각해야만 합니다. 이것은 진리를 구하려는 누구나의 욕망이 되어야만 합니다. 그는 그 밖의 모든 것을 잊어야만 합니다. 이것은 충분하지만 이것은 삿상에서만 일어납니다. 그렇게 계속 강해지십시오. 그러면 그대가 욕망하였던 것이 오로지 그대였다는 것을 알 것입니다. 그래서 욕망은 그대 자신의 참나를 껴안을 때 사라질 것입니다.

■ 자유로워질 진정한 욕망을 정말로 제가 가지고 있는 듯합니다.

그대는 오늘 자유로워져야만 한다는 100% 진정한 욕망이 필요합니다. 이제 다른 욕망은 없습니다! "나는 자유로워져야 한다."는 욕망만을 가지고 세상의 다른 욕망은 가지지 마십시오. 그러면 즉시 그 욕망은 충족될 것입니다.

■ 어떻게 제가 이제 진정한 욕망을 가질 수 있습니까?

이제. 그 방법을 이야기하겠습니다. 이제 진정한 욕망을 가지십시오. 그리고 무슨 일이 일어났는지를 제게 말하십시오. 절대적으로 자유로운 마음을 가지고 잠시만 앉으십시오. 그러면 이 마음은 즉시 깨달아질 것입니다. 그러한 순간에 그 어느 것도 생각하지 마십시오. 그러면 그대가 자유롭다는 것을 알 것입니다. 삿상 후에 잠시 동안 앉고는 그대의 마음을 어느 곳으로도 가지 않게 하십시오. 마음이 간다면 그것을 목격자로서 그냥 바라보십시오. 그대가 숨을 쉬듯 그대의 마음이 들락날락 하는 모습을 지켜보십시오. 멈추지 마십시오. 규칙적으로 지켜보십시오. 아무런 생각이 없을 때 그대는 자유로워집니다.

ॐ

■ 저는 언제나 행동하는 자이지만 이제는 제 진정한 본성에만 머물러 이것에 깨어있는 채 머무르고 싶습니다. 이것은 그냥 또 다른 욕망입니까?

그대가 이런 유형을 욕망이라고 하지만, 그러나 그것은 수백만 개의 다른 욕망들을 불태워버릴 버릴 것입니다. 대부분의 사람은 한 욕망이 사라지는 순간 다른 욕망을 경험합니다. 이러한 욕망의 지속적인 흐름을 윤회라고 합니다. 욕망하는 것이 있는 한, 그대는 윤회에서 벗어나지 못합니다. 그러나 "나는 자유롭고 싶다."라는 욕망은 이것 모두를 정지시킬 것입니다. 이것은 욕망일 것이지만, 그것은 모든 다른 것들을 태워버릴 것입니다

그대가 너무나 젊은 나이에 시작하였으며 늙을 때 한다고 이것을 미루지 않으니 참 기쁩니다. 이제 어떤 종류의 노력을 일으키지 말고 그대가 자유로운 가 굴레에 있는 가 등 어떤 것에 대해서도 생각하지 마십시오. 자유로워지고자 하는 이 욕망 또한 사라지는 순간이 올 것이지만, 우

선, 그대가 스승이 아닌 학생의 입장으로 출발하십시오.

■ 제가 깨닫기 전에 이 몸을 떠난다 해도, 이 일을 계속할 수 있을 것입니까?

그대가 충족되지 못한 어떤 욕망을 가지고 있으면, 만약 그것이 그대가 떠날 때 지니고 있고, 마지막 호흡이 나갈 때 마지막 욕망이라면, 그때 이 영혼은 그 욕망을 충족시켜줄 수 있는 어떤 환경에 태어납니다. 영혼은 들어갈 적절한 자궁을 찾아 하늘을 여행합니다. 영혼이 자유를 바라면 믿음이 돈독한 가정을 찾을 것이고 자기가 선택한 가정이 적당하지 않으면 태아 상태로 있더라도 스스로 유산하여 다시 태어날 곳을 찾아다닙니다. 여기에 있는 많은 사람들이 매우 젊은 시절부터 탐구를 하거나 명상을 해 왔다는 말을 듣습니다. 이것은 그대의 마지막 인생의 신호이며 인생의 마지막 욕망이라는 증거입니다. 이 생애에서 그대의 여정을 마치지 않으면 다음의 삶이 있을 것입니다.

■ 진리를 깨닫는 제 능력이 부족하여 많이 고통스럽습니다.

그대가 진리를 원하지 않을 뿐입니다. 그대가 진리를 원하지 않으므로 고통과 고뇌가 그토록 클 수밖에 없습니다.

■ 자유롭고 싶은 결심이 강렬할 때가 있지만 그렇지 않을 때도 있는데 왜 그러합니까?

이것은 문제가 되지 않습니다. 자유를 향한 욕망이 강렬하면 그것은 다른 모든 욕망들을 파괴할 것입니다. 이 파괴란 욕망이 일어나지 않거나 그것들이 충족될 것임을 의미 합니다. 자유롭고자 하는 욕망이 너무나 강하면, 다른 욕망이 일시적으로 올 것이지만, 자유롭고자 하는 욕망은 여전히 다시 나타납니다.

■ 여러 곳으로 여행을 떠날 계획을 많이 세웠지만, 저는 떠날 수 없으므로 그것들을 취소했습니다.

그대가 어디를 가더라도 결국 그대는 최종의 깨달음을 위해 여기에 머물러야만 합니다. 그대의 최고의 안내는 자유롭고자 바라는 그대의 진정한 욕망입니다. 이 욕망은 그대의 마음이 죽을 곳으로 그대를 데려다 줄 것입니다. 그러나 마음이란 그토록 쉽사리 죽기를 원하지 않기에 그대의 친구로서 곧 나타날 것입니다. 마음이 그대의 적이라는 점을 아십시오.

■ 마음의 이 죽음과 진리로 탄생하는 과정에 저는 전적으로 관심이 있습니다.

이것이 진정한 탄생이며 그것은 결코 죽음을 만나지 않을 것입니다. 모든 다른 탄생은 얼마 지나지 않아 곧 죽음으로 이어집니다. 이러한 탄생과 함께, 이제 그대는 다른 사람의 참나가 아닌 그대 자신의 참나를 가지게 됨으로 죽음은 영원히 제거 될 것입니다. 그대가 다른 누군가를 사랑한다면 그대는 죽음의 결과를 마주해야 합니다. 그대가 다른 사람이나 다른 대상과 접촉을 가지지 않으면 그대는 모든 대상들의 참나와의 일체감oneness과 행복감으로 죽음 너머에 있을 것이기에 죽음을 정복하게 될 것입니다.

■ 제가 스승님을 보러 여기에 온 이유는 제 친구와 가족의 충고와는 상반되지만 이제는 결정을 내려야 하기 때문입니다. 어떻게 제가 모든 것을 놓아 버리고 스승님의 은총에 열고 그리고 하나oneness와 "I am"의 희열을 만끽할 수 있겠습니까?

그대는 덴마크에 모든 것을 놓아두고 왔습니다. 친구의 조언에 귀를 기울이지 않았지만 부름에는 귀를 기울였습니다.

여기 지금에서 그대 자신의 빛을 발견해야만 한다고 결정을 내리십시오. 생각, 친구 그리고 대상에 대한 집착을 버리십시오. 이러한 결정을 내리면 그대는 그것에 대한 보상 즉 "나는 지금 그것을 원한다."를 즉시 받을 것입니다.

이것을 말하면 그대는 즉시 변화할 것입니다. 저는 무슨 일이 일어날지 말할 수 없지만 이제 그대는 아무런 두려움도 아무런 의심도 가질 수 없을 것이라고 저는 말할 수 있습니다. 이렇게 결정을 단호히 내리면 그대는 왕보다 더 강한 힘을 가지게 됩니다. "나는 자유롭다."고 결정을 한다면, 이제 그것을 존중한다면 그것으로 아주 충분합니다. 왜 그대는 의심을 합니까? "나는 자유롭다."라고 그대가 말할 때, 그대는 이 자유를 존중해야만 합니다. 만약 그대가 이것을 지금 한다면, 그대를 보살피는 것은 자유의 책임이 될 것입니다.

"나는 항상 자유롭고 싶다."라고 그대가 말하는 이유가 무엇일까요? 그대가 자유로워지면 그대는 시간 너머로 갑니다. 시간으로 되돌아올 수 있는 방법이 무엇입니까? 그것은 그대를 지켜주는 시간 없음입니다. 그대가 이룬 업적과 그대에게 주어진 보상을 이해해야 합니다. 그대 손에 쥐어진 다이아몬드의 가치를 평가할 필요는 없습니다. 그대는 그 다이아몬드를 명예스럽게 여겨야 합니다. 그대에게 주어진 것을 명예스럽게 여기는 것이 중요합니다. 모든 사람이 항상 자유롭습니다. 그들은 이미 자유롭지만 그러한 자유를 명예스럽게 여기는 사람은 아무도 없으므로 고통스러워합니다. 사람들은 오직 고통만을 명예스럽게 여깁니다. 사람들은 부모들이 "너는 우리처럼 고통스러워해야만 한다."라는 말을 듣습니다. 이웃, 사제, 성자, 그리고 모든 종교의 수장들은 모두 이구동성으로 그대가 고통스럽고 지옥으로 갈 것이라고 말합니다. 이것이 종교를 만든 사람들의 선언입니다.

그대는 이미 자유롭다고 제가 말했습니다. 제 말을 왜 존중하지 못합니까? 그대는 여기 스승을 찾아 왔으므로 그를 존경하고 복종해야 하며, 스승이 말하는 데로 해야 합니다. 그대가 자유롭다고 그가 말하므로, 그 말을 받아들이십시오.

■ 저는 어떤 행복도 느끼지 못하고 있습니다. 사실 전 죽은 사람 같습니다. 어떻게 해야 합니까?

그대의 삶에서 단 하나의 욕망인 자유에 대한 욕망을 가지십시오. 이 욕망을 가져야만 그대가 다른 욕망을 허락하지 않을 것입니다. 다른 욕망을 충족하더라도, 그 욕망을 위하여 모든 것을 희생해야 합니다! 이 욕망은 그대에게 평화와 행복을 줄 것입니다. 그리고 그대는 삼사라로 되돌아가지 않을 것입니다. 왕과 여왕조차도 모든 것을 희생했습니다. 희생을 하면 그대는 인생의 모든 투쟁에서 자유로워질 것입니다. 마음이 그대를 속이게 허락하지 마십시오. 그대를 자유롭지 못하게 하는 것은 오직 마음입니다. 마음의 본질을 이해하여 마음에 귀를 기울이지 않는 사람은 거의 없습니다. 그들은 마음에서 오는 것을 거부하고 마음으로 하여금 자기의 말을 듣게 합니다. 그들은 자유로워질 때까지 그냥 조용히 앉아 있습니다. 자유를 얻은 후에만 그들은 마음의 욕망들을 들어주어 그것들을 충족시킬 것입니다.

그대는 하누만 박따입니다, 그렇지 않습니까? 하누만은 자신의 스승에게 봉사하겠다는 단 하나의 욕망만이 있었습니다. 하누만의 전철을 따라 오직 라마만을 위해서 일하십시오. 라마의 일을 함으로써 힘은 저절로 오게 되며 그대는 저 인도양을 건널 수 있을 것입니다. 이렇게 강한 힘을 그대는 가질 수 있습니다.

■ 저는 고향으로 돌아가서 평화에 있으며 사람들과 깊은 교류를 하고 싶습니다. 이러한 욕망이 제 가슴을 아프게 조차도 합니다..

그대가 오랫동안 여행을 하고 있지만 고향으로 돌아가기 전에는 쉴 수가 없습니다. 시장에서 모든 물건들을 구입하고 난 후라야 집으로 돌아가서 쉴 수가 있습니다. 그대가 시장과 호텔에서 시간을 보낼 수 있지만 가정이 제일 좋은 곳이므로 언젠가는 방황을 멈추어야만 합니다. 그대는 지난 수백만 년 동안 시장을 돌아다니고, 필요한 물건들을 사면서 보냈지만, 쉬지 못한 상태로 수백만 년을 허비하였습니다. 그러므로 이제는 집으로 돌아가서 편안히 쉬십시오. 집은 항상 머무를 제일 좋은 장소입니다. 저는 그대의 바깥에 있는 저 물질적인 집을 이야기 하는 것이 아니라 그대 안에 있는 집을 말하고 있습니다. 그대에게 돈이나 다른 것을 요구하는 시장 사람 때문에 지쳤다면 집으로 돌아오십시오. 빠르면 빠를수록 좋습니다. 그렇지 않으면, 그대는 인생을 허비하게 됩니다. 이 집은 항상 그대가 머물 수 있고 문은 항상 열려 있지만 이제는 돌아와야만 합니다. 바깥으로 나가는 것을 그만두고 안으로 들어가기 시작하면 그대는 이 집은 항상 자유롭고 문도 가지고 있지 않았다는 것을 알게 될 것입니다! 그대는 그 동안 그저 보지 않았을 뿐입니다.

(그녀가 운다)

이것은 이제 그녀가 집에 있음을 보여줍니다. 집에 있는 사람은 어시장에 있는 사람의 얼굴하고는 다릅니다.

■ 저는 항상 여기에 있기를 원합니다. 저는 근원과 하나 되기를 원합니다.

빛과 생명의 근원지는 저 하늘의 수백만 개의 태양보다 밝습니다. 그대가 그것 자체가 되기를 원하면 그것은 폭발하여 그대의 모든 욕망과 고통을 즉시 끝내버릴 것입니다. 그저 그것을 바라보십시오. 질문하지 마십시오. 빛 속으로 녹으십시오. 태양과 달과 별이 떠오르지 않는 곳인 생각과 마음 너머에 머무르십시오.

■ 빠빠지, 제가 눈물을 흘리다니요. 신에게 감사합니다.

이러한 울음은 아주 소수의 사람이 본 그 무엇을 보려는 깊은 갈망입니다. 이러한 울음은 그대의 지난 생애에서 결실을 맺지 못한 전생의 까르마 때문입니다. 그래서 그대가 삿상의 여기에 있는 이유입니다. 이제 그대는 미소를 지으며 웃기 시작할 것입니다. 수많은 사람이 자신의 재산이나 사랑하는 사람을 잃어서 웁니다. 그러나 그대는 이 모든 것 때문에 울지는 않습니다. 어린이만이 자신의 어머니를 찾아 울고 자신의 어머니만 받아들입니다. 초콜릿조차도 그것을 할 수 없습니다. 그래서 그대는 이토록 상서로운 울음을 계속 터트려야 합니다. 평화를 주는 것에 대해 우는 사람의 경우는 거의 보지 못했습니다. 그대의 어머니를 찾고, 그대의 참나, 지고한 힘을 찾을 때까지 계속 우십시오. 그대가 우는 것을 보면 매우 행복합니다.

■ 저는 울어왔으며 그리고 자유롭고자 안에서 불타고 있습니다.

사람은 항상 안에서 불타야만 합니다. 안이 모두 불탈 때, 그때가 그대의 사랑하는 사람을 만날 때입니다. 어떤 것이 마음속에 남아 있으면, 그대는 사랑하는 사람을 볼 수 없으므로, 몇 년 동안 타버리게 놓아두십시오! 그러면 그대의 사랑하는 사람에게 그대는 젊고, 신선하며 어린 모습으로 남게 됩니다.

그대는 잘 태어났으므로, 그대는 행운의 탄생을 가졌습니다. 그대 자신의 참나를 알아 평화로울 때, 그때가 행운의 탄생입니다. 대부분의 사람들의 탄생은 불운하고, 원하지 않았고 또 불행합니다. 행운의 탄생은 부모에 의하여 잘 돌보아졌고, 진리를 알고자 하는 열망이 있고, 삿상으로 가는 길을 발견하였으며, 그들이 그것That을 보았고 그래서 모든 어두움이 사라져 버린 사람입니다!

ॐ

■ 저 혼자서는 자유를 찾기 위한 투쟁을 끝낼 수 없기에 이 투쟁을 끝내려고 스승님을 찾아 왔습니다. 스승님의 현존의 거대함으로 저는 이미 도움을 많이 받고 있습니다.

그대 혼자서는 얻을 수 없는 무엇을 얻고 싶은 강한 욕망으로 그대는 여기에 왔습니다. 그대 혼자서 그것을 할 수 있고 다른 사람의 도움은 필요하지 않다고 말하고 싶습니다. 두 사람이 검劍의 날 위를 걸을 수 없습니다. 그것은 불가능합니다. 검 날에서 걸으려면 홀로, 그대 스스로 해야 합니다. 검의 날은 정말 예리해서 그대가 어떤 곳을 보면 두 동강 내버릴 수 있기 때문에 그대가 검의 날에 서면, 이쪽, 저쪽 혹은 뒤쪽을 볼 수 없습니다. 자유를 향하여 가는 길은 검의 날 위를 걸어 나가는 것 이상입니다. 그대는 친구를 사귈 수 없고, 사랑하는 사람 한 두 명과 가까이 지낼 수 없으며, 혼자 걷고 다른 곳을 볼 수 없습니다. 그대가 흔들리는 모습을 보이면 그대는 자유라는 목적지에 결코 도달할 수 없습니다.

이것은 곧, 그대가 생각을 한다면 그대는 과거에 있을 것이기에 그대의 마음에 어떤 생각도 가질 수 없음을 의미합니다. 어떤 것도 생각하지 말고 어떤 것도 하지 마십시오. 그냥 마음속에 다름 아닌 자유만 간직하십시오. 그리고 사랑하는 이를 잠깐만 보게 되어도 지난 세월 동안 쌓아두었던 마음속의 어두움이 사라질 것입니다. 자유를 찾기 위하여 이곳으로 그대를 데리고 온 욕망마저도 잊어버릴 정도로 침묵하십시오. 아무런 집착이 없고, 고요함에 대한 집착조차도 없을 정도로 그렇게 고요하십시오.

현존 속에는 아무런 집착이 없습니다. 마음이 없기 때문입니다. 마음은 과거이고 현존 안에는 과거는 없습니다. 마음은 그대를 무덤 속으로만 데리고 갈 것이므로 죽은 사람만이 마음으로 삽니다. 그대가 생각하는 무엇이나 죽은 것이므로 자유롭고 싶다면 마음을 전혀 건드리지 마십시오. 이 오랜 친구를 안으로 들여 그대를 더 이상 곤란하게 만들지 마십시오. 거저 고요를 지키십시오. 노력하지 마십시오. 안으로 들어가 손잡이를 단단히 잡아당기십시오. 그러면 그대는 아무런 잡아당김을 알지 못할 것입니다. 이렇게 하려면 진지함이 필요합니다. 외부 세계 때문에 곤란을 겪지 않는 곳에 머무르고 싶다면, 평화가 가능한 곳에 머무르십시오. 바깥에는 아무런 평화가 없습니다.

■ 많은 사람이 여기에 오고, 머무르며, 스승님을 사랑하지만 자유롭기

위해서는 한 순간만이 든다고 스승님께서 말씀을 하시지만 그들이 깨닫지 못하는 이유는 무엇입니까?

참나 깨달음은 단번에 이루어지지만, 이 순간을 위해서 그대의 마음 속으로부터 모든 생각을 없애려면 엄청난 노력이 듭니다. 이 순간에 모든 생각을 제거하고 이 순간을 오직 그대와 함께 하도록 하십시오. 이 순간 일어서서 주먹을 꽉 쥐고, "나는 이 순간에 자유로워야 한다."라고 외치십시오. 신이 그대에게 와서 절할 수 있을 정도로 자유에 대한 극단적인 욕망, 극단적인 활동과 힘을 가지는 경우는 매우 드뭅니다. 그대의 신체가 약하면 그렇게 할 수 없습니다. 매우 강인한 신체와 마음과 의도가 필요합니다. 그러면 이 순간이 작용할 것입니다. 그대는 그것을 해야만 합니다. 그냥 메뉴만을 보지 말고, 음식을 드십시오. 어리석은 마음에 굴하지 마십시오. 자유로워지려는 결정을 내리는 것은 마음이 아닙니다. 그대가 그것을 할 때, 아무런 마음이 없습니다! 마음을 제어하고 노예처럼 부리십시오. 자유로워지려는 여기에는 마음은 필요하지 않습니다.

■ 빠빠지, 이 은총은 무엇입니까? 참나 속에 머문다는 것은 무엇입니까? 스승님께서 내뿜는 빛을 저는 정말 많이 열망하고 있습니다.

자각을 얻고 싶은 이 열망은 자각 그 자체로 분류해야 합니다. 그대는 그것이 욕망이라는 점을 잊어버릴 수 있을 정도로 강렬한 욕망을 가져야 합니다. 그때 그대는 바라는 그것의 아름다움을 볼 것입니다. 그대가 그것을 사랑하고 있다는 것을 기억조차도 하지 마십시오. 그러나 그대가 사랑하는 그 사랑이라는 것을 아십시오. 몰입되십시오. 그때 거기에는 찬란한 빛이 있을 것입니다.

2) 비베까: 평화와 고통 간의 식별

비베까는 무엇이 일시적이고 무엇이 영원한 가를 묻고 결정하는 지성입니다. 비베까는 참나의 희열과 감각적인 즐거움 간의, 평화와 혼란 간의 선택입니다.

비베까로 실재인 것을 집어 드십시오. 그렇지 않으면 그대는 실수하게 됩니다. 현명한 삶이란 진실에서 거짓을 구분하고, 즐거움과 고통을 구분한 다음, 그대가 아닌 것을 거부하는 삶입니다. 식별은 변하는 것, 환영의 성질에 매달리는 것을 파괴합니다.

그대는 언제나 참나에 중심이 잡혀져 있어야 합니다. 오르지 그 참나가 진리이고, 다른 것은 모두 거짓입니다. 그대의 마음속에 이것에 대한 강한 이해가 중요합니다. 즉시 이성을 끄집어내십시오. 구명 밧줄이거나 뱀 중 하나이기 때문입니다!

함사hamsa는 식별을 상징하는 전설 속의 백조입니다. 함사는 우유와 물의 혼합물을 구분하여 우유를 마시고 물은 뒤에 남겨둡니다.

ॐ

■ 지난 삿상 후에 저는 몇 시간 동안 빛나는 하나One를 경험했습니다. 그러다가 천천히 마음과 이원성이 되돌아왔습니다. 거기에는 어떤 마음도 어떤 동일시도 있지 않았습니다.

만일 마음이 나타난다면 그대는 그것과 동일시하지 않을 것이라고 말하십시오. 칼로 마음을 치십시오. 이원성이 나타난다면 어떤 이원성과도 동일시하지 마십시오. 얼마나 간단한지요. 왜 혼란 속으로 들어갑니까? 이원성이 나타난다면 이원성은 없으며 일원성도 없다고 말하십시오.

■ 제가 이것을 할 때 어렵습니다.

누가 어렵습니까? 성격입니까? 이원성입니까? 왜 마음으로 어려워합니까? 마음을 본 적이 있습니까? 마음은 존재하지 않습니다. 어려움은 그대의 자아와 더불어 있습니다. 그대는 그대가 나타나고 난 뒤 그대가 무엇인가를 원한다고 생각합니다. 이 어떤 것이 가능하지 않으면, 그때 그대는 어려움에 있습니다. 모든 존재는 그대의 마음 때문에 거기에 있습니다. 그대가 마음을 점검한다면 그대는 어떤 친구도, 적도 사람이나 개별적인 존재도, 시간조차도 볼 수 없을 것입니다. 이것이 모든 사람들이 깨어 있을 동안의 잠입니다. 어떤 생각도 일으키지 마십시오. 이것은 그대의 손에 달려 있습니다. 식별의 검으로 모든 생각에 맞서고 결정을 완전히 내리면, 그때 그대에게 닿는 것은 아무것도 있을 수 없습니다.

   그대의 결심이 흔들린다면 그대는 이러한 빛과 지혜와 사랑과 깨달음을 가질 수 없을 것입니다. 깨달음은 겁쟁이나 약자를 위한 것이 아니라, 성격과 집착의 약점과 투쟁할 수 있는 매우 강한 사람들을 위한 것입니다. 그대 자신의 발로 서고 다른 것에 의존하지 마십시오.

■ 잃을 수 없는 것을 제가 어떻게 잃을 수 있습니까?

   이것을 그대는 알아야만 합니다. 발견되어질 수 없거나 잃을 수 없는 그것을 찾아야만 합니다. 그대의 목적, 그대가 가져야 하는 것, 그대가 떠나야 하는 것, 실재 하는 것과 실재 하지 않는 것을 식별하기를 계속 하십시오. 식별하기를 계속 해야만 합니다. 그렇지 않으면 시간을 모두 낭비하는 것이 됩니다.

   그대의 목적이 무엇인지를 식별하는 것으로부터 시작하십시오. 그것은 그대에게 평화를 주는 것을 발견하는 것입니다. 무엇이 실재인지를 아십시오. 그대는 여기에 깨달음을 얻기 위해 왔지 어떤 다른 것을 얻으려고 온 것이 아닙니다. 이것이 그대의 결정입니다. 그대를 혼란스럽게 할 어떤 생각도 받아들이지 마십시오. 매순간 경계하십시오. 그러면 그대는 성공할 수 있습니다. 그대의 결정이 흔들리도록 하지 마십시오. 패배를 받아들이지 마십시오. 그대는 손에 검을 든 투사이어야 합니다. 그대가 원하지 않는 생각을 잘라버립시오. 그러면 그대는 성공할 것입니다.

■ 저는 여기서 2가지 다른 상태를 경험했습니다. 하나는 평화롭고 여유로우며, 거기에 아무 것도 없는 끝없는 상태입니다. 다른 하나는 다량의 에너지에 접촉하고 있는 여성의 자궁에 있는 듯한 체험이었습니다.

누가 이러한 두 상태를 구분하고 있습니까?

■ 제 마음입니다.

두 상태는 개념이고 둘 다 실재하지 않습니다. 이 두 상태는 마음 그 자체인 가변적인 투사물입니다. 한 상태를 좋아하고 다른 상태를 좋아하지 않는 것은 마음입니다. 누가 이러한 상태를 경험하며 또 구분합니까? 찾아내십시오! 누가 이러한 차별을 만듭니까? 하나가 좋더라도 다른 하나는 그렇지 않을 수 있습니다. 누가 이러한 변화를 봅니까? 모든 상태가 사라지는 단계로 되돌아가면 평화, 절대적인 평화로 들어갈 것입니다.

마음은 식별 그 자체이고, 마음의 근원을 질문하십시오. 어디에서 이 원성이 일어납니까? 거기로 가십시오. 그러면 그대는 근원, 절대적 침묵 안에 있을 것입니다. 이 두 상태가 차이 나기 전에, 구분이 일어나는 곳으로 가십시오. 지금 여기에서 그렇게 하십시오. 거기로 가십시오. 그러나 어떤 의도나 노력을 일으키지 마십시오. 그러면 그대는 그것을 볼 것입니다! 지금 그것을 하십시오.

■ 감사합니다! 정말로 빨리 비워졌습니다!

그렇습니다, 여기에는 아무것도 일어나지 않을 것입니다. 아무것도! 이원성은 여기서 일어나지 않을 것입니다. 이것이 자유입니다. 이것이 그대 자신의 본성입니다. 그대 자신의 본성! 알고 이것과 동일시하고, 이것 속으로 들어가십시오. 그러면 그대는 모든 현현이 이 의식의 중심 안에 있다는 것을 볼 수 있을 것입니다. 모든 것이 그대의 것이고 그대는 전부가 됩니다. "내가 이 모든 것이다 I AM all of this!"고 말할 필요가 없습니다. 이제 춤을 추십시오.

ॐ

■ 저는 제가 머물러야 하는지 가야하는지 혹은 머물고 가야할 곳을 모르겠습니다.

행복해지려면 언제 나무 그늘에 앉고 언제 햇빛을 받으며 걸어가야 하는지 식별하고 알아야 합니다. 이들 가운데 하나만 하는 것은 좋지 않습니다. 햇살을 즐기고, 너무 많이 받았으면 나무 그늘로 가서 자고 쉬십시오. 양쪽 다 즐기십시오. 어디에 머무르든지 그대가 처한 상황을 즐기십시오. 그 어느 것도 피하지 말고 어느 것도 받아들이지 마십시오.

■ 제가 바라나시의 시체를 태우는 가뜨에 있을 때 저는 스승님과 가까이 있으려는 욕망이 있었으며 제 참나가 매우 강렬히 불타올랐습니다. 어떻게 해야 합니까?

그대가 몸이 활활 타오르는 것을 보러 갔다면 그대는 단 몇 백 그램의 재만 남는다는 것을 보아야만 합니다. 이렇게 몇 백 그램밖에 안 되는 몸에 그대는 너무나 집착하였습니다. 이것이 태우는 가뜨의 식별입니다. 사람들은 그곳에 갈 때 이것을 압니다만 곧 잊어버립니다. 그대는 이 식별을 영원히 기억해야 합니다. 이 몸은 곧 재가 되므로, 이러한 일이 일어나기 전에 몸에 옷을 입은 목적을 충족시키십시오. 그때 그대의 몸이 타오를 때 그대는 행복할 것입니다.

실재하지도 않는 생각을 쫓느라 평화를 저 버리지 마십시오! 생각이란 오고 가는 것, 곤란이란 무엇입니까? 행복을 떠나려는 그대의 결정은 좋지 않습니다. 평화에 머무르십시오. 그대는 지난 수백만 년간 혼란스러웠습니다. 그대가 평화를 찾아놓고서 왜 혼란으로 되돌아가려 합니까? 이점을 이해하십시오. 그대에게 평화를 주는 것과 그대를 혼란스럽게 하는 것 간을 구분하십시오. 더 좋은 쪽을 따르십시오.

■ 생각과 느낌이 실재하지 않는다고 말씀하실 때 저는 혼란스러워집니다. 그것들이 나쁘거나 의미가 없습니까?

모든 생각과 정서는 실재가 아닙니다. 이것들은 저 바다의 표면에서 잠시 동안 춤추고 난 뒤 일어났던 곳으로 되돌아가는 파도와 같습니다. 그렇게 되면 더 이상 파도가 아니고 바다입니다. 파도가 하나의 개별적 성격으로써 그 형태를 얼마나 유지할 수 있습니까? 이름과 형태는 실재가 아닙니다. 그것들이 일어나는 곳의 바탕을 보십시오. 이것이 실재입니다. 그것은 변하지 않습니다.

마음속에서 어떤 생각이 일어나 즐거움을 주는 감각의 대상으로 나아가기 전에, 그러한 생각이 일어난 바탕을 보십시오. 거기로부터 그대는 생각과 느낌의 형상을 즐길 수 있습니다. 왜냐하면 거기에서는 그대는 무지하지 않기 때문입니다. 파도와 거품은 그들의 이름과 형상을 위하여 오직 춤을 추기 때문에 그것들은 무지합니다.

이러한 형태는 일시적이므로 거기에 집착하면 혼란스럽습니다. 생각, 욕망, 정서, 느낌 혹은 대상이 되어 일어나는 현상은 그대에게 고통을 줍니다. 이 세상의 어느 누구도 이것을 피할 수 없습니다. 이것을 즐기는 쪽이나 즐거움을 주는 대상이나 다 없어집니다.

그러나 현자는 실재와 비실재 간을 구분합니다. 그들은 무엇이 실재인지를 알기에, 모든 것이 하나이고 동일하다는 것을 알기에 생각과 느낌이 일어나도록 놓아둡니다. 이런 방법을 사용하면 그대는 고통을 받지 않을 것입니다.

■ 저는 하나One를 경험하고 싶습니다.

누가 그대의 고통과 그대의 즐거움을 경험합니까? 몸이나 마음은 아닙니다. 즐기는 자는 어떤 다른 것입니다. 누구나 이것에 대하여 혼돈합니다. 그들이 "나는 즐기고 있다."고 말할 때, 그들은 "나의 몸이 즐기고 있다." 라는 것을 의미합니다. 사실은 그렇지 않습니다. 몸이 즐거움에 관련되어 있을 경우 누가 즐거움의 목격자입니까? 목격자는 참여하지 않고 그냥 목격자일 뿐입니다. 이것은 참나, 그대 자신의 사랑스러운 가슴입니다. 그대는 그것입니다.

ॐ

■ 폴란드에서 어느 들판을 걷고 있는데 세상의 실재가 완전히 무너지는 강렬한 경험을 하였습니다. 저는 분명 마음의 정신적 구성으로서 모든 것을 분명히 보았습니다. 그러나 2주가 지나자 이 경험은 천천히 사라졌습니다. 제가 누구였는지에 대한 아무런 생각이 없었기에 이러한 광경이 무서웠습니다! 저라고 생각하였던 저의 이전의 정체감이 흩어져 버렸습니다.

모든 것을 마음의 구조로 보는 것은 사람이 가질 수 있는 최상의 경험입니다. 그대는 왜 두려워합니까? 모든 것은 마음의 구성입니다. 마음이 없으면 만지고, 보고, 깨닫는 과정이 없습니다. 잠든 상태처럼 말입니다. 아무 것도 없습니다. 그것이 깨어있는 상태에서 일어날 때, 자신의 장점과 욕망에 대한 보상을 거두어들인다는 점을 의미합니다. 이러한 경험은 깨어있거나 잠자는 동안에 들판, 숲 등 어느 곳에라도 경험할 수 있습니다. 그것은 문제가 되지 않습니다. 그러나 그대가 그러한 현상을 의심하면 사라져 버립니다.

이러한 현상이 일어날 때, 그대가 누구인지 알 필요는 없습니다! 그대가 "나는 누구인가?"하고 질문 할 경우, 거기에는 하나의 주체, 문제, 하나의 대상이 있어야만 합니다. 그러나 모든 것이 환영일 경우, 그대가 그것이 있었다고 말할 때, 그때 이 주체와 객체 또한 하나의 환영일 뿐입니다. 존재하는 것은 아무것도 없습니다. 이것이 진리입니다.

■ 많은 제 친구들이 제가 이러한 경험을 하고 나서 심리학자를 만나야 한다고 해서 마침내 만났더니, 저를 미쳤다고 할 줄 알았는데 그는 제가 스승을 찾아야 할 때라 하더군요. 믿을 수가 없었습니다. 그래서 곧 이후에 스승님에 대해서 듣고 그래서 지금 여기로 와있습니다.

은총이 여기에 모두를 오게 하였습니다! 이것이 "집으로 오라."는 신성의 은총입니다. 은총을 통해서 그대가 이곳에 와서 의심을 떨쳐 버리고 여행을 마쳤습니다. 그대는 고통을 당하기 위하여 자궁에 던져지지 않도록 이 인간의 탄생을 가장 잘 사용해야 합니다.

■ 오로지 생각에 의하여 일어난 이 분리를 어떻게 초월할 수 있습니까? 저는 그렇게 하려는 강한 욕망을 가지고 있습니다..

그대는 자유로워지고 싶은 욕망과 다른 무엇인가를 향한 욕망을 가지고 있습니다. 그러므로 그대는 영원한 것과 일시적인 것 간을 식별해야만 합니다. 대부분의 사람들은 얼마 후 사라져 없어져 버릴 마음의 일시적 만족만을 원합니다. 평화와 사랑에 거주하고자 하는 사람은 없습니다. 영원한 것과 호수 위의 물거품과 같이 움직이는 것을 구분하십시오.

이 물거품은 호수 표면을 가로지르며 이동하는 동안 빛나지만 실재와는 아무런 관련이 없습니다. 약간의 바람이 불면 물거품은 사라지고 그것의 바탕으로 돌아갑니다. 이러한 방법으로 그대는 그대의 바탕에 작용할 수 있습니다. 강한 식별로 그대가 그것을 얻어야 한다는 것을 아십시오. 그대의 식별력이 강할수록, 그대는 더 일찍 성공합니다.

3) 바이라기야: 덧없는 것의 포기

자유는 이해 너머에, 마음의 움직임 너머에 있습니다. 그러나 매우 중요한 것은 지적 이해입니다. 그대에게 마음의 평화를 주는 어떤 대상도 없음을 알아야 합니다. 만일 그대가 이 점을 안다면 그대는 사라져 없어질 대상에 집착하지 않을 것입니다. 이것이 초연함 즉 바이라기야입니다.

비베까는 실재와 비실재간의 식별입니다. 자유에 대한 욕망은 실재에 대한 열정이고 바이라기야는 비실재에 대한 무관심입니다. 모든 감각적 즐거움은 본래 일시적이고 덧없기 때문에 포기하는 것이지, 나쁘기 때문에 포기하는 것은 아닙니다. 감각적 즐거움은 그대의 유희입니다. 그대가 마음을 포기하지 않으면, 모든 다른 포기는 소용이 없습니다. 그대가 포기할 수 있는 대상은 모두 마음으로 포기합니다. 그러나 오직 참나만이 바이라기야로 마음 그 자체를 포기합니다. 생각에 집착하지 않음으로써, 그리고 그대를 고통스럽게 하는 모든 대상을 포기함으로써 말입니다. 바이라기야는 아무런 영속하는 것이 없음을 아는 것입니다. 현명한 사람은 평화를 위해 모두를 거절합니다.

ॐ

■ 제가 자유의 길에 있음을 느끼고 있습니다만, 과연 모든 집착을 버리고 자유로워질 수 있을지요? 제 친구와의 관계도 끊어야 합니까?

그대가 이러한 집착과 관계 이상의 것을 원한다면, 그것들은 자연적으로 떨어져 나갈 것입니다. 그러한 관계를 고의적으로 깨트릴 필요는 없지만 그것들은 모래벽처럼 떨어져 나갈 것입니다. 모든 관계라는 것이 아이들이 해변에 짓는 모래성 이상의 것은 아닙니다. 그대 자신의 참나와 관계를 맺고 살아가는 것 이상의 가치 있는 관계는 없으므로, 그대는 그것That과의 관계를 결코 없앨 수 없습니다. 그러나 그대 자신의 참나를 찾지 못하게 하는 관계는 영원히 거부해야만 합니다.

실제로, 집착할만한 대상은 없습니다. 그대가 자러 갈 때 그대의 집착은 어떠합니까? 아버지도, 어머니도, 사제도, 교회도 집착하지 않습니다. 이처럼, 그대가 진리를 찾아 나서는 동안, 그대가 맺었던 관계는 실제 하지 않기에 스스로 떨어져 나갑니다. 그것들은 그대가 그러한 관계로부터 무엇인가를 원했기에 존재했던 것처럼 느껴집니다. 깨어질 수 없는 유일한 관계는 그대 자신의 참나와의 사랑에 빠지는 것입니다!

이것이 평화를 발견할 방법입니다! 그대는 나중에 평화와 항상 함께 살았다는 사실을 알게 되겠지만, 집착 때문에 다른 대상에 관여했고 그대의 발밑의 존재를 보지 못했습니다. 그대의 감각은 바깥으로 나가서 어떤 장소나 대상이나 사람을 찾아 달려 나갔습니다. 그러므로 그대는 결코 이 공간에 들어올 수 없습니다. 그러므로 사랑하는 친구여! 지금 나아가십시오, 그대는 지금 삿상에 있습니다. 지금껏 그대를 속여 온 관계와 달리 그대를 속이지 않은 최상의 장소가 이곳입니다.

■ 여기에 온 것이 기적 같이 느껴져집니다. 저는 낚시 줄에 걸려 물 밖으로 끌려 나간 물고기처럼, 행성의 다른 편으로 끌려 나간 존재처럼 느껴집니다.

그대는 모든 것을 뒤에 남겨두었습니다! 이것은 매직입니다. 그대의 목적을 충족시키려 여기에 오는 것이 매직입니다. 그대는 며칠이 지나면 이 매직의 결과를 보게 될 것입니다. 이 매직이 일어나기 시작하면, 그대를 사랑하고 싶어 하는 것은 어떤 내적 충동입니다. 이 충동은 모두에게 일어나지 않습니다. 오직 소수의 사람만이 그들의 왕국과 왕과 여왕 그리고 보물을 거부하고 성공하기 위해 숲으로 곧장 갑니다.

그대가 성공할 때까지는 떠나지 않겠다는 강한 결심을 하십시오. 이 욕망이 강렬할수록 그대의 사랑하는 이의 가슴에서 불타오르는 불꽃이 강해질 것입니다. 그때 그대가 모든 것을 거절하는 것과 꼭 마찬가지로, 그도 그의 천국을 거절하고 그대 앞에 올 것입니다. 걱정하지 마십시오. 그대 안에 항상 이 초가 켜져 있게 하십시오. 이 불꽃에 나방이 날아들어서 자신을 불태울 것입니다.

■ 진리는 항상 있지만, 그 진리의 인식이 시간상으로 늦어질 수 있습니까?

아닙니다, 진리를 인식하는데 더딜 수는 없습니다! 진리를 인식하는 데 있어서 더디다면 진리가 아닌 것을 찾고 있기 때문입니다. 진리를 찾는 진지함과 정직한 욕망이 부족하기 때문입니다.

진리는 어디에나 존재합니다. 그대 앞에도, 그대 뒤에도, 그대 아래에도 그대 위에도 존재합니다. 그러나 그대는 다른 무엇을, 다른 사람이나 대상을 원하고 있습니다. 이 다른 것과 접촉하지 않을 때, 그대는 무엇을 봅니까? 즉시 그대는 진리 그 자체를 보게 될 것입니다.

ॐ

■ 저는 이름과 형태로 된 세상에 대한 관심을 잃어버렸습니다. 마침내, 저는 럭나우에 왔습니다.

때로 사람들은 신경적 문제를 일으킬 수 있는 마음의 긴장 때문에 이 세상에 대한 관심을 잃어버립니다. 다른 원인은 자기 내부에 존재하는 평화와 사랑 그리고 아름다움 때문에 세상에 대한 관심이 없는 경우입니다. 그대의 얼굴을 보니 두 번째 그룹은 아닌 것 같습니다. 지금 그대를 보니 두려움이 많습니다. 누군가는 그대를 잘못 판단할 수도 있지만 분명 그대는 두려움 때문에 도망쳐 나왔습니다. 여기에서 잠시 머무르십시오. 그대는 도움을 받을 것입니다.

■ 오래 전에 일어났던 것에 통제를 받고 있어서 아픕니다! 저는 자유롭고 싶으며 항상 부드러운 봄바람처럼 되고 싶습니다.

산들바람의 본질은 한 장소에 결코 머물지 않는다는 점입니다. 항상 움직입니다. 만일 장미 정원으로 간다 해도 그 아름다운 정원의 환경에 결코 집착하지 않습니다. "나는 이곳에 머물 것이다."라고 말하지 않습니다. 계속 흐르는 것이 바람의 본성입니다. 바람이 가는 다음의 장소는 돼지가 음식을 먹는 쓰레기더미 입니다. 산들바람은 그냥 계속 흘러갑니다. 거절하지도 받아들이지도, 집착도 무집착도 하지 않습니다. 이것이 산들바람의 본성입니다. 이러한 본성은 우리 모두를 자유롭게 하는데 도움을 줄 것입니다. 그대 앞에 오는 그 무엇에도 집착하거나 냉담하지 않는 것입니다. 그냥 흘러가십시오.

이제, 문제는 우리가 한 장소에 집착한다는 것입니다. 그 장소는 관계입니다. 특히, 그대 자신의 몸과의 관계입니다. 그대는 자신의 몸을 그렇게도 좋아하지만, 그러나 이것은 산들바람의 본질은 아닙니다. 그러므로 모든 사람들이 고통을 받습니다. "이것은 아름다운 몸과 성격이다. 나는 항상 이 아름다운 안에 머물기를 원한다."라고 할 때 그대는 몸과 동일시하고 있습니다. 그러나 그렇게 되지 않을 것입니다. 그대는 그대를 행복하게 만드는 특정한 장소, 사람, 교육을 결정할 수 있습니다. 그렇게 해도 그대는 행복하지 않을 것입니다. 행복한 사람은 계속 움직이는 사람입니다. 어떤 특정한 장소나, 사람이나 사물에 집착하지 않습니다. 이런 이유로 산들 바람은 항상 행복합니다.

스승을 찾아다니는 어떤 사람이 있었습니다. 그는 산들바람을 보았고 산들 바람이 어떤 특별한 곳에 머무르지 말라는 것을 가르쳐 주었기에 "저 또한 당신처럼 행동할 것입니다. 그리고 저는 당신 앞에 절을 합니다."라면서 산들 바람이 자신의 스승이라고 말하였습니다. 이처럼 그대가 보는 모든 것이 그대의 스승입니다. 언젠가는 한 소녀를 보았습니다. 미래에 자신의 시 어머니와 시 아버지가 될 사람이 그녀의 집을 방문했습니다. 그녀의 부모님이 출타 중이었기 때문에, 그녀가 그분들을 위한 음식을 만들어야 했습니다. 그 집안은 너무나 가난하여 그분들을 위한 음식을 요리할 것이 없었지만, 그들이 이 사실을 알기를 그녀는 원치 않았습니다. 그녀는 매우 현명했습니다. 벼 껍질을 벗겨내려 할 때 팔찌의 소리가 요란하게 났습니다. 그 소리는 인도에서는 가난의 확실한 징표이었습니다. 그래서 그녀는 각 손목에 한 개의 팔찌만 남겨두고 모두를 벗었습니다. 구루를 찾아 나선 그 사람은 이 모든 것을 보고 그녀로부터 그대가 행복하기 위해서는 홀로 머물러야 한다는 것을 배웠습니다. 그대가 그대 자신에게 그대 자신으로 있지 않으면 그대는 다른 것들과 부딪치면서 시간을 낭비하게 될 것입니다. 그대는 자신의 참나에 있기 위하여 가까이 해야만 합니다.

　이것처럼, 그가 본 무엇이나 그는 자신의 구루로 받아들였습니다. 땅 또한 그를 가르쳤습니다. 그대는 무엇이나 할 수 있지만 그녀는 개의치 않습니다. 그대는 지구를 오염시키거나 꽃을 둘 수 있지만, 그러나 그녀는 같은 채로 있습니다. 그녀는 모든 것을 받아들입니다. 그래서 그는 "이 어머니 지구는 저의 구루입니다."라고 말했습니다. 이것처럼 그대는 그대가 진정으로 배우기를 원한다면, 어떤 것으로부터도 가르침을 가질 수 있습니다.

이 이야기의 목적은 그대를 오염시키는 것과 그대의 시간을 낭비하는 것과는 교제를 하지 말라는 것입니다. 그대는 홀로 그리고 집착이 없는 채로 있는 약간의 시간을 가져야만 한다는 것입니다. 지금으로서는, 그대의 손님에게 봉사하기 전에, 그대가 자유롭기 전에, 그대는 홀로, 고요히 있어야만 합니다. 그대의 참나를 위한 약간의 시간을 내십시오. 사회 속에 항상 살지는 마십시오. 사회는 그대의 시간을 허비한다는 것을 의미합니다.

이 정도면 당신에게 충분한 가르침입니다. 모든 것으로부터 배우십시오.

ॐ

■ 빠빠지, 불이 타고 있는 삼사라의 숲을 건너도록 저를 안내하시어 제 마음을 진리에의 봉사의 길을 벗어나지 않게 해 주십시오.

이 온 숲이 오직 타고 있다고 그대가 느낀다면, 오직 그때에만 진리는 쉽게 그대에게 가능할 것입니다. 우선 숲 속의 야생 불처럼 그대가 삼사라로부터 고통스럽다는 것을 발견해야만 합니다. 그대가 이것을 느낄 때 그대는 모든 것을 포기하고 평화를 찾아야만 합니다. 지금은 옳은 시간이고, 옳은 순간입니다. 그것을 놓치면, 그대는 영원히 그것을 잃을 것입니다.

짜이딴야가 "옳은 순간이 올 때, 기다리지 마십시오. 당신이 진리를 깨달아야만 한다는 생각이 올 때, 당신은 모든 것을 떠나야만 합니다."

라고 잘 말했습니다. 이것이 그가 말하는 요점입니다.

　기다리지 마십시오. 왕국을 떠나십시오. 이 생각은 그대의 삶에서 다시는 오지 않을 것입니다. 그래서 그대는 다시 840만 종의 결코 끝이 없는 윤회를 거쳐야만 할 것입니다. 그러므로 결정하십시오. "나는 이 사랑을 이번 생애에, 올 해에, 오늘 깨달아야만 한다." "그대가 평화를 찾기 전에 결코 돌아오지 않겠다."가 그대의 결심이 되어야만 합니다.

　그대를 둘러싼 모든 환경이 다 불타 버릴 때까지는 이 평화는 오지 않을 것입니다. 만일 삼사라가 골칫거리가 아니라면 무엇인가가 잘못 되었습니다. 그러나 그것 때문에 그대가 괴롭다면, 모든 것을 거부하십시오. 이것이 왕조차도 했던 것입니다.

　■ 저는 참 잘 살고 있지만 만족하지는 못하고 있습니다. 저는 지긋지긋 하여 모든 욕망과 신기루를 끝내고 싶습니다. 물도 마시고 싶지 않을 정도 입니다.

　이것은 받아들일 매우 좋은 맹세입니다. 그대는 실재를 원하지 않으며 신기루도 원하지 않습니다. 그 정도면 충분합니다. 그대가 실재나 환영과 아무런 관심이 없을 때, 그대는 잠자거나 휴식할 수 있을 것입니다.

　■ 참나가 스승님의 형상 속에 있는 참나를 보기위하여 저를 여기에 데려왔습니다. 왜 저는 환영을 포기할 수 없습니까? 왜 마음은 계속 투쟁하고 싶어 합니까? 왜 집으로 가도록 허락되지 않고 있습니까? 저는 지쳤습니다. 비참한 기분이 들고 지긋지긋합니다.

매우 좋습니다. 이것은 좋은 맹세입니다. 마음이란 얼마간 투쟁하고 난 다음에는 침묵합니다. 마음이 거기에 있다면, 그냥 두십시오. 아무런 힘이 없습니다. 마음이 그대 근처에 그 스스로 있도록 두는데 주저하지 마십시오. 왜 마음을 두려워합니까? 마음은 환영과 같아 단지 하나의 이름일 뿐입니다! 그것은 결코 존재하지 않고 있습니다. 그것은 단지 그대의 욕망이었습니다. 오직 그때에만 마음이 오고 "나는 이것을 원한다."로 기능합니다. 그래서 마음이 있습니다. 마음은 의심과 욕망 안에만 존재합니다. 오직 그때에만 그대는 마음이 필요합니다. 이제 마음의 장난은 끝납니다. 이제 마음이 그대에게 온다면, 그것이 그대의 몸의 요구를 돌보는 그대의 하인으로서, 그대의 노예가 될 것이지만, 그대에게 이것을 해라 저것을 해라하여 그대를 성가시게 하지는 않을 것입니다. 그것은 노예처럼 될 것입니다. 그대는 어떤 것에 대하여 생각하지 않을 것입니다. 그것이 그대에게 봉사할 것입니다. 그러나 마음이 하인이라는 것을 그대가 모른다면 그대는 고통스러울 것입니다.

마음이 그대에게 머물고자 한다면, 그대의 명령에 따라 행동을 해야만 하며, 그대를 돌보아야 한다고 마음에게 말하십시오. 그러면 상황은 변할 것입니다. 이것이 일어날 때 모든 것이 변화할 것입니다. 그대의 얼굴과 몸이 변할 것입니다. 마음이 그대와 유희하지 않는 순간을 포착하게 됩니다. 마음이 거기에 없다면 그대의 얼굴은 매우 아름다워 질 것입니다. 그러나 그대가 어떠한 욕망을 가진다면 그때 그대는 행복하지 않습니다. 그대는 결코 행복하지 않을 것입니다. 오케이, 젤로.

■ 제가 신에게 가기 전에 이러한 문제와 걱정을 모두 해소할 필요가 있습니까?

처음에는 해소할 수 없습니다. 그래도 나아가십시오. 그대가 먼저 빛나야 합니다. 그러면 모든 것이 해소될 것입니다. 곧장 가면 모든 것이 해소될 것입니다. 곧장 집으로 가십시오. 모든 것이 그대를 위해 돌보아질 것입니다. 이러 저런 잡다한 것을 마음에서 지워야 한다는 것을 마음에 지니지 마십시오. 그것은 불가능합니다. 그러면 삶의 많은 부분을 노력으로 보내야 합니다. 앞을 향해 전진하십시오, "나는 자유로워야 한다."는 이것만을 그대의 마음에 지니십시오. 그렇지 않으면, 처리해야 할 것이 많아지고 그것을 다 하기에는 인생이 너무 짧습니다. 시간은 흐릅니다. 그대는 서둘러 집으로 돌아가야 합니다. 그대가 그대의 마음에 이 자유만을 지닐 때, 모든 것이 해소됩니다. 왜냐하면 그대의 마음은 마음 없음이기 때문입니다. 아무 것도 이제 지니지 마십시오. 그대의 참나를 사랑하십시오.

■ 자유는 자신이 사랑하는 것을 떠나야 한다는 것을 요구한다면, 그것은 정말 큰 대가를 치러야 합니다. 그러나 그럴 가치는 있습니다!

그대가 사랑하는 이 대상을 그대는 언제나 사랑할 수 있습니까? 그것이 그대와 함께 잠을 자러 갈 수 있습니까? 그 대상은 그대가 잘 때나 자지 않을 때도 있어야만 합니다. 그대가 죽을 때조차도 몸은 그대를 따라가지 않습니다. 그래서 그대와 항상 함께 하는 그것을 항상 사랑하십시오. 식별력을 가지고 지금 그것을 찾으십시오. 그대의 가장 소중한 이와 함께 하십시오.

ॐ

4) 성스러움: 천진과 순수

진리는 성스러운 사람을 드높입니다. 그러므로 그대는 너무나 아름답고 순수하고 결점이 없어야 합니다. 바사나들이 없어질 때, 아무런 생각이 없을 때 그대는 성스럽습니다.

그대가 성스러워질 때 그대는 가치 있어 집니다. 그러나 가치 있음만으로는 소용이 없습니다! 그대는 가치가 있으며 가치 있음과 가치 없음으로부터 자유로운 한분One을 찾아내야 합니다. 죽은 사람은 "나는 죽었다."고 말하지 않습니다. 그러므로 가치 있는 사람은 "나는 가치롭다."라고 말하지 않습니다.

침묵이 절대적으로 필요합니다. 그것은 안으로 향한 마음입니다. 모든 감각, 생각과 개념이 안으로 향한 것입니다. 이것이 자유로운 마음입니다. 고요하십시오. 쾌락을 얻기 위하여 바깥으로 향한 마음이 삼사라입니다. 삼사라에 있는 마음이 윤회, 고통, 죽음입니다.

외적인 순수는 중요합니다. 환경, 교제, 몸, 마음을 말합니다. 내적인 순수는 자유를 향한 불타오르는 욕망입니다.

삿뜨바적인 순수하고 조화로운 마음은 탐구로 나아갑니다. 그러므로 순수한 다르마적인 삶과 다이어트를 권합니다. 탐구는 따마스와 라자스로 혼란스러워진 마음에는 일어날 수 없습니다. 라자스의 활동적인 마음은 분노와 사다나로 나아가게 합니다. 이 마음은 원숭이의 마음이며 마음의 본질을 보지 못할 것입니다. 따마스의 무디어지고 둔감한 마음은 잠, 의심, 두려움으로 나아가게 합니다. 무딘 마음은 스승의 말을 경청하지 못합니다. 그대가 마음에 아무 것도 담고 있지 않다면, 스승으로부터 듣는 한 마디 말이면 충분하다. 이것이 삿뜨바적인 마음입니다.

자유를 향한 불타는 욕망, 지속적인 명상, 탐구, 쾌락의 포기. 고요하십시오. 생각하지 마십시오. 노력하지 마십시오. 성스러운 사람은 진리를 얻을 것입니다. 성스러움이 주요한 조건입니다.

ॐ

■ 저는 성스러운 성품을 가지려는 강한 욕망이 있습니다.

성스러운 성품은 자유롭기를 원하는 사람이 반드시 가져야 하는 것입니다. 그대는 성스러워야 합니다. 왜냐하면 자유는 성스러운 사람에게 나타나지 다른 것을 바라는 사람에게는 나타나지 않기 때문입니다.

성서러움은 당신 자신의 참나와 사랑에 빠지는 것입니다. 이것이 헌신입니다. 그것은 사랑과 다르지 않습니다! 그대가 사랑하는 것에 그대는 헌신하며 그대가 헌신하는 것을 그대는 사랑합니다.

이러한 사랑은 아무런 대상을 가지지 않으며, 다른 곳으로 가는 것이 아니라 그것 자신에게로 갑니다. 그대가 바라는 것이 무엇이든지 간에 즉 나타나 있든 나타나 있지 않든 간에, 그것은 그대 안에 그것 자신을 드러냅니다.

　이러한 사랑을 바란다면 한 사람만 사랑하려고 하지 마십시오. 이러한 사랑은 아무런 성격도, 아무런 형상도, 아무런 이름도 가지지 않기 때문입니다. 신은 이러한 사랑입니다.

ॐ

　■ 어제 저와 시간을 함께 보내주셔서 감사합니다. 이른 아침 햇살에 사라져 버리는 안개처럼 제 모든 문제가 증발해서 없어졌습니다.

　훌륭합니다. 그럴 것이라고 제가 이야기 했습니다. 그대가 매우 정직한 사람이므로 이렇게 빠른 결과가 나왔습니다.

　진리는 성스러운 사람을 드높이므로 정직한 사람만이 그것을 할 수 있습니다. 성스러운 사람은 아무 어려움이 없이 진리의 가슴 안으로 들어갑니다.

　누가 성스러운 사람입니까? 그냥 눈을 감고 자신이 성스러운 사람인지를 보십시오. 자신이 신성을 접할 수 있을 정도로 성스럽습니까? 신성 그 자체와 신성을 보고 싶어 하는 사람 간에는 차이가 없습니다.

　■ 제가 가지고 있는 어떤 의문도 즉시 사라집니다.

　이것은 마음이 순수하다는 것을 보여줍니다. 너무나 순수하여 그것은 어떤 의심이나 질문을 품을 수 없습니다. 많은 사람이 의문을 가지고 오지만, 그들이 의문을 질문할 수 있기 전에 그들은 그것들 모두를 잊습니다. 이것은 마음의 순수에 달려 있습니다. 어떤 사람이 순수한 가슴을 가지고 있다면 신이 그의 뒤를 걸으며 그의 모든 욕망을 즉시 그리고 자발적으로 순식간에 들어줍니다. 순수한 사람의 욕망이 이루어지는 과정이 이러합니다. 예수가 "너의 의지가 이루어지리라."고 말했듯이 말하십시오. 만약 그대가 안에 있을 그것에게 복종한다면 그대는 매우 행복할 것입니다.

■ 저는 아직 저에 대하여 절대적으로 순수하지 않다고 느낍니다. 그것이 불꽃을 보는 것을 가로막고 있습니다. 저는 투명해져서 사라졌으면 합니다.

그대는 순수하지만 그러나 그대가 어떤 것이 순수하지 않다고 느끼게 되면, 그대는 불꽃을 볼 수 없을 것입니다. 이러한 불순수성은 다른 누군가에게 집착하고 있음에 틀림없습니다. 그것은 그대가 순수하게 되는 것을 허락하지 않습니다. 그대가 그대 자신의 참나의 불꽃을 보려면, 어느 누군가에도 집착하지 않아야 합니다. 그대가 다른 누군가에게 집착하게 되면, 그대는 다른 사람 안에 있는 사랑, 아름다움과 불꽃을 보고 있는 것입니다. 그대는 먼저 그대 자신의 아름다움을 보아야만 합니다. 그러고 나면 그대는 모든 존재 안에 아름다움을 보게 될 것입니다. 투명은 그대 마음에 아무런 생각을 가지고 있지 않다는 것입니다. 그때 그대는 투명할 것입니다. 잠시 동안 아무런 생각을 가지지 마십시오. 생각을 가지지 않으면 그대는 투명해집니다.

■ 자신을 정화하여 아름다워지는 방법은 무엇입니까?

아름다워지는데 시간이 걸리지 않습니다. 그것은 피부의 아름다움이 아닙니다. 진리가 드높아지는 아름다움입니다. 그대는 그대의 마음에 생각을 가지지 않음으로 아름다워질 수 있습니다. 아무런 생각이 없을 때, 그대의 피부의 모공을 통해 안의 빛이 빛나면서 그대와 이 온 세상을 아름답게 만듭니다.

붓다가 자유를 얻었을 때 그의 신체조차도 너무나 아름다워졌습니다. 요즘은 아름다워지려고 사람들이 많은 방법을 사용합니다. 1960년대에 사람들은 LSD를 가지고 자기 마음을 화학적으로 바꿈으로써 아름다워지려고 했습니다. 그러나 그들이 발견한 아름다움은 일시적이었으며, 약은 그들의 건강을 피폐하게 만들었습니다. 저는 유명 인사를 포함해서, 그런 사람들을 많이 만났습니다. 제가 말하는 아름다움은 안의 아름다움입니다. 생각이 없을 때 그대는 아름답습니다.

■ 자유로운 사람이 거의 없는 이유는 무엇입니까? 붓다가 거의 없는 것은 무슨 까닭입니까?

구속에서 정말로 자유롭고 싶어 하는 사람이 거의 없기 때문입니다.

■ 저는 자유를 누릴 가치가 없는 것 같습니다.

가치 없음은 그대를 자유롭도록 허락하지 않을 것입니다. 진리는 가치 있는 사람을 드높여 주므로 그대 스스로가 가치 있음을 입증해야 합니다. 진리는 저절로 다가오며 항상 여기에 있습니다. 이 세상이 생겨난 때부터 진리는 언제나 그대와 함께 하였습니다. 나중에 진리를 이루거나 얻는 것이 아닙니다. 이미 여기에 있기 때문입니다. 어떤 다른 곳을 보지 마십시오. 그러면 그것은 저절로 드러날 것입니다. 그대의 몸을 보기를 피하십시오. 그대는 몸 삿뜨바가 아니라, 보디 삿뜨바Bodhi Sattva 입니다. 보디 삿뜨바는 아무런 욕망도 전혀 없는 사람입니다. 그렇지만 스스로 의도적으로 그 자신을 집착에 관련시키는 사람입니다. 이것이 자유의 절정입니다.

자유로운 사람은 자기가 집착하거나 집착하지 않는 것에 관심을 두지 않습니다. 이것이 보디 삿뜨바입니다.

■ 빠빠지, 저는 평소에 100% 집중하고 싶습니다.

미라바이는 신에게 100% 집중했습니다. 그녀가 그만큼 집중하니까 그녀는 크리슈나와 체스 놀이를 할 수 있었습니다. 그녀가 다른 남자와 이야기한다고 생각하는 부친인 왕과 언니들을 경악하게도 하였습니다.

그대가 순수하다면, 이 참나가 나타날 수 있습니다. 그녀는 그가 '그저' 신상에 불과하다고 알지 못하였습니다. 만약 그대가 참나에 집중한다면, 그대가 보는 모든 방향에서 참나가 나타남을 보게 될 것입니다. 왜

나하면 모든 곳에 모든 형상으로 나타나는 것은 참나이기 때문입니다. 그대는 '나'를 변화시켜야만 합니다. 그때서야 그대는 그대가 보는 모든 것이 안에 있는 그대 참나의 현현이라는 것을 알 게 될 것입니다.

그러므로 그대가 100% 집중에 대해 말할 때 그대는 그렇게 하도록 확실히 하십시오. 그대가 자유를 사랑한다면, 사랑만이 그대의 마음, 가슴과 활동에 있어야만 합니다. 그대가 말할 때, 그것이 말합니다. 그대가 들을 때, 그것이 듣습니다.

■ 스승님께서는 제게 신을 보여주실 수 있습니까?

이것은 질문다운 질문입니다. 많은 질문이 있지만, 이 질문은 그대가 할 수 있는 최고의 질문입니다. 이야기 하나가 기억납니다. 그것은 질문과 동시에 답입니다.

8살 소녀가 제게로 와서 자기에게 신을 보여 달라고 말했습니다. 오늘은 학교에 가고 내일 보여주겠다고 저는 말했습니다. 그녀는 그 다음 날 다시 와서 신을 보여 달라고 다시 요구했습니다.

저는 그녀에게 "운전수가 너를 학교로 데려가기 위하여 기다리고 있으니 학교에 가야 한다. 너는 그와 함께 가야한다. 그러면 내가 내일 보여줄게."라고 말했습니다.

그녀는 "매일 내일이라고 말하는데, 오늘은 학교에 안가. 보여줘!"라고 말하였습니다.

저는, "알았어. 작은방으로 와라. 신을 보여줄 테니, 하지만 신을 보려면 너도 뭔가를 그에게 주어야 한다. 뭘 줄 건데?"라고 말하였습니다.

"엄마가 점심 때 먹으라고 준 초콜릿을 줄게."하고 그녀가 응답하였습니다. 저는, "그래 초콜릿을 주면 신이 올 거야."하고 말했습니다.

"그러나 어디에 신이 있는지 알아야 초콜릿을 줄 수가 있어."라고 물었습니다.

"초콜릿을 먼저 줘, 그래야만 신이 온단다. 손을 내밀지 않으면 오지 않아."라고 저는 말하였습니다.

그녀는 어린이이고 의심이 없어서 손을 내밀었습니다. 그러자 그 작은 방 여기저기서 수많은 소리가 들려왔고, 그 애 어머니가 들어와서는 무슨 일이냐고 물었습니다.

"엄마, 내가 신한테 초콜릿을 주었는데 다 가져가버렸어. 나한테는 반도 안 주었어. 그래서 지금 신의 얼굴을 때렸어. 엄마는 그가 안 보여? 나는 보이는데, 빠빠지도 그를 보고 있는데."

자기 딸이 하는 말에 어머니는 절대로 동의하지 않았습니다. 그런데, 제가 지금껏 본 신 가운데 가장 아름다운 신의 모습을 그 어린이가 그려내는 게 아닙니까! 그 애는 저하고 산책하러 나가고 같이 명상하고 자기가 잠든 동안 제가 떠날 것을 아는 마냥 제 발을 줄로 묶어 놓기까지 했습니다.

그대에게 말하고자 하는 바는 순진함입니다. 신은 어디나 존재합니다. 순진하지 않은 사람은 신을 볼 수 없습니다. 영리함은 혼란만 일으키므로 필요가 없습니다. 그대는 순진해야 합니다. 그래야 어디에서나 있는 신을 볼 수 있습니다. 왜 신을 못 봅니까? 그를 볼 수 없다는 의심이 있기 때문입니다. 그대와 신 사이의 베일은 의심입니다. 신은 히말라야 산맥의 동굴에서 오랫동안 칩거한 후에만 볼 수 있다는 의심이 있기 때문입니다. 지금 그 자체! 이제 신이 보입니까?

■ 저는 아무것도 보이지 않습니다.

의심을 하지 말라고 이야기 했습니다. "저는 보이지 않습니다."는 의심입니다! 그 의심을 없애십시오. 다시 제게 의심이 없이 그대가 보는 것을 말하십시오. "아니다"는 의심입니다. 다시 말해 보십시오. 의심을 가지지 마십시오. 그대가 보는 것이 무엇인지요!

■ 저는 신이 보여요!

5) 믿음과 신뢰

■ 저는 스승님의 사랑과 은총을 더 많이 받아들여야 한다고 느낍니다만 저는 신뢰가 부족합니다. 도와주십시오.

그대가 저를 신뢰하지 못한다면 그대는 제 가르침을 받아들일 수 없습니다. 그대는 저를 100% 신뢰해야 합니다. 오로지 그때만이 가르침이 그대의 가슴 속으로 가는 길을 발견할 것입니다.

신뢰가 부족한 이유는 그대가 어머니의 뱃속에 있을 때 그대의 부모들이 서로 싸웠기 때문에 생긴 노이로제입니다. 그대가 자궁에 있을 때 그대는 조그마한 테니스공처럼 양쪽 부모로부터 얻어맞았습니다. 그러나 여기는, 사람들이 그대를 사랑합니다. 그대가 여기에 온 것을 보니 행운입니다. 그냥 복종하십시오. 진리에 복종하십시오. 그대의 오래된 습관, 그대의 부모, 오래된 관계는 잊어버리십시오. 이제 그대의 관계는 여기입니다. 여기에서 그대의 언니와 형은 그대를 잘 수용합니다. 이제부터 그대 가족 관계가 시작됩니다. 부모도 잊어버리고 나라도 잊어버리십시오. 이제부터 시작하십시오. 그대는 여기에서 다시 태어납니다.

거저 침묵하십시오. 그러면 그대 안에 숨겨져 있는 불빛으로부터 소중한 선물을 받을 것입니다. 전에 무슨 일이 있었는가에 대해서는 걱정하지 마십시오. 항상 시간의 이 순간으로부터 시작하는 것이 그대의 책임에게로의 일깨움입니다.

비록 세상이 울고 있을지라도 웃고 미소를 지으십시오. 그리고 이 진리를 말없이 나르십시오.

■ 저는 당신을 완전히 믿습니다.

이 완전은 어디로 사라져 버렸습니까? 완전한 믿음은 전적인 믿음, 즉 100%입니다. 제가 믿음에 관해 이야기하겠습니다. 스승을 찾으려고 인도 전역을 돌아다녔습니다. 그때 저는 군인이었고 우월의식이 있었습니다. (웃음) 그래서 저는 한 스승을 찾아갔습니다. 그곳 사람들에게 제게 신을 보여줄 수 있느냐고 물었습니다. 그러자 헌신자들 모두가 저를 쳐다보면서 그 특별한 구루와 지내는 동안에 자란 그들의 긴 수염을 제게 보여 주었습니다. "우리는 지난 세월 동안 신을 찾아 나섰지만 실패했습니다! 어떻게 그대가 여기에 신발을 신고 들어와서는 한 순간에 신을 볼 수 있기를 기대합니까?"라고 그들은 말했습니다.

그러고 나서 그들은 저를 몰아냈습니다. 어떻게 해야 합니까? 그렇지만, 그대가 찾고자 하는 바를 찾을 때까지 먹지도 않겠다고 다짐하면서 무엇인가를 열심히 찾아 나선다면 원하는 바를 찾을 수 있을 것입니다. 그런데, 이 이야기는 라마나 마하리쉬를 만나면서 끝이 납니다. "제게 신을 보여 줄 수 있습니까?"하고 그에게 물었습니다.

"아니오, 신을 볼 수 없습니다. 그는 볼 수 있는 감각의 대상이 아닙니다."라고 그가 말하였습니다.

이 말에 저는 놀랐습니다. 그리고 다음에 그가 할 말에 놀랐습니다. 여기 바가반이 한 말이 있습니다. "당신이 신이라서 당신은 신을 볼 수 없습니다. 그대가 그것인데 어떻게 그대가 신을 찾을 수 있습니까?"

그 순간 저는 제가 신임을 완전히 믿게 되었습니다. 이 믿음이 약해지지 않았으며 계속 남아 있습니다. 그대가 어떻게 믿고 있다고 말할 수 있습니까? 그대는 믿음이 없습니다. 그대에게 믿음이 있다면, 그대의 눈은 빛나고 그대의 얼굴은 빛날 것입니다. 그대는 향기가 날 것입니다. 그대의 존재에 대해 믿음을 그대는 가져야 합니다. 믿지 못할 무엇이 거기에 있습니까?

■ 어떻게 믿을 수 있습니까?

누가 이런 말을 했는지 알아내십시오! 다시 그대에게 말합니다. 저를 믿으십시오. 저를 완전히 믿으십시오.

제가 한 말을 믿지 않으면 그대는 여기를 잘못 왔습니다. 그대는 많은 생애 동안 당나귀처럼 어리석어서 이 말을 쉽사리 믿지 않으려 합니다. 어리석음은 그대의 유전자에 존재합니다. 유전자 수준에서 그대를 변화시킬 수 있는 전문가를 만나지 못하면 이러한 어리석음에서 벗어날 수 없습니다.

■ 제가 사자처럼 우월한 존재가 될 수 있습니까? 제가 믿음을 가질 수 있을까요?

다른 사자에게 사자가 맞느냐고 물어보는 사자는 없습니다. 믿음에 대해 그대에게 이야기를 하나 해주겠습니다.

바라나시에서 어느 쉬바라뜨리날, 저는 리시케쉬로부터 쉬바라뜨리를 축하하기 위해서 온 7명의 소녀들을 만났습니다. 그들은 여러 나라에서 온 외국인이었습니다. 우리는 외국인이 출입할 수 없는 황금 사원에 들어갔습니다. 이곳에 기록된 언어가 힌두어라서 그들에게 이야기해 줄 수 없어서 우린 그냥 안으로 들어갔습니다. 뻰잡 왕이 기증한 모든 황금을 보았습니다. 원래 외국인인 그들은 이 사원을 볼 수 없었습니다. 그러나 이곳의 사제는 그들이 링감 앞에서 뿌자를 드리는 것을 도와주었으며 그들에게 쁘라사드도 주었습니다. 우리가 바깥으로 나왔을 때 사람들이 그 소녀들의 얼굴을 보았습니다. 사람들이 제게 한 말이 무슨 의미인지 그 소녀들이 제게 물어보았습니다. 그 사원은 외국인의 허락이 금지된 곳이라는 의미를 말해주었습니다. 그때 그들은 사제가 왜 그들을 그렇게 도왔는지 알기를 원했습니다. 저는 그들에게 그 당시에 그는 눈이 멀었다고 말했습니다. 우리가 들어갈 때 그들의 믿음이 사원에 있는 모두의 눈을 멀게 하였습니다. 믿음이란 이토록 강합니다. 믿음은 그 어떤 것도 패배시킵니다.

ॐ

6) 좋은 까르마와 아힘사

다르마적인 삶은 선한 까르마를 오게 하는 올바른 행위로 충만합니다. 그대의 마음이 좋지 못한 까르마의 결과로 혼란되지 않도록 하기 위해서 이것은 초기 단계에서는 중요합니다. 마음이 삿뜨바적이고 순수해지는 것은 까르마 때문입니다. 순수한 마음은 자유와 다르지 않습니다. 순수한 마음은 언제나 명상에 있습니다. 순진한 사람은 자유를 먼저 가질 것입니다.

ॐ

■ 자유를 향한 저의 길은 20년 전 비폭력주의로부터 시작하였습니다. 해 없음과 건강에 대해 이야기해 주십시오.

하늘이 되십시오. 그러면 누구에게도 해를 끼치지 않을 것입니다. 이것이 아힘사입니다. 하늘은 비어있습니다. 하늘은 모든 것을 보호하며 모든 것의 위에 있는 덮개이며 이 땅에 물까지도 내려줍니다. 자유를 향해 가는 모든 사람의 첫 번째 다르마는 아힘사입니다. "나는 신체적으로 사람에게 해를 끼치지 않으며 생각으로조차도 해를 끼치지 않을 것이다."

그대는 안으로 밖으로 그렇게 깨끗해야만 합니다. 바깥 역시 그대는 그렇게 깨끗해야만 합니다. 그대는 목욕을 하고, 진리를 말하고, 훔치거나 다른 사람을 해치는 것을 그만두어야 합니다. 만약 그대가 자유를 원한다면, 이것이 서야하는 토대입니다. 그대는 가슴이 순수해야만 합니다. 또한 신체적 정화를 거쳐야 합니다. 정화 이후에 샷상에 있어야 합니다. 그대는 아침에 일어나 씻고 요가를 조금 하고 명상을 해야 합니다. 이러한 것이 신체적 수행입니다.

내적 정화는 다른 사람의 나쁜 점에 대해서 생각하지 않는 것입니다. 만약 그대가 생각한다면, 모든 이의 선을 위하여 생각하십시오! 아침에 그대의 입술에 떠오르는 첫 번째 문장은 "모든 존재가 행복하기를! 지상에 있는 모든 존재, 천상에 있는 모든 존재, 지옥에 있는 모든 존재가 행복하기를! 오, 신이시여! 그들에게 행복을 주소서!."가 되어야 합니다. 이것이 그대의 얼굴을 변화시킬 것입니다.

■ 스승님께서 말씀하신 모든 것을 정확히 저는 합니다.

저는 그렇게 생각하지 않습니다. 그대의 얼굴이 그것을 보여주지 않습니다. 그대는 양을 사랑하지만 그러는 동안 언제나 양의 갈비를 찾는 푸주간의 사람 같습니다. 그는 양을 사랑하지 않습니다. 그는 언제나 얼마나 많은 고기를 얻을 수 있을 것인가를 생각합니다. 마음과 사랑에 빠지지 마십시오. 그대가 "저는 이것을 합니다."라고 말할 때, 그것은 그대의 갈비를 만지고 그가 그대로부터 얼마나 많은 고기를 가질까 궁금해 하면서 말하는 마음입니다! 그 도살자는 죽음인 야마입니다. 그는 모든 이를 뒤쫓고 있습니다. 그가 자비롭다고 생각하지 마십시오!

■ 때때로 우리는 우리가 돌보는 사람에게 상처를 주며, 그 결과로 마음을 자유로 가지 못하게 하는 무가치함의 느낌을 낳습니다.

어떤 사람을 말로 행위로 상처를 주지 마십시오, 생각으로도 그렇게 하지 마십시오. 왜냐하면 이것은 그대에게로 열배의 효과로 되돌아올 것이기 때문입니다. 만약 어떤 사람이 그대에게 상처를 주면, 그대는 그들을 용서하고 그들에게 자비를 보여야 합니다. 그때 그대는 평화를 가질 것입니다. 누구에게 상처를 입히겠다는 생각조차도 하지 마십시오, 나무에게조차도 그렇게 하지 마십시오. 그대는 나무의 언어를 이해할 수 없습니다. 그러나 만약 그대가 잎이나 꽃을 꺾음으로 모욕을 주면, 그녀는 행복하지 않을 것입니다. 그대를 모욕할 수 있습니다.

한때 저는 까르나따까의 아주 높은 언덕의 아주 좋은 나무 방갈로가 있는 커피 농장에 머문 적이 있었습니다. 아침에 저는 일어났습니다. 농장 주인은 저에게 그는 언덕을 내려가 우리를 위해 아침과 점심을 만들기 위해 간다고 말했습니다. 그래서 저는 바깥으로 나왔습니다. 큰 오린지가 가득 달린 나무를 보았습니다. 그래서 저는 나무에게로 가서 말했습니다. "어머니! 좋은 아침입니다. 당신은 무척 행운입니다. 너무나 많은 자식들을 가지고 있으니까요." 저는 아래로 처지도록 달린 오린지를 보고 진가를 인정했습니다. 저는 그것들 중 어느 하나도 먹으려 하지 않았습니다. 제가 언덕을 내려가려 할 때, 갑자기 12개의 오린지가 땅에 떨어졌습니다. 주위를 둘러보았습니다. 그러나 바람도 새도 없었습니다. 그때 저는 나무와 대화를 했습니다. 당신이 그럴 정도의 사랑을 지니고 있다면, 그것은 가능합니다. 그녀는 저에게 이 선물을 주며 그것을 먹어야 한다고 말했습니다. 저는 나무의 언어를 이해할 수 있습니다. 저는 나무를 껴안고 입을 맞추고 그녀의 오린지 선물을 받았습니다. 이것이 제가 그대에게 하기를 권하는 바입니다. 그것을 해보고 어떤 일이 일어나는지 보십시오.

- 저는 우주가 하나라는 경험을 가졌습니다.

그대의 좋은 별자리로 이 경험이 그대에게 온 것입니다. 그것은 그대의 노력 때문은 아닙니다. 신이 그대를 사랑하기 때문입니다. 다른 생애 동안의 그대의 까르마가 결실을 낳고 있습니다. 그렇지 않다면, 그것은 일어나지 않습니다.

- 그러나 지금 저의 마음은 "나는 충분할 정도로 좋지 않다."라는 게임을 하려고 올라오고 있습니다.

더러운 것이 지금 그대의 시야에 들어오고 있습니다. 드디어 그대는 그것을 볼 수 있습니다. 그대에게 좋지 않은 것이 표면에서 발견됩니다. 이것은 좋은 징조입니다. 그대가 그대의 약함을 보고 있는 것입니다. 대부분의 사람들은 이것을 모릅니다. 그들은 그들이 모르고 있다는 것을 알지 못하고 있는 범주의 사람입니다. 그대는 그것 너머에 있습니다. 그대는 그대가 모르고 있다는 것을 압니다. 이런 사람이 구도자입니다. 세 번째 범주는 그들이 안다는 것을 아는 사람입니다. 이러한 사람이 그대가 따라야만 하는 스승입니다.

■ 이 의심에 저는 무엇을 해야만 합니까?

바깥의 환경을 깨끗이 하십시오. 저는 안의 환경을 깨끗이 할 것입니다. 그대의 집 바깥에 쓰레기가 있다면, 그대는 안에서 좋지 않은 냄새를 맡게 될 것입니다. 그러므로 먼저 바깥의 쓰레기를 치우십시오, 그리고 안쪽의 것은 스스로 돌 볼 것입니다. 바깥의 환경은 의심, 가만히 있지 못함, 고통, 다른 사람을 험담하기, 사람을 미워하기, 사람을 사랑하지 않기입니다. 이러한 것이 바깥의 것, 바깥의 불순물입니다. 이것을 그대는 그대 스스로 깨끗이 해야 합니다. 그때서야 삿상에 있을 수 있습니다. 그리고 그것이 쉬울 것입니다. 처음이자 마지막으로 그대의 의심을 끝내십시오.

■ 저는 저에게 하라고 하신 모든 신발을 깨끗이 해왔습니다. 제발 저를 도와주십시오. 저는 스승님에게 복종합니다.

그대의 자아를 쓸어버리는 이 일이 효과가 있었습니까, 없었습니까? 이러한 이유로 신발을 보살피는 일이 그대에게 주어진 것이었습니다!

그대의 자아가 너무나 겸손해져서 바닥을 쓸고 신발을 깨끗이 하는 것입니다. 이것이 인도에서 하는 방식입니다. 매우 높은 사람도 사원의 앞으로 가서 헌신자의 발로부터 먼지를 가져다 그것을 이마에 바릅니다. 여성은 청소하기 위하여 빗자루조차도 사용하지 않습니다. 그들이 헌신자의 발의 먼지로부터 성화되기 위하여 그들의 사리를 사용합니다, 이것이 인도에서 그들이 하는 것입니다. 그래서 저는 서구인에게 그것을 시도하였습니다. 그것이 바로 그대였습니다!

■ 옮긴이의 말

　경제적인 어려움으로 대학진학의 길을 접었다. 대구의 한 성당의 신부님을 찾아가 리어카와 채소를 살 돈을 꾸었다. 시장에서 오이와 딸기를 팔면서도 시집을 옆에 두고 있으니 행복했다. 노을이 물들면 팔 물건들이 줄어들기 시작한다. 나머지는 가난한 사람들에게 싸게 드리고 무엇인가에 취한 듯 집으로 돌아오곤 했다. 장사는 쉽지가 않아서 접었다. 과자 공장에서 일을 했다. 그러나 이러한 길에서 성공하기는 어렵게 보였다. 나에게 남아 있는 유일한 길은 대학진학밖에 없는 것 같았다. 다시 공부를 하여 정말로 간신히 사범대학에 진학하였다. 졸업을 하고 바다가 가까운 영덕의 한 학교에 부임하였다. 교사생활은 좋았다. 그러나 교과서에 나와 있는 말인 진리, 자유, 평화가 무엇인지에 대한 질문을 학생들로부터 받고는 답에 흔들렸다. 교사로서의 삶에 자신이 없었다. 모교인 포항의 중학교로 옮겨 보았다. 교사직을 포기하고 대학원에 진학하였다. 재학 중에 교수님의 권유로 대기업에 취직하였다. 부산에서 근무를 하다가 서울 역 앞의 본사로 가게 되었다. 그곳은 좋았다. 그러나 5년

여 동안 회사생활을 하다가 이 길이 나의 길이 아니라는 생각이 불현듯 일어났다. 내가 여기에서 이렇게 회사원의 삶을 살다가 생을 마감하는 것은 아니다…

이제 내 나이 33살. 어떤 성자는 이 나이에 자신의 일을 완성하고 생을 마감하지 않았든가… 나는 누구인가? 나는 정말로 무엇을 해야만 하는가? 이런 질문에 답을 하자니 앞이 캄캄하였다. 이 질문이 어릴 때부터 맴돌곤 하였지만 답하려는 진지한 시간을 가져보지는 못했다. 주위에서 답을 찾는다는 것은 불가능한 것 같았다. 그렇다면 우선 이곳을 접고 떠나야 한다고 생각하였다.

무엇을 찾기 위한 여정을 떠났다가 여의치 않을 경우에 무엇을 할 수 있을 지를 생각해보았다. 남원 같은 소도시의 환경 미화원 자리는 얻을 수 있을 것 같았다. 그렇게 생각하자 갑자기 미래에 대한 걱정이 사라졌다. 산다는 것이 상쾌하고 즐거운 것으로 변해버렸다. 그래서 웃었다. 주위 사람들은 너무나 좋은 곳으로 스카웃 되어간다고 생각하고는 부러워했다. 이제 보니 그것은 대단한 스카웃이었다.

삶을 정리하기 시작하였다. 여유 있는 삶은 다시는 오지 않을 수도 있다. 병원에도 다녀오고 여정의 행운을 기원하면서, 또 나 자신을 축복하기 위하여 그리고 또 돈이 떨어질 경우를 대비하여 두툼한 백금 쌍가락지도 만들어 꼈다. 남산에 있는 국립국악원에 가서 단소도 조금 배웠다. 삶에 음악이 첨가된다면 얼마나 아름다운가. 피리를 들고 이제 아무런 걱정 없이 이 세상을 돌아다닐 것이다.

서른셋의 맏이가 갑자기 직장을 그만두고 정처 없는 길을 떠난다고 부모님께 말씀을 드리자니 정말 송구스러웠다. 그러나 나의 인생은 나의 것이지 않는가…. 설명되지 않는 것을 설명을 드리자 부모님은 아무 말씀도 하지 않으셨다.

모든 준비가 끝나자 어느 날 아침 회사로 가서 사표를 냈다. 난생 처음 삶의 반대 방향을 걸었다. 출근길을 거슬러 가는 길에서부터 자유를 느꼈다. 물밀 듯 밀려드는 직장인들을 거슬러 간다는 것은 가슴이 떨리는 일이지 않은가….

1980년 여름 조용한 곳을 찾다가 수덕사 근처로 가게 되었다. 인적이 드문 한적한 산간이었다. 참 좋았다. 아무런 할 일이 없다. 아무 것도 하는 일없이 그냥 지내면서 소일하였다. 얼마나 오래간만에 찾은 여유인가…. 무엇인가를 이유 없이 바라보았더니 그것들은 나에게 웃음을 주었다. 보고 웃고… 이 얼마나 멋진 삶인가…. 조용한 수덕사, 정혜사, 사찰 뒤에 보일 듯 말듯 들어서 있는 암자들, 넓은 들판, 안개가 피어오르는 호수, 하늘로 빨리듯 올라가는 굴뚝 연기, 덕산 온천, 어죽, 시골 신부님…

성당에 나가곤 하였는데, 신부님은 여러 날을 두고 나의 삶을 살피시더니, 심각하게 신학교에 들어가는 것이 어떻겠느냐고 제안해왔다. 종교의 굴레를 간신히 빠져 나오지 않았는가… 나에게는 자유나 평화가… 또 다른 굴레를 거부하고 난 자유를 택했다. 사람들이 나를 알게 되어가고 또 여행객들이 늘어나자 그곳을 빠져 나왔다.

강원도를 거쳐 가면서 지낼 곳을 찾다가 찾지 못하고 계속 남하하였다. 그 해 늦가을 제주도에 이르렀다. 한라산을 넘어가니 서귀포가 나타났다. 그 평화롭고 안온하게 보이는 포구는 나를 사로잡았다. 지낼 곳은 이곳이라는 확신이 들었다. 서귀포 항이 바로 내려다보이는 이층집의 방을 얻었다. 가을 포구, 노을 속으로 사라지는 어선, 해녀들, 소라, 어부, 은빛을 번쩍이면서 끌려나오는 갈치, 검은 바위, 시인, 화가, 바다로 떨어지는 비, 밤바다에 쏟아 부어지는 달과 별빛, 바다 표면을 흐르는 묘한 기운… 시가 나오지 않을 수 없을 것 같았다.

그래서 시를 써보려 했다. 감각은 있는데도 지식이, 지혜가 없다는 것을 처음으로 느꼈다. 이곳 겨울은 얼마나 추운가. 다다미방에다 뼈까지 냉기는 몰아치고, 바람이 부는 날이면 목조건물은 늘 흔들거리면서 꺽꺽거리는 소리를 냈다. 봄이 오면 부드러운 바람과 풀을 뜯어먹는 말, 봄 바다를 가르며 지나가는 배, 어부, 파래, 미역, 검은 돌, 정말로 낭만적인 삶을 살았다. 그러나 나에게는 지식이, 지혜가 없었다.

이곳에 오기까지 나는 좀 버렸다. 직장도, 사람도, 사랑도, 가정도… 그러나 나는 깊이가 없었다. 정말로 멋진 환경 아래에서도 평화를 얻을 수 없었다. 평화란 이러한 시도에서 오지 않는다는 확신이 들었다. 아름다울 수도 있을 미래가 뿌연 안개로 뒤덮이기 시작했다. 혼란스러울 때면 그냥 길거리에 주저앉고 싶을 때도 있었다. 이래서는 안 된다는 생각도 들었다. 깎아지른 절벽이나 모가 난 검은 돌을 바라본다는 것이 부담이 되기 시작하였다. 더 이상 서귀포에 머문다는 것은 고통이었다.

나의 인생은 이런 모습으로 끝나야 할 것 같다는 예감이 들기도 했다. 그러나 한 번 더 시도해 볼 수도 있지 않겠는가… 그래서 서귀포에서의 일 년의 삶을 청산하고 아무도 아는 이 없는 곳에서 지혜를 샘솟게 하는 독서를 해야겠다는 생각에 미치게 되었다. 그래서 제주 시로 옮겨 시원한 바다가 창을 통해 보이는 탑 동에 방을 얻었다. 50권쯤 되는 사상전집을 구해 주야로 읽어나가기 시작하였다. 그러나 사상가는 평화로운 사람이라기보다는 지식의 파편처럼 느껴졌다. 그들 역시 모가 난 서귀포의 돌과 다름이 없다는 것을 곧 알게 되었다. 그들을 놓아버렸다. 더 시도해야 할 것이 이제 없어졌다.

세상 속으로 들어가야 한다. 돈도 떨어지기 시작하였다. 배가 고플 때면 밀감 밭 주위를 서성이기도 했다. 이층 방으로 난 창은 제주항을 바라볼 수 있는 곳이었다. 들어오고 나가는 배를 바라보면서. 이제 나도 뭍으로 떠나야할 것 같았다. 방랑의 여정에 종지부를 찍어야 할 때가 다가오고 있었다. 풍랑이, 태풍이 몰아치는 바다에는 큰 배조차 바다와 번갈아 가며 나타난다. 배가 보이다가 산더미 같은 파도가 보이고, 숨을 죽이고 기다리면 배는 살아나서 기우뚱거리며 어딘가를 향해 앞으로 계속 나아간다. 그러면 또 산 같은 파도가 그 배를 덮치고 그 배는 또 시야에서 사라졌다가 또 나타나 자기 갈 길을 간다.

세상이라는 파도의 존재를 의식하면서 이번의 나의 생은 실패한 삶이 되리란 예감이 들었다. 두려움도 느껴졌다. 어느 곳으로 가야할지를 몰랐다. 화려하게 웃으며 출발했던 두해 남짓한 방랑의 여정을 접고 쓴 웃음을 지으며 세상의 삶 속으로 들어가야 할 것 같았다. 시골 오일장 장터의 상인이 되어야겠다는 생각이 들었다. 그것이 낭만적일 것 같아서였다. 즐비한 팔 물건들, 국밥, 오고가는 순박한 사람들, 평화로운 시골길, 들판, 시냇물과 가까이 할 수 있는 직업이지 않은가… 그러한 존재들과 만나며 일생을 보내는 것이 환경 미화원보다는 나을 것 같았다.

그런데 1982년 2월 신은 나를 내버려두지 않으셨다. 짧았지만 깊었던 자유로운 방랑에 종지부를 찍고 평범한 시골 상인으로 되돌아가려는 마음을 먹고 있었다. 그때 누가 나의 방을 노크하지 않는가? 그것도 십

년 만에 처음 들어보는 대학 동창생의 목소리가… 깜짝 놀랐다. "야, 가자, 지도 교수님이 널 데려오란다." 주소는 어떻게 알았을까….

　이상한 모습과 변변찮은 옷을 입고 대학 강사면접을 보았다. 묻혀 질 수 있는 삶에서 다시 세상으로 나오게 되었다. 그 길로 대학 강단에 서게 되었다. 부산의 여러 대학에서 강사를 했지만 주로 구덕산 자락에 있는 대학교였다. 학교에서 가르친다는 것이 너무나 행복했다. 순박한 학생을 보며 지내는 것은 천국 같았다. 주위에 보이는 모든 것이 마술세계에서 보이는 번쩍이는 물건 같았다. 그러한 생활을 몇 년 하다가 또 운이 좋아 창원의 한 대학교의 교수직을 얻게 되었다.

　가르치다가 교재에 있는 명상이나 요가라는 주제에 자연적으로 시선이 가게 되었다. 수행, 명상, 행복, 희열, 사마디, 평화 등이라는 글자를 접하자 눈이 다시 한 번 번쩍 띄었다. 접어두었던 영혼이 다시 꿈틀거리기 시작하였다. 예수와 관련이 있는 종교는 고등학교와 대학교 때 늘 살다시피 하면서 경험하지 않았는가…. 내가 무디어서 그랬는지 모르겠지만 거기서 나는 평화를 발견하지는 못했다. 그러나 붓다에 대해서는 선명하게 알지 못하였다. 이곳에 무엇이 있을 지도 모른다는 예감이 들었다. 몇 년 간 방학이면 송광사 주위의 암자에서 기거했다. 머물렀던 암자 위에는 불일암이 있었다. 그때 법정스님께서 그곳에 계셨다. 정갈한 암자에서 향기로운 차도 대접받았다. 어느 날 불쑥 저를 제자로 받아달라는 부탁을 드렸다. 스님께서는 자신은 재가 제자를 받지 않으신다고 말씀하시면서 송광사 방장 스님을 소개해주셨다. 방장 스님을 찾아갔다. 그분께서는 정갈한 옷을 하고는 깨끗한 방에서 나를 맞아주셨다. 불교의 수행에 입문하고자 한다고 말씀을 드렸다. 수식관을 좀 해보았느냐고 물으셨다. 아직 하지 않았다고 말씀을 드리자, 좀 하고 오라는 말씀을 하셨다. 사천 다솔사 위에 있는 봉일암에서 자상한 스님의 지도하에서 명상을 배우기 시작했다. 가부좌를 해 본적이 없는 내가 그 자세로 앉아서 마음을 통제하려는 것은 그야말로 고행이었다.

붓다는 인도 분이 아닌가? 내가 왜 여기에서 복잡하고 어렵게 보이는 불교수행을 하고 있어야 하는가? 그분의 향기가 오롯이 남아 있을 것 같은 인도로 가는 것이 더 좋을 것이라는 생각이 불현 듯 일어났다. 붓다는 인도분이다. 거기에는 평화에 이르는 길에 쉽게 이를 수 있을 것이라는 생각이 들었다. 인도 대사관에 요가 혹은 명상하는 곳을 문의하였더니 인도 전역에 빽빽한 점들이 박힌 지도를 보내주었다. 그 많은 점들을 보고서 너무나 놀랐다. 갑자기 희망이 보였다. 그곳으로 편지를 보내니 하루가 멀다 하고 신비로운 내용을 담고 있는 답장이 왔다. 박사가 있다는 뉴델리의 국제요가연구소를 택했다.

해외 파견의 기회를 너무나 다행스럽게도 대학으로부터 얻었다. 그러나 집이 문제였다. 사십하고도 두 해나 넘겨 갓 결혼한 상태가 아닌가…. 귀여운 딸은 아직 첫돌을 반년이나 남겨두고 있었다. 조심스럽게 집사람에게 나는 인도로 가야한다고 말을 건넸다. 신기롭게도, 너무나 놀랍게도 허락을 해주었다. 실 날 같은 자유로 가는 행운의 기회가 흐트러질까 봐 떠나는 날까지 너무나 초조한 날을 보냈다.

1988년 12월 1일 메케한 냄새를 풍기는 인도 공항에 서류가방 하나만 들고 도착했다. 이런 모습으로 인도로 가는 것이 아니었다. 공항의 통로에 거대한 검은 신상의 모습이 여행객을 맞이하였다. 이곳은 예사로운 곳이 아니라는 느낌이 처음부터 들었다. 공항 밖으로 나가자 수많은 검은 얼굴의 인도인들과 무질서를 보고 거의 정신을 잃을 지경이었다. 이곳은 나의 상상을 넘어서는 너무나 딴 나라였다. 뉴델리의 라자빠뜨 나가르에 있는 국제요가연구소를 찾아갔다. 국제 연구소인데 연구생은 나 혼자였다. 국제란 여러 외국인들이 모여 있다는 선입견은 처음부터 허물어졌다. 혼자라도 국제는 국제다. 그러나 안내된 숙소를 보고는 놀랐다. 더러움이란 개념을 벗어버렸다. 그러자 그곳과 친숙하게 되었다. 얼마나 편한 친구들인가….

박사 부부는 새벽에 일어나 목욕하고 각종의 정화의식을 한 후 집의 한 쪽에 있는 뿌자실에 들어가서 신께 경건한 찬가를 드린다. 그러고 나서 하루 일과를 시작한다. 나무가 다소 우거진 연구소의 한쪽에는 아침 일찍 동네 분들이 모여들고는 일련의 하따 요가를 하였다. 그들은 마지막으로 사자소리를 내고는 흩어져 명상을 하였다. 그들이 가고 나면 정적은 더욱 깊어진다. 얼마나 신기로운 곳인가…. 그들이 떠나고 난 자리에는 묘한 기운이 감돌았다. 그들은 도대체 무엇을 지향하고 있는 것일까? 시간이 날 때면 정적이 흐르는 평화로운 그곳을 거닐기를 좋아하기 시작하였다.

박사님과의 일대일의 강의가 오전 오후로 나누어 시작되었다. 인도의 정신에 대한 공부라고 할 수 있는 것이었다. 사모님은 티타임이 되면 어김없이 짜이와 쿠키를 내오셨다. 집안일을 마치시면 그분은 양지 바른 곳에 앉아 까맣게 절은 손으로 책장을 넘기고 있었다. 어떤 글이 담겨 있을까…. 사리를 걸치고 마당을 쓰는 하녀도 여유 그 자체였다. 우편 발송 일만 하는 하인도 그분 나름의 위엄과 직업의식을 가지고 있었다. 이곳은 무엇인가 다른 세상이다.

진도가 오늘날의 성자에 대한 장으로 나아갔다. 전설적인 인물이 은하수처럼 이 시대에까지 연결되어 있지 않은가…. 깜짝 놀랐다. 나의 기존 관념을 뒤집는 것이었다. 예수와 붓다와 같은 위대한 인물들은 수천 년 전에 있었고 이제 흠모와 공경의 대상으로 저 멀리에 두고 있었던 나의 고정관념을 깡그리 뒤집는 내용이었다. 먼 과거에만 존재했던 것이 아니라, 지금에도 그와 같은 분들이 존재하고 있단 말인가…. 그들은 도대체 어디에 살고 있는 누구인가? 그들을 만나 보고픈 충동이 일어났다. 나는 들뜨기 시작하였다. 길이 보인다. 박사님에게 어느 날 "당신은 사마디를 경험하셨습니까?"라고 물었다. "사마디 가까이는 갔다. 그러나 경험했다고는 말할 수 없다." 수업을 그만두고 성자들을 만나기 위한 필사적인 여정은 이렇게 시작되었다. 나는 위대한 영혼을 찾아내야만 한다.

뉴델리의 슈리 오로빈도 아쉬람에 들렀던 그날은 지는 해와 노을이 유난히도 아름다운 저녁이었다. 온통 보라 빛의 세상이었다. 은발의 긴 머리에 하얀 숄을 늘어뜨리며 평화로워 보이는 분에게로 다가가 진지하게 물었다. "제가 어디로 가면 좋습니까?" 그분은 눈이 유난히 빛나는 인도 분을 불러 진지하게 대화를 나누더니, 빛나는 눈길로 "알란디로 가세요, 알란디로. 거기에서 은총을 받은 사람이 있었습니다. 알란디로 가세요."라는 말을 주었다.

밤을 새며 기차를 타고 봄베이 근처에 있는 알란디라는 시골 마을에 도착하였다. 온 마을이 사원이었다. 알고 보니 크리슈나 헌신자였던 갸나데바의 성지였다. 그는 마라띠어로 너무나 아름다운 바가바드 기따의 주석서인 갸네쉬바리 기따를 남기고 열일곱이라는 젊은 나이로 이 세상을 스스로 마감한 성자였다. 아니 열일 곱 살이라고? 나는 그때는 철이 들지 않은 때가 아닌가? 어떻게 그것이 가능할 수 있는가? 자신이 이 세상을 하직해야할 시점이 다가왔다는 것을 알게 되자 성자 남데브와 북쪽으로 순례를 마치고 돌아왔다. 그리고는 명상을 하던 동굴로 들어가고 제자들에게 입구를 봉하게 하고는 스스로 사마디에 든 곳이란다.

사원의 방을 통해 너무나 고요하고 평화로운 인드라야니 강을 내려다보고 있자니 성스러움과 평화의 물결이 휘몰아쳐 그날 밤 잠을 설쳤다. 그 다음날 사원 안내인은 서고의 깊은 곳으로 나를 안내하더니 옥스퍼드 대학에서 나온 갸네시바리 기따를 보여주었다. 크리슈나를, 진리를 찾아가는 나의 여정은 이렇게 시작되었다.

뭄바이의 한 호텔 웨이터에게 어디로 가면 좋으냐고 물었다. 그는 나에게 주후 해변에 있는 이스콘ISKCON으로 가라 한다. 박띠 요가의 사원이었다. 온 사원을 공명하며 울러 퍼지는 크리슈나 찬팅에 온 몸이 진동하였다. 같이 간 외국인은 며칠을 견디다 고개를 절레절레 흔들며 떠나버렸다. 〈하레 라마 하레 라마 라마 라마 하레 하레, 하레 크리슈나 하레 크리슈나 크리슈나 크리슈나 하레 하레〉 이 지상에 신 이름을 이처럼 열렬히 부르는 곳이 있단 말인가… 새벽에 주후 해변을 오르내리며 이 만뜨라를 암송하기 시작하였다.

그곳의 프레지던트인 만다빠 다스 스와미가 새벽 아라띠 때 신 크리슈나께 바쳤던 화환을 나의 목에 걸어주었다. 그곳 비슈누 땃뜨바 다스라는 젊은 스와미는 여정을 머뭇거리게 할 정도로 지적이었다. "당신의 본성은 아뜨만이지 않소." 그것은 그렇다. "이제 당신이 어디로 갈 수 있겠소." 나는 할 말을 잃었다. 그곳의 높은 분에게로 안내되었다. "우리는 신이 아니라 신의 하인이다. 이 사원에 머물러라. 일을 하나 주겠다." 나는 고국을 떠올리며 현실적인 생각을 만들어냈다. 나에게는 돌아가야 할 고국, 가족 및 직장이 있지 않는가? 고맙지만 완곡하게 거절하고 그곳을 간신히 빠져 나왔다.

우리에게 너무나 잘 알려져 있는 오쇼 라즈니쉬를 찾아갔다. 그분의 아쉬람은 녹음이 짙은 인도의 오아시스였다. 수많은 산야신과 그분들의 자연스러움을 보는 것이 싫지가 않았다. 저녁마다 고따마 붓다 오디토리옴에서 있은 오쇼의 명 강연을 들었다. 그분은 화려한 용모, 시적인 수사와 매력적인 목소리로 사람들을 그분에게로 잡아당겨 취하게 만들고 있었다. 그분은 허스키 목소리로 "그대는 순수한 금이다. 그대는 순수한 금이다. 그대는 순수한 금이다. 그대는 붓다다. 그대는 붓다다. 그대는 붓다다."라고 속삭이고 있었다. 얼마나 매혹적인 말인가… 매혹적인 환경과 말이 있었지만 그러나 나의 영혼은 거기에 머물기를 허락하지 않았다.

이가따뿌리에 있는 국제 비빠사나 아카데미의 초보자 과정에 들어갔다. 비빠사나는 인도의 가장 오래된 명상 기법 중 하나라 한다. 사람들에게 알려지지 않고 있다가, 고따마 붓다에 의하여 다시 발견되었다고 한다. 비빠사나는 사물을 있는 그대로 보는 방법이라고 한다. 고엥까님의 지도하에 비빠사나 명상을 하였다. 명상 기법이라기보다는 그곳의 환경과 그분의 인품에 감동을 받았다. 그곳의 성스러움은 나의 영혼을 고양시키는 것 같았다. 이렇게 영적인 분위기 속에서 집중적으로 앉아 명상할 수 있는 기회를 얻기는 오래 간만이었다. 7일째 날 오후 명상 중에 나가 사라졌다. 그와 동시에 청명한 그 무엇이 드러났다. 이것은 나의 삶에서 처음 경험한 그 무엇이었다. 너무나 야릇한 경험을 하고는 고엥까님을 찾아가, 그것이 무엇인지 물어보았다. 사마디라 하셨다.

봄베이 소재 샨따 크루즈 요가 연구소의 요가 오리엔테이션 캠프에 참여하였다. 화려한 수식이 없는 순박한 요가 연구소였다. 그곳에 들어가자 성자의 어머님께서 나의 여정을 듣고는 "왜 쓸데없는 곳을 다녔느냐"면서 나무라셨다. 프로그램 마지막 날 저녁은 성자에게 질문 쪽지를 내놓는 자리였다. 성자 요겐드라지는 소박한 모습으로 우리들 앞에 앉으셨다. 질문을 적어내게 되어 있었다. 나에게 절박한 질문을 드렸다. "마음이란 무엇입니까?"라는 꽤 수준 높은(?) 질문이었다. "쓸데없는 것." 이 한마디 말로 일축해버리고는 다른 사람의 질문으로 그냥 넘어가버렸다. 대답이 주는 충격으로 그날 밤 잠을 이루지 못했다. 마음이라는 학문을 하고 있는 나에게 학문적 토대가 와르르 무너져 내리는 밤이었다. 내가 마음이 아니라면 도대체 나는 누구인가….

이런 묻기 행로에서 라마나 마하리쉬님이 서서히 뿌리를 내리기 시작하였다. 이 연구소에 머물고 있을 때, 그곳 연구원이었던 유럽인에게 물어보았다. "가장 성스러운 곳이 어디입니까? 어디로 가면 좋습니까?" 그분은 망설임 없이 '띠루반나말라이의 라마나스라맘'이라고 하였다. 그리고는 라마나님의 작은 책자 'Who Am I?'를 주었다. 그 책표지에는 깨달음을 얻은 청년 라마나의 눈부신 사진이 있었다. 그 다음날에는 'Talks with Sri Ramana Maharshi'라는 두툼한 책을 선물로 주었다.

이틀 밤을 기차에서 보내면서 지금은 쩬나이라 부르는 마드라스에 도착하였다. 그곳에서 대여섯 시간 버스를 타고 시골 띠루반나말라이로 가고 있었다. 이것이 나의 여정의 종말과 관련이 있을 줄은 꿈에도 몰랐다. 영혼의 고향에 들어가는 듯 취하기 시작하였다. 아루나짤라 산이 보이기 전부터 평화로움 및 희열 같은 것이 일어나기 시작하였다. 확성기에서 나오는 소리조차도 축하의 노래처럼 들렸다.

이곳 인도에서 다른 차원으로 도약하기 위한 엄청난 노력을 보지 않았든가? 그것을 통달하는 데는 아마 수많은 생이 들어갈 것이다. 나는 그러한 체계에 주눅이 든 상태였다. 나는 그것들 중 어느 하나에도 정통하지 못하고 있다. 여기에는 또 어떤 수행체계를 줄까? 아쉬람에 발걸음을 들어놓는 순간 그 정적, 그 감미로움은 말로 표현할 수 없을 정도였다. 갑자기 모든 시끄러움이 가라앉아 버린 듯, 정적 그 자체였다. 곳곳에 한가롭게 놀고 있는 원숭이, 바닥이나 지붕에서 그들의 아름다운 자태를 드러내는 공작새… 3호실을 배정 받았다. 그곳에는 아무런 수행을 주지 않았다. 이 평화로운 곳에서 바라보니 진리를 찾기 위한 모든 노력이, 수행이 덤불처럼 보였다.

마하리쉬님의 빛나는 눈길로 족한 곳이었다. 난 사진들에서 보이는 그분의 눈길에 사로잡혀 그곳을 떠날 수 없었다. 나에게 그분은 친근하시며 인자하시고 자상하시며 현명하신 할아버지였다. 며칠이 40일이나 되어버렸다.

마하리쉬님이 오랫동안 머무셨다는 비루빡샤 케이브도 마음을 끌었다. 그 당시에는 깡마른 남인도 분이 그곳을 지키고 계셨다. 그분에게 머물고 싶다고 했더니 "당신이라면 오케이." 그분은 저녁마다 손수 만든 악기로 찬가를 불렀다. 옴 형상을 하고 있는 동굴은 헌신의 물결로 진동하였다. 동굴 안쪽 바닥에서 명상도 하고 잠을 잔 뒤 떠오르는 아침 해를 받으면서 평화롭게 아루나짤라 산을 내려오곤 하였다.

모든 것이 좋았다. 하나 아쉬운 것이 있다면 마하리쉬님과의 직접적인 대화였다. 그분과의 살아있는 직접적인 접촉이 없음이 못내 아쉬웠다. 이 고매하고 평화의 덩어리인 할아버지 성자와의 직접적인 교감이 그리웠던 것이다. 그때 성자 나나가루께서 3호실의 나의 숙소로 가는 길목에 잠시 기거하고 계셨다. 나나가루는 고다바리강 유역의 안드라 쁘라라데쉬주의 농부였다. 그런데 어느 날 꿈속에 한 성자가 와서 그의 뺨에 입을 맞추었다. 그러나 그는 그분이 누구인지 몰랐다. 그 신비로운 경험을 가진 후 우연히 신문을 통해 도서 광고를 보았다. 그 광고가 그의 눈을 사로잡았다. 책을 주문하여 받아 펼쳐보니, 그의 뺨에 입을 맞춘 그 성자의 사진이 있었다. 그분의 이름은 라마나 마하리쉬였다. 마하리쉬에 대해서 그는 들어본 적이 없었다.

그 이후 그는 아루나짤라에 있는 라마나스라맘으로 매년 순례를 다녔다. 비록 라마나님이 15년 전에 이미 돌아가셨는데도 말이다. 그의 온 삶은 라마나의 가르침에 돌려지기 시작하였다. 그는 라마나의 메시지를 이웃 사람에게 가르치기 시작하였다. 몇 년 뒤에 라마나스라맘에 머물고 있는 어느 날 아침 그는 잠자는 상태와 깨어있는 상태 사이에서 그의 마음은 처음이자 마지막으로 가슴속으로 떨어지는 경험을 가졌다. 그때부터 그는 전적으로 변했다. 그의 성격이 멈추어지고 다른 어떤 힘이 그 자신 속에 움직이는 것 같았다. 사람들은 이제 그를 구루로 보기 시작하였다.

그는 남 인도를 여행하면서 사람들에게 깊은 주의 집중으로 그들의 말을 듣고, 그들을 축복하는 삶을 살고 있었다. 그러한 분이 마침 그곳에 계셨다. 나는 그분이 그러한 분이신지는 몰랐다. 어느 날 옷을 잘 차려입은 인도 헌신자들 앞의 단상에 그는 앉아 있었다. 그들 모두가 주의 깊은 눈길로 나나가루를 바라보고 있었다. 그는 헌신자의 눈을 몇 분 동안 바라보고 있다가 그의 오른 손을 들어 손바닥을 펴고는 축복을 주고 있었다. 그러고 난 뒤 그 사람의 눈은 다른 사람으로 천천히 옮겨지고 있었다.

이 얼마나 신기로운 광경인가…. 한 마디 말도 없었다. 나는 이전에는 결코 보지 못한 이 이상한 모습에 매료되었다. 그래서 헌신자의 뒤에 서 있었다. 그분은 나를 앞으로 나오라고 하고는 단상의 그분의 옆에 앉혔다. 그분이 그 깊은 부드러운 눈길로 나의 눈동자를 바라보자 온갖 곳으로 달려 나가든 모든 생각이 그 순간 사라졌다. 그분의 눈길은 사랑하는 자가 자신의 연인에게 보내는 가장 부드러운 그 무엇 같은 것이었다. 그냥 천진한 빈 사랑의 눈길이었다.

이분에게는 분명히 무엇인가가 있다. 그래서 밤사이 고민하다 그분의 방을 노크하였다. 나는 땅바닥에 앉고는 그분에게 청을 드렸다. "당신을 따라 가겠습니다." "내가 사는 곳은 시골입니다. 사람을 편하게 맞이할 수 있는 곳이 아닙니다. 고생이 될 것입니다. 잘 생각해보고 다시 결정하십시오."라는 말씀을 주셨다. 그 다음날 또 찾아가서 청하였다. 그러자 그분께서는 허락하셨다.

헌신자들과 함께 어느 날 새벽 버스에 동승하여 쩬나이까지 갔다. 그곳에서 기차로 갈아타는 여정이었다. 출발 시간까지 몇 시간의 여유가 있어서 무거워진 짐을 부치러 우체국으로 갔다가 돌아오면서 곰곰이 생각해 보았다. 과연 나 자신을 맡길 수 있는 분이신가…. 그분이 누구이신지, 그분의 이름조차도 아직 정확히 모르고 있지 않은가. 내가 제

정신으로 결정을 한 것인가…. 이런 의심이 마음 한 구석에서 자라고 있었다. 실수한다면 평화를, 진리를 찾겠다는 금 쪽 같은 시간을 낭비하는 것이 되지 않는가. 이런 생각이 미치자 발걸음은 뒤로 향하였다. 지금은 그분에게 정말로 미안하게 생각한다. 나의 잘못을 용서해달라는 편지를 보냈다.

폰디첼리의 오로빈도 아쉬람을 거쳐 북쪽으로 향하다가 켈커타를 지나치게 되었다. 유난히도 방이 큰 YMCA 게스트 하우스에 머물렀다. 무엇인가가 튀어나올 것 같은 으스스한 분위기에 전기는 수시로 끊기는 곳이었다. 그런 곳에도 나의 스승님은 한 분 계셨다. 마더 데레사님을 그냥 지나칠 수는 없었다. 수녀원 베란다에서 다른 분들과 함께 기다리다가 모두 떠나버린 그 자리에 혼자 남았다. 성자가 지나가는 모습을 보는 것으로 만족해야 하는 곳이었다. 그러나 나는 그분을 직접 만나 뵙고 싶어 다른 수녀님에게 청을 드렸다. 탁 트인 공간을 그분께서는 걸어 나오셨다. 간단히 소개를 드리면서 은총을 주시기를 부탁드렸다. 작으시고, 너무나 소박하시며, 위대하시고, 깊은 눈매며, 믿음으로 가득 찬 그분은 하늘을 배경으로 하고 서서 그 주름 깊은 사랑의 두 손을 나의 머리 위에 얹으신 채 긴 기도와 함께 축복을 내려주시지 않는가…. 성자님의 축복은 그르칠 수가 없다. 아! 얼마나 큰 행운을 타고났는가….

타고르의 철학과 명상의 삶이 베어 있는 아름다운 마을 샨띠니께딴을 거쳐 바라나시로 갔다. 너무나 성스럽고 고풍스러운 이 도시는 나의 두개골을 열리게 하는 듯하였다. 세상에 이런 도시가 있다니… 도대체 신이란 무엇인가…. 인간이란 무엇인가…. 깨달음이란 무엇인가…. 헌신이란 무엇인가…. 이곳에서 화장을 하면 그 사람의 영혼이 천상으로 간다고 하지 않는가… 그래서 죽음 직전의 많은 사람들이 이곳으로 몰리지 않는가….

　나는 그날 시체가 태워지는 것을 두 구나 바라보았다. 한 구는 노인이었고, 다른 한 구는 젊은 여자였다. 갠지스 강물에 축인 흰 천으로 덮은 시신이 장작더미 위에 놓이면 몇 마디 기도가 읊어지고 불이 지펴진다. 흰 천이 타고 나면 빛나는 시신이 드러난다. 머리카락에 불이 붙고 이윽고 살점에 불이 붙는다. 이제 시신은 오랫동안 타들어 가기 시작한다. 까마귀가 울고, 바람이 불고, 찬가가 멀리서 들리고, 고요와 더불어 몸은 이 세상으로부터 소실되기 시작한다. 이제까지의 건강한 몸의 주인은 어디로 갔는가…. 살점과 뼈가 뒤엉키면 긴 막대기로 휘저어 잘 타지 않은 덩어리를 돌리며 태운다. 이윽고 검게 남은 덩어리를 찍어 강에 던져버리자 첨벙 소리를 내면서 갠지스 강물 속으로 던져진다. 그러자 개들이 물을 튀기며 달려 들어가고, 물고기도 세찬 소리를 내면서 모여들었다. 그 강 위로 순례객들이 노를 저으며 신을 찬송하거나 정화의 의식을 하고 있었다. 그날 나는 오랫동안 기억에 남을 명상다운 명상을 하였다.

　보드가야에 도착하여 미얀마 사원에 여장을 풀었다. 붓다가 깨달음을 얻은 성지가 아닌가. 그곳의 바람은 이상하다. 밤에는 바람 한 점 없다가 아침이 되면 불기 시작하여 낮 동안에는 종려나무 잎들로부터 금속성의 소리가 날 정도로 분다. 온 대지에는 모래바람이 불어 천지가 광분하는 듯하였다. 해질 무렵에는 바람이 감쪽같이 사라지고 평화롭고도 깊은 정적이 흐른다. 그 대조는 천상과 지상을, 자유와 굴레를 드러내는 것 같았다. 대부분의 시간을 명상으로 보냈다. 보드가야 대사원의 보리수나무 아래에 앉아 명상을 하기도 하였다. 많은 인도의 곳이 그러하지만 이곳은 정적의, 명상의 분위기 그 자체였다. 니란자라강을 걸어 넘어 수자따가 살았다는 마을에도 가보았다.

그런 경우에도 라마나님은 사랑의 눈길을 거두시지 않으셨다. 오, 구루 중의 구루시여! 사원에 같이 머물고 있던 한 파란 눈의 구도자에게 어느 날 "당신은 구루가 있습니까? 그는 누구입니까? 내가 만나볼 수 있습니까?"라고 물었다. 그는 자신의 구루가 뿐자라고 스스럼없이 말하지 않는가? 자신의 모든 문제에 대하여 그분은 선명한 답을 주신다면서 행복해 했다. 부러웠다. 구루를 만나러 북쪽으로 간다는 그에게 꼭 만나게 해달라고 간청했다. 뿐자님이 허락하신다면 편지를 주겠다고 했다. 그가 떠난 방으로 자리를 옮기고는 명상을 하면서 답을 기다렸다. 허락의 답이 와서 수첩에 주소를 적었다.

고국으로부터 돌아오라는 전보나 편지가 이제 날아오고 있었다. 그것도 일종의 부름이지 않은가…. 진리에, 스승에 목말라 이곳저곳을 찾아다니느라 지치고, 쇠약해지고, 감기 몸살로 비틀거리는 몸으로 고국으로 돌아가려고 뉴델리로 돌아왔다. 많은 것을 보고 배웠고 느꼈다. 무엇을 위해 노력해야 한다는 것도 이제 선명히 알 수 있었다. 그러나 수행의 결실인 깨달음, 자유, 평화, 웃음을 나는 아직 직면하지 못했다. 이곳에서 명상을 했다면 얼마나 했겠는가…. 손에 잡힐 듯한 그 무엇이 있는 이곳을 떠나 고국으로 돌아간다는 것이 다시 감옥으로 들어가는 것 같았다. 과제를 다음 생으로 넘기고 떠난다는 것이 너무나 아쉬웠다. 고국으로 떠나기 전에 달라이 라마님을 만난 뒤 떠나기로 계획은 하고 있었다. 그것도 물론 일방적인 계획이었다. 그분이 그곳에 계시리라는 보장은 물론 없다.

못내 아쉬웠다. 이런 모습으로 이곳을 떠나야 한다는 말인가…. 마음을 붙잡아줄 구루가 나에게는 아직은 없지 않은가…. 정말로 아쉬웠다. 열심히 달렸지만 아무런 소득이 없는 꼴과 같았다. 이제 수다를 떠는 한낱 인도 여행객으로 전락해야만 하는가? 이런 생각을 하면서 혹시나 하고 수첩을 뒤적였다. 그런데 아직 만나지 못한 분의 이름이 한 분 남아 있지 않은가…. 뿐자, 하리드와르. 그분의 이름에는 성자라는 느낌은 전혀 없었다. 성서러움을 나타내는 슈리, 마하리쉬나 바가반이라는 용어는 없었다. 이름에서 영적 기운이 없는 것 같아서 내가 버려두고 있었는지도 모른다.

지쳐 포기하고 쉬고 싶었지만 실오라기 같은 희망을 버릴 수는 없었다. 수첩에 남아있는 그분을 만나기 위하여 1989년 4월 22일 아침 일찍 짙은 안개를 헤치며 버스를 타고 하리드와르로 향하였다. 이곳은 처음 인도에 도착했을 때 리쉬케쉬로 가는 도중에 들린 갠지스 강가인 듯하였다. 그때 나는 물살이 다소 거센 강물로 들어가 머리까지 잠기게 하며 강가 여신에게 기도하지 않았던가…. 강에서 나오자 이 세상의 사람이 아닌듯한 모습의 사람에게 얼굴을 내맡겼다. 그는 흰색 붉은 색으로 나의 얼굴을 성화시켜 주었다. 작은 꽃배를 사고는 행운의 기원을 담아 강 아래로 떠내려 보낸 곳이 아닌가….

뿐자님은 찾아내기가 어려운 분이셨다. 그분의 집은 남쪽 럭나우이며 더욱이나 계획이 없이 여행을 하시는 분이었기 때문이었다. 하리드와르에 도착하자 릭쇼 기사에게 아쇼까 로드에 있는 아리야 니야스라는 쪽지를 건넸다. 때에 절인 그 사람은 안장에 닿지도 않은 채 페달을 밟으면서 달려가 주소지에 나를 내려놓았다. 뿐자님과 만날 약속 날짜와 시간을 받아 놓은 것은 물론 아니었다. 그냥 주소만 받아 놓았을 뿐이었다. 그곳은 그분의 집도 아니었다. 그러한 내막도 모른 채 주소만을 들고 무조건 그곳으로 그분을 찾아간 것이었다. 10시 30분경에 그곳에 도착했다. 마당에 들어서니 어떤 분이 웃으시면서 맞아주었다. 뿐자님을 만나려 왔다고 하니 2층으로 가라는 손가락질을 주었다. 2층으로 올라가자 방문은 이미 열려 있었다. 뿐자님은 마치 나를 기다리고 계셨다는 듯이 침상에 깨끗한 모습으로 홀로 앉아 계셨다. 나는 이 예상치 못한 맞닥뜨림에 깜짝 놀랐다. 나는 그분의 발 아래로 바로 들어가게 되어버렸다.

"어디를 다녔습니까?" "여러 곳을 다녔습니다만 라마나스라맘에 오래 머물렀습니다." 그 말에 눈길이 조금은 달리지시는 것 같았다. '라마나스라맘을 이분은 아실까?'라는 생각이 들기도 하였다. 이곳은 남쪽의 아루나짤라산 기슭이 아니라, 북쪽의 갠지스 강가가 아닌가⋯. 그것은 중요한 문제가 아니라고 그때 생각했다. 더 절박한 물음을 나는 바로 드렸다.

"저는 쉬고 싶습니다." "그렇다면 이 아래에 호텔이 있는데 거기로 가서 여장을 풀고 목욕을 하면서 쉬십시오." "저는 몸이 피곤한 것이 아니라 마음이 피곤합니다." 뿐자님은 다소 몸을 앞으로 숙이시면서 깊은 대화를 하실 채비를 하시는 것 같았다. 나는 가슴에 묻어둔 절박한 질문을 던졌다.

"저는 누구입니까?" 그분은 빛나는 눈길로, 자애로운 아버지와 같은 모습으로, 나를 내려다보시면서 무엇인가를 퍼부어 주실 것 같은 자세로 말씀을 하셨다. "그대는 몸이 아닙니다. 그대는 감각이 아닙니다. 그대는 마음이 아닙니다. 그대는 지성이 아닙니다. 그대는 …" 나는 그분의 말씀을 따라가고 있었다. 아니 그분은 나를 그분 자신 안으로 불러들이고 계셨다. 몸은 나의 에센스가 아니다. 감각은 나의 에센스가 아니다. 마음은 나의 에센스가 아니다. 지성도 나의 에센스가 아니다…. 그런 것들이 내가 아니라는 사실을 받아들이자 그것들 너머로 가기 시작…, 아니 그 어떤 것이 열리기 시작하였다. 이제까지 내가 알고 있었던 나의 경계가 무너지고 있었다. 그와 더불어 모든 것이 사라지기 시작하였다. 앞에 계시는 분이 사라지고, 말씀이 사라지고, 방이 사라지고, 세상이 사라지고… 시간이 사라지고… 공간이 사라지고… 나도 완전히 사라졌다. 그와 동시에 이제 한없으며 찬란한 빛의 바다와 같은 것이 거기에 있었다…. 거기에는 마음으로의 나가 없는…, 시간이 얼마나 흘렀는지 나는 모른다. 호흡을 했는지도 나는 모른다…. 그러나 돌아올 땐 나에게 웃음이 터져 나오기 시작하였다. 나는 티 하나 없는 찬란한 그 무엇이다. 희열의 덩어리이다. 수많은 경전에서… 수행에서 집요하게 말하고 있었지만 그것을 몰라 눈만 껌벅이면서 기가 죽었던 것을 나는 이제 안 것이 아닌가…. 이 모든 과정을 자애롭게 지켜보시고 계셨던 스승님께서 웃고 있는 저를 보시고 "당신은 붓다입니다." 라는 황금 같은 말씀을 주셨다. 나에게 일어난 것을 보시고 깨달은 스승님께서 바로 인가해주신 것이다. 그래서 나중에 일어날 수 있는 의심을 단번에 잘라버리셨다. 나는 정말로 황홀한 그 무엇이다.

"그렇다면 제가 왜 이 몸을 가지게 되었습니까?" "그대가 욕망을 지녔기 때문입니다. 그래서 몸을 가지고 있습니다. 아무런 욕망이 없으면 아무런 몸도 없습니다." 이제 선명해졌다. 지금 이름과 모습을 갖고 있는 형상으로 있는 나는 나의 욕망의 결과이다. 이 모든 것들은 나의 욕망의 소산이며 진정한 나는 이 욕망으로 만들어진 형상 그 너머의 존재이다. 이제 미소는 더욱 피어났다. 그러자 나의 가슴은 더욱 열렸다. 이 말의 의미가 나의 온 존재에 퍼지자 희열의 웃음이 더 터져 나왔다.

뿐자님은 "바로 그것입니다. 그 웃음을 머금은 얼굴이 깨달음의 얼굴입니다."라고 말씀하시면서 나를 당신의 품안으로 당겨주셨다. 아! 그 느낌이란…. 수많은 생의 짐이 그분과의 만남으로 사라져버렸다. 얼마 지나 정신을 차리고 지엽적인 질문을 드렸다. "꾼달리니가 일깨워진 듯 저의 몸이, 특히 하복부가 뜨겁습니다." "그것은 나의 방법이 아닙니다." "명상이 무엇입니까?" "그것은 나의 방법이 아닙니다. 나의 방법은 즉각적인 깨달음입니다." 뿐자님은 즉각적인 깨달음을 주위 사람들에게 주는 분이셨다. 난 그러한 분을 만난 것이었다.

오후에는 몇몇 헌신자들과 더불어 시장 길을 통과하여 물살이 다소 빠른 갠지스 강가로 내려갔다. 신께 드리는 공물로 넘쳐나는 시장의 좁은 길을 걸어가다가 물들인 쌀 과자 한 봉지를 뿐자님은 사시더니 나의 두 손 가득히 그것을 부어주셨다. 황홀에 취한 나는 그것을 입안으로 넣으면서 스승님을 따라 갠지스 강가로 내려갔다. 거기에는 모든 물들이 하나가 되어 아름답고도 힘차게 흘러가고 있었다. 영원의 물살에 취한 채 우리들은 강가에 오랫동안 서 있었다. 같이 거닐던 헌신자들은 나에게 무엇인가가 일어났다는 것을 눈치를 챈 모양이었다. 그날 헌신자들에게 나는 너무나 기분이 좋아 저녁을 샀다. 그 다음날 아침에 스승님은 마지막 삿상을 주실 시간을 내게 이미 허락한 상태였다. 그것을 안 헌신자들은 그 시간에 자기들도 같이 가기를 원하였다. 그러자고 하였다.

그 다음날 아침 노크 소리에 잠을 깼다. 스승님께서 지금 오라는 전 갈이었다. 그래서 나는 다시 홀로 스승님과 일곱 시에 만나게 되었다. 마지막 삿상이 일어나고 있었다. "공의 의미가 무엇입니까?" "의문이 머무는 그 너머의 상태입니다. 의식, 희열. 아무런 형상도 이름도 없는 것입니다. 그렇지만 모든 것들이 일어날 수 있는 빈 공간입니다. 공은 모든 것을 포함하고 있습니다. 과거에 대한 기억도 없고, 미래에 대한 계획도 없습니다. 그냥 깨어 있는, 주의를 놓치지 않고 있는, 경계를 늦추지 않고 있는 상태입니다. 형상과 이름은 바깥에 두고, 아무런 형상이 없는 순수한 존재, 순수한 의식에 있어야 합니다. 어느 때나 명상이 가능합니다. 아니 명상이 필요치 않습니다."

"무엇이 아난다입니까?" "자신이 공이라는 것을 알 때 일어나는 것이 희열입니다." "우주적 의식은 진화의 상태에 있습니까?" "아닙니다. 붓다의 의식과 나의 의식과 그대의 의식은 같습니다. 머리가 아닌, 가슴으로, 의식으로 사십시오."

그곳을 떠날 때 뿐자님은 나에게 마치 멀리로 떠나는 아들을 앞에 둔 아버지처럼 메시지까지 적게 하셨다. "아닙니다. 스승님의 말씀은 저의 머리에, 아니 저의 가슴에 들어가 버렸습니다." "그대는 정확한 컴퓨터입니다."라고 말씀을 하시면서 우리는 한바탕 마음껏 웃었다. 그리고는 가져간 나의 수첩에 "H.W.L POONJA JEE, 522, NARHI, LUCKNOW, U.P. INDIA, 226001" 이라는 주소를 친히 적어주셨다. 그리고 또 그분의 인자하시며 소박하시고 또 위엄이 있어 보이는 사진도 주셨다. 그러시면서 모든 탐색을 그만두고 당장 집으로 돌아가라고 말씀하셨다. 달라이 라마님을 만날 계획이 있다는 말씀을 드리자 그분을 만나고 난 뒤에 곧 바로 집으로 돌아가라는 말씀을 주셨다. 세상이 깨어나는 아침 길을 걸으면서 돌아오는 길은 온 천지를 얻은 듯 행복했다. 지식이 무릎에 떨어진 것이 아닌가…. 그것으로 나의 존재와 세상이 밝아진 것이 아닌가….

4월 25일 달라이 라마님을 만나러 북쪽 다람살라로 갔다. 그분과의 만남이 물론 예정되어 있는 것은 아니었다. 병풍 같은 설산을 뒤로 하고 있는 산간 마을이었다. 전혀 낯설지 않았다. 봄이었는데도 그곳은 겨울 날씨였다. 감기몸살로 어찌할 바를 모른 채 여장을 풀었다. 처마에는 고드름이 달려있었다. 여기가 히말라야 산자락이라는 것이 실감이 났다. 달라이 라마님을 만나기 위해 몇 달을 기다리고 있는 사람들도 있는 모양이다. 그러나 도착했을 때 그분은 마침 그곳에 계셨다. 얼마나 행운인가! 그런데 그분은 지금 침묵 중이라 알현이 불가능하다고 하였다. 내일은 어떨지도 모른다는 실 날 같은 희망을 두고 일찍 잠에 들었다.

아침 햇살이 밝아올 무렵 반가운 소식이 왔다. 오늘 아침에 침묵을 푸셨단다. 아는 분을 통해 알현이 가능한지를 여쭈었다. 놀랍게도 공개적인 알현 후에 개인적인 만남을 허락하신 것이 아닌가…. 헌신적인 주선을 해주신 분에게 머리가 숙여진다. 나는 일개 작은 나라 소도시의 가르치는 사람에 불과하지 않은가…. 티베트를 위해 무엇을 해온 것도, 티베트 라마교에 대해 아는 것도 전무한 사람이지 않은가. 왜 손수 만나시도록 허락하신 것일까…. 나는 가져간 흰옷을 입고 떨리고 또 약간은 들뜬 마음으로 왕궁 안으로 들어갔다. 생사의 기로를 넘어온 티베트 사람들과 수많은 서구인들과 공개적인 짧은 만남을 가지신 뒤 그분께서는 우리를 만나러 들어오셨다. 너무나 소박하고, 부드럽고, 친근한 모습이었다. 그러자 나의 긴장은 눈 녹듯이 풀렸다.

근본적 질문을 던졌다. "저는 누구입니까?" 그분은 껄껄 웃으시면서 "나는 몰라요" 하시면서 즉각적인 답을 피하셨다. 이 질문에서 나는 물러설 수 없었다. 이 질문에 대한 답을 나는 알아야만 한다. 우회해서라도 알아내야만 한다. 그래서 나는 같은 질문을 달리하여 던졌다. "당신은 누구십니까?"라고 물었다. 달라이 라마님은 안경 너머의 초롱초롱한 눈빛으로 황금 같은 말씀을 토해내어 놓으셨다. "나는 외적으로 보았을 때는 한 나라의 행정을 떠맡고 있는 사람입니다. 그와 동시에 나는 소박한 승려입니다. 그러나 나의 내면으로 말하자면 나는 대나무 안의 빈 공간과 같은 존재입니다. 겉으로는 딱딱한 무엇이 있지만 나의 안은 비어있습니다. 그러나 그 내면은 풍만한 그 무엇입니다."

하리드와르에서 뿐자님이 말씀해주신 내용을 다시 고매하신 달라이 라마님의 입을 통해서 다시 들었다. 개인적인 나는 존재하지 않는다. 모든 깨달은 분들은 같은 말씀을 하신다. 나는 나의 존재의 형상 없음에 대한 확신이 더욱 강해졌다. 우주적 힘에 대한 관심이 아직은 남아 있어서 "만뜨라가 무엇입니까?"라는 질문을 드렸다. "굉장한 힘을 갖고 있는 소리입니다." "만뜨라를 하나 주십시오."라고 요청하였다. 그분께서는 놀랍게도 "그대가 원하는 것이 무엇입니까?"라고 물으셨다. 그 말은 내가 원하는 것에 이를 수 있는 만뜨라를 내려주실 수 있다는 말씀이지 않은가…. 세상에 어느 누가 이런 말을 할 수 있는가…. 그 동안 내가 방랑하였던 것은 무지 때문이 아니었던가. 이 절호의 기회를 나는 놓칠 수는 없다. "저는 지혜를 원합니다." 그분은 종이쪽지 위에 아주 정갈한 필체로 만뜨라 둘을 내려주셨다. "이 둘 중에 마음에 드는 하나를 선택하십시오."라고 하셨다.

알현이 끝나자 달라이라마님은 손수 목에 흰 카타를 걸어주시고, 책 서너 권도 선물로 쥐어 주셨다.

1989년 4월 28일 귀국 길에 올랐다. 쇠약한 모습이었지만 그래도 얼굴에는 웃음이 터져 나왔다. 나는 얻은 것이 아닌가…. 이 말도 정확한 말은 아니다. 나는 안 것이 아닌가…. 나 안에 있는 지혜를 스승님의 은총으로 안 것이 아닌가. 그것은 나의 나가 아니라 참나로서 과거에도 있었고, 지금에도 있고, 미래에도 있을….

라마나스라맘에서 기원하였던 것이 감쪽같이 이루어졌다. 그때까지만 해도 나는 뿐자님이 라마나 마하리쉬의 도움으로 궁극의 깨달음을 얻으신 분이라는 사실을 몰랐다. 고국으로 돌아와서 뿐자님과의 관계는 로맨스와 같은 것이 되어버렸다. 어떻게 자유에, 진리에 입문시켜주신 분이 나의 존재에서 떠날 수 있겠는가….

금년 1월 인도의 라마나스라맘에 있으면서 명상을 많이 했다. 시간이 날 때마다 명상홀에 들렀다. 정말로 평화로운 공간이었다. 그곳에서의 명상은 얼마나 감미로운가…. 마음은 금세 사라진다….

매일 저녁에 있는 찬가인 빠라야나에도 자주 참석하였다. 라마나님의 가르침의 정수가, 베단따의 정수가 담겨 있어서 나는 빠라야나 시간에 있는 것이 그냥 즐거웠다. 물론 따라 하기 어려운 따밀어 찬가다…. 어려운 무엇인가를 하는 것은 낯선 이국을 방문하는 것과 같이 흥미롭다…. 어느 저녁 그날의 빠라야나가 거의 끝나갈 무렵에 나는 이 지상을 벗어나 있는 나의 모습을 보았다. 그것이 현재의 나인가보다. 엷은 구름처럼 하늘 저 멀리에 실루엣의 모습으로 나는 떠 있었다. 그 색상은 찬란한 노을 색이었다. 바리, 바리 라마나 마하 구루에서 마하 구루라는 구절을 노래하는 순간 실루엣의 나의 중심에, 나의 가슴에 바늘 같은 작은 구멍이 뚫어지기 시작하였다. 작은 구멍이 생기니 그 주위에 있는 것들이 놀라 자신을 유지하려고 애쓰는 것 같았다. 그러나 구멍을 낸 그 무엇은 이제 맹렬이 회전하기 시작하였다. 그뿐만이 아니라 엄청난 속도로 회전하면서 주위에 있는 것을 날려버리기 시작했다. 그러자 그 구멍은 점점 커져 갔다. 심장이 떨어져 나가고, 몸통 부위가 떨어져 나갔다. 이제는 주변부인 나의 팔다리만이 가여운 모습으로 하늘에 떠 있었다. 그런데 맹렬한 소용돌이가 그것마저 사정없이 흩어져 사라지게 하였다. 이제 나라는 존재로서 남아 있는 것은 아무 것도 없다. 나는 완전히 사라졌다. 티끌조차도 없는….

내가 사라지고 난 뒤 배경에 너무나 황홀한 그 무엇만이 가까이로 확 당겨졌다. 마치 구름 뒤의 하늘처럼…, 히말라야 주변 마을에서 너무나 가까이 보이는 설산처럼… 아, 황홀한 그 무엇만이… 그 장대한 그 무엇만이, 한계가 없는 그 무엇만이… 그 경험은 나를 전율케 했다. 어리둥절하기도 하고… 그것이… 난 희열의 감동에 또 놀라움에 떨면서 우물가에 기대에 서 있었다. 기쁘기도 하고, 놀랍기도 하고, 머리가 쭈뼛 서기도 하고… 평화롭기도 하고….

약 30분 정도가 지나자 저녁 시간이 되었다. 바나나 잎사귀에 먹을 것이 건네지고… 그때 나는 감동에 겨워 소리가 나는 울음을 멈출 수가 없었다. 천장에서 돌아가는 선풍기 소리가 없었더라면 저녁을 먹지 못했을 것이다. 앞과 옆 사람에게 흐르는 눈물과 소리를 들키지 않으려고 내내 고개를 숙이면서 음식을 먹었다. 말할 수 없는 황홀한… 그것만이 있다. 나는 도무지 없다. 나의 마음은 없다. 나는 빛나는 무엇… 스승이시여! 당신께서는 저에게… 오, 삿구루시여… 저의 가슴에 계시는 참나시여, 사랑이시여, 신이시여…. 눈을 뜨자 세상은 그 빛으로 파도처럼 출렁거리고……

2016. 2월
슈리 크리슈나다스 아쉬람에서

■ 산스끄리뜨 용어 풀이 ....

가루다Garuda 새들의 왕, 라마의 교통수단

가야뜨리Gayatri 가야뜨리 여신의 만뜨라, 유명한 베다 만뜨라.

가따Gatha 간결한 영적 진술

강가Ganga 갠지스 강 혹은 성자 바기라따의 간청으로 지상에 내려온 여신의 이름. 강가 여신,

강가 마 Ganga Ma 어머니 강가

갸나Jnana 신성한 지식

갸니Jnani 참나를, 신성한 지식을 얻은 사람, 성자

고삐Gopi 소치는 사람의 아내

구나Guna 모든 현상계의 기초를 이루고 있는 세 가지 기본 속성(순수: 삿뜨바 활동: 라자스, 나태: 따마스가 있음)

구루Guru 영적 스승

구루지Guruji 영적 스승을 높여서 부르는 말, 지ji는 존칭을 나타내는 접미사임

나마스까Namaskar 인사말

나따라자Nataraja 춤의 신으로 나타난 쉬바, 춤추는 쉬바는 영원한 에너지로 나타나

우주의 진화와 파괴를 다스림

네띠, 네띠 Neti, neti "이것이 아니다.", "이것이 아니다."

니르바나Nirvana 개인적 정체감이 없는 상태, 해방의 상태

닐람Niiam 푸름, 푸르지 않은 푸름

다르마Dharma 정의 혹은 의무, 신의 법칙

달샨Darshan 매우 성스러운 비전, 성자와의 만남

데바달샨Devadarshan 신을 만남

디야나Dhyana 명상, 묵상

디빰Deepam 빛, 빛들의 잔치

딕사Diksha 영적 입문, 전수

라자스Rajas 바쁜 활동적 성품

람Ram 비슈누 신의 천 개의 이름 중 하나, 라마야나의 주인공

람 남 Ram nam 라마를 노래함

릴라Lila 현상계의 유희로운 모습, 놀이

마Ma 부인이나 여성 사두

마나스Manas 마음

마나스로버Manasrover 자신의 마음의 호수

마니까Manika 감각적 유혹의 구현

마야Maya 환영. 세상을 나타나게 하는 브람만에 내재하고 있는 힘

마하Maha 위대한

만뜨라Mantras 숭배와 기도에 사용되는 우주적 소리. 주로 베다의 것임, 신을 명상하기 위하여 사용되는 말

마뜨Math 교단

멜라Mela 축제

멘테이트Mentate 활성화된 마음. 예를 들면 사고하기

목샴Moksham 해방. 영적 자유

물라다라 짜끄라 Muladhara chakra 회음부에 있는 첫 번째 짜끄라

바바Baba 남자 사두 혹은 아버지

바바Bhava 마음의 상태

바사나Vasanas 마음의 습성, 잠재되어 있는 경향성 혹은 인상

바이라기야Vairagya 초연, 세상에서 물러남

바잔Bhajan 신에 대한 반복적인 찬송

박따Bhakta 신에게 헌신하는 사람

박띠Bhakti 신에 대한 헌신

베다바끼야Vedavakya 진정한 지식에 대한 위대한 진술, 베다의 문장

달샨Darshan 만남, 봄

목샴Moksham 해방

보디사뜨바Bodhisattva 세상 사람의 구원을 위해 자신의 깨달음을 포기하고 이 세상에 계속 태어나겠다고 맹세한 사람, 보살

브람마 로까 Brahma loka 가장 높은 영역

브람만Brahman 참나, 지고한 존재

브람민Brahmin 힌두의 상위 까스뜨

블랙 홀 Black hole 자궁에 대한 빠빠지의 용어

비짜라Vichar 탐구

빅샤Biksha 자선품

빤Paan 구장 견과(식용나무 열매)로 환각 작용을 일으킴

빼이샤Paise 인도의 동전

사다나Sadhana 영적 수행법

사두Sadhu 고행자, 수행자

삿뜨빅Sattvic 평화, 조화, 고요의 상태, 혹은 그 성품

사리Sari 인도 여인의 의복

사마디Samadhi 삼매의 상태

사띠아반Satyavan 승리자, 진리를 깨달은 자

사띠얌Satyam 신성한 진리

사하스라라 짜끄라Sahasrara chakra 정수리에 위치한 최고의 요가적 중심

사하자Sahaja 순수한 자연스러운 상태

산야신Sannyasin 모든 것을 버린 사람, 고행자

삼사라Samsara 욕망들의 계속적인 흐름, 이것이 태어남과 죽음의 윤회를 있게 함, 현상계

삼스까라Samskaras 내재적 경향성

삿 찟 아난다Sat-Chit-Ananda 진리-의식-희열

삿구루Satguru 깨달은 스승

삿 상가Sat sanga 참나와의 만남, 진리와 함께 함

상가Sanga 모임, 집회

샹까라Shankar 쉬바의 다른 이름

샤바Shava 시체

샤바 슛다Shava Schuddha 시체 속의 순수, 시체 정화

삭띠Shakti 잠재되어 있는 영적 힘

삭띠빠뜨Shaktipat 사람에게 신성한 에너지를 내림

샨띠Shanti 평화

세바Seva 사심 없는 봉사

수리아 나마스까르Surya namaskars 태양 숭배를 내용으로 한 일련의 요가 아사나

순다람Sundaram 신성한 아름다움, 비슈누 신의 천 개의 이름 중 하나

슈리 얀뜨라Sri Yantra 여신의 기하학적 상징

스와미Swami 성직자, 수행자

싯디Siddhi 초자연적 힘, 초능력

쉬바Shiva 힌두교 셋 신들 중의 하나로 파괴의 신, 참나

쉬바라뜨리Shivratri 쉬바의 밤

쉬밤Shivam 신적인 성스러움

세샤Shishya 제자

시따Sita 데비 혹은 락슈미 형상으로 나타난 여신, 서사시 라마야나의 영웅으로 나오
는 라마의 아내임

아나따Anata 비자아

아나하따An a hat 한계 없음, 옴 혹은 4번째 짜끄라

아난다Ananda 희열. 지복

아난다마야꼬샤Anandamayakosha 참나를 미묘하게 가리고 있는 희열의 층

아드바이따Ad vita 불이론, 비이원

아라띠Arti 매일의 기도의식

아루나Aruna 빛, 붉은

아바라나Avarana 덮개, 껍질

아바치 헬Avachi hell 가장 낮은 세계, 지옥

아쉬람Ashram 수행처 혹은 성자가 살고 있는 곳

아갸 짜끄라Ajna chakra 제 3의 눈, 인간의 미묘한 몸에 있는 여섯 6번째 영적 중심

아짤라Achala 동요하지 않음, 언덕 혹은 산

아뜨마 수리야Ama Surya 참나의 빛

아뜨만Atman 참나

아함 브람마스미Aham Brahmasmi 나는 브람만이다.

얏냐Yajna 베다에 나오는 희생 의식

야마Yama 베다에 나오는 죽음의 신, 죽을 육신으로 태어난 첫 번째 존재. 그가 사람
들을 다른 세계로 안내함

야마 로까 Yama loka 죽음의 영역

옴 Om A-U-M 세 글자로 된 성스러운 음절, 경전, 암송의 시작과 끝에 사용됨

요가 Yoga 신과의 결합 또는 그 결합을 위한 수행

우빠데사 Upadesa 영적 가르침, 교훈

우빠사나 Upasana 명상

유가 Yuga 주기 혹은 시대

인디라나가르 Indiranagar 럭나우의 변두리, 빠빠지의 집이 있음

자이 Jai 위대함을 지칭하는 선언적인 말

지바 Jiva 개인적 영혼, 자아

짜끄라 Chakra 신체 안에 있는 영적 중심

찟 Chit 의식

까르마 Karma 일, 행위 혹은 행위의 결과

까시 Kashi 바라나시, 베나레스

깔리 Kali 두려움과 형상의 파괴자로 알려져 있는 여신의 이름, 쉬바의 아내

깔리 유가 Kali Yuga 현재의 시대, 세상을 네 주기 또는 시대로 나누어 그 마지막 주기를 깔리 유가라고 함. 암흑의 시대

깔빠 Kalpa 네 유가들

꼬함 Ko ham "나는 누구인가"

꾼달리니 Kundalini 뱀의 힘이라 불리는 요가적 힘

꿈바 멜라 Kumbha Mela 쁘라야그에서 일어나는 거대한 축제

크리슈나 Krishna 비슈누 신의 천 개의 이름 중 하나

끼르딴 Kirtan 신에 대한 찬송

따마스 Tamas 어두움, 무지, 비활동성

따빠스 Tapas 고행

뚜리야 Turiya 깨어 있음, 꿈, 수면을 초월한 4번째 상태

빠담Padam 발

빠람아뜨마Paramatma 지고로운 참나, 신, 궁극

빠르시Parsi 조로아스터 교도

빤다바스Pandavas 다섯 형제. 마하 바라따의 영웅들로 바가바드 기따의 등장인물

빤디뜨Pandit 학자

뿌루샤Purusha 최초의 영혼, 신

뿌르니마Purnima 만월

뿌자Puja 꽃, 물 등을 가지고 행하는 예배 의식

쁘라나Prana 생명의 힘, 생명의 공기

쁘라나야마Pranayama 생명의 힘의 통제, 호흡 통제

쁘라랍다 까르마Prarabdha Karma 현재의 삶에 나타나고 있는 까르마의 부분

쁘라야그Prayag 강가, 야무나 그리고 사라스와띠의 세 강이 합쳐지는 곳, 꿈바멜라 축제가 열리는 곳

쁘라끄리띠Prakriti 최초로 나타난 물질, 환영

삐르Pir 성자

하리Hari 신을 지칭하는 스물 넷 이름 중의 하나

하즈랏 간지Hazrat Ganj 럭나우에 있는 상점가

호마Homa 약식 얏나

홀리Holi 브린다반에서 시작된 크리슈나 축제

공의 춤

개정판 1쇄 인쇄 2016년 1월 4일
개정판 1쇄 발행 2016년 1월 10일

옮긴이 김병채
펴낸이 황정선

펴낸곳 슈리 크리슈나다스 아쉬람
출판등록 2003년 7월 7일 (제62호)
주소 경상남도 창원시 북면 신리길 35번길 12-12
전화 (053) 299-1399
팩스 (053) 299-1373
e-mail krishnadass@hanmail.net

ISBN 978-89-91596-53-5 03270

※ 잘못된 책은 바꾸어 드리며 값은 뒤표지에 있습니다.
※ 저작자와 출판사의 허락 없이 책 내용을 인용하거나
   복제하는 것을 금지합니다.